中国人民大学研究报告系列

中国区域文化力发展指数

2020

REGIONAL CULTURAL POWER
DEVELOPMENT INDEX OF CHINA

王琪延　韦佳佳　著

中国人民大学出版社
· 北京 ·

引言

2019 年 12 月 13 日，司法部发布了《中华人民共和国文化产业促进法（草案送审稿）》。这意味着《中华人民共和国文化产业促进法》即将正式出台。草案涉及了创作生产、文化企业、文化市场、人才保障、科技支撑、金融财税扶持、法律责任七个方面。这表明面对新时期经济发展战略的调整、经济结构的转型升级，文化产业将迎来新一轮发展契机。回顾过去，在文化领域供给侧改革的背景下，我国文化产业发展整体趋势向好。文化及相关产业增加值以及占 GDP 比重均实现了持续平稳增长，文化及相关产业增加值从 2011 年的 13 479 亿元增加到 2017 年的 34 722 亿元，占 GDP 比重从 2011 年的 2.85%提升到 2017 年的 4.2%。文化产业结构进一步优化。2018 年，全国规模以上文化服务业企业实现营业收入34 454 亿元，增长 15.4%，文化服务业表现亮眼；文化核心领域所包含的新闻信息服务、内容创作生产、创意设计服务、文化传播渠道、文化投资运营、文化娱乐休闲服务六个行业，其规模以上企业平均 9.2%的营业收入增长速度远高于文化相关领域所包含的文化辅助生产和中介服务、文化装备生产、文化消费终端生产三个行业规模以上企业平均 3.3%的营业收入增长速度，文化核心领域重要性凸显，文化新业态发展迅速。2018 年，新闻信息服务营业收入 8 099 亿元，同比增长 24.0%；创意设计服务营业收入 11 069 亿元，增长 16.5%；文化传播渠道营业收入 10 193 亿元，增长 12.0%。如此看来，在“十三五”的收官之年，也就是 2020 年，我国文化产业极有希望实现文化产业增加值占 GDP 的比重达到 5%，从而推动文化供给侧结构性改革，激发国民文化消费活力，实现文化产业成为国民经济支柱产业的发展目标。

文化是一个民族的灵魂与命脉，是一个国家创造力与凝聚力的重要源泉。从国内视角来看，随着我国经济社会的快速发展，文化在推动经济发展、社会稳定、国家安全等方面扮演着越来越重要的角色，成为提升我国综合国力的核心要素；从国际视角来看，经济全球化的发展带动文化全球化的发展，国际文化力竞争日益加剧。世界各个国家对于文化发展重视程度日益提高，并将提高文化力、推动文化发展以及占领全球文化战略制高点作为重要发展目标。我国是四大文明古国唯一延续至今的国家，拥有悠久的历史和丰富的文化资源，文化发展具有先天优势，但是在国际舞台上整体文化实力和影响力不强，文化产品与服务国际逆差大且逆差呈现持续增长的态势。因此，对国家发展核心动力之一的文化力进行科学、客观分析，正确认识我国各区域文化力发展现状与特征，找出我国各区域文化发展劣势与不足，探究文化发展效率、文化发展公平、文化消费水平的影响因素等，具有重要的理论和现实意义。

文化力是一个横跨文化、经济、社会、产业等学科的复杂问题，当前文化力研究还处于初级阶段，文化力内涵没有形成统一而权威的定义，学术界对于影响文化力的核心要素研究也没有完整的理论体系。因此，我们从经济学供需的角度结合统计数据、统计方法研究区域文化力，力图拓宽文化力统计的研究范围，发挥统计对于文化力研究的作用。本书作为探讨我国区域文化发展指数系列著作的第三部，将从以下六个方面进行探讨。

第一，从经济学供需的角度分析研究文化力，认为文化力包括供给侧的文化生产力、需求侧的文化消费力以及影响文化生产力和文化消费力的文化环境力。其中文化生产力包括文化产业生产力和文化事业生产力，文化消费力包括私人文化产品消费力和公共文化产品消费力，文化环境力包括经济社会环境力和文化资源环境力。

第二，以供给侧的文化产业效率为例研究文化发展效率以及影响文化产业效率水平的环境因素。首先利用数据包络模型计算全国（不含港、澳、台，下同）31 省（市）文化产业投入产出转化效率，计算结果显示我国文化产业效率整体呈现上升趋势，但是从每个省（市）文化产业的投入产出效率得分来看只有北京、上海、广东三个省（市）的文化产业投入产出有效率，其他省（市）都存在文化产业缺乏效率的情况。从文化产业效率得分区域分布来看，我国文化产业效率差异十分明显且呈现东高西低、南强北弱的格局。基于 31 省文化产业效率得分采用空间面板 Tobit 统计模型对于我国文化产业效率水平与经济社会环境影响要素之间的关系进行实证分析，计算结果显示我国各省（市）之间文化产业效率水平存在显著的正向空间相关性，文化产业效率水平主要受到城市化水平、产业规模水平以及科技发展水平的影响，其中城市化水平对于文化产业效率影响最大。通过实证分析可以看出，通过城镇化发展将人才、资本等资源聚集能够对文化产业效率提升起到重要的积极作用。

第三，以供给侧文化事业为例对文化发展公平性进行分析。构建均等化公共文化服务水平指标体系，从人均公共文化服务体系经费投入、人均公共文化服务体系人员投入、人均公共文化基础设施、人均公共文化活动四个角度去衡量区域均等化公共文化服务水平。基于熵权法对我国 31 省（市）2016—2017 年均等化公共文化服务水平进行测算，通过计算基尼系数测算我国31省（市）之间均等化公共文化服务水平之间的差异程度。计算结果显示：我国31省（市）均等化公共文化水平的基尼系数在0.2～0.3，属于比较合理的区间范围；但基尼系数数值呈现增加趋势，说明我国公共文化发展的不均衡性日益显著。利用面板分位回归模型分析经济社会环境影响因素对均等化公共文化服务水平的影响程度，对于不同均等化公共文化服务水平下经济社会环境影响因素的不同作用效果进行系统分析。计算结果显示不同均等化公共文化服务水平下受经济社会环境影响因素的影响程度有所不同，但总的来说人均政府财政收入、人口密度、居民平均受教育年限对于均等化公共文化服务水平都具有正向的影响，在这三个正向影响因素中对于均等化公共文化服务水平影响最大的是人均政府财政收入，由此可见当地财政收入水平很大程度上影响均等化公共文化服务水平。收入基尼系数、人均居民文化娱乐消费现金支出对于均等化公共文化服务水平都具有负向影响，收入不平等性增加对于均等化公共文化服务水平有负向影响，私人文化产品消费支出增加会导致均等化公共文化服务水平会相应下降。

第四，从需求侧角度研究我国文化消费水平及其影响因素。以我国居民人均文化娱乐消费支出衡量文化消费水平，通过建立面板分位回归对于我国31省2008—2017年文化消费水平的影响因素进行研究。从统计模型分析结果来看文化消费水平处于不同分位点处受到影响因素的影响程度不同，但整体上来看居民人均可支配收入、城市化率、人均GDP、政府财政拨款对于文化消费水平都具有正向的影响，在正向影响因素中对于文化消费支出水平影响最大的是居民人均可支配收入；老龄人口占比和人口抚养比等环境因素对于文化消费水平具有负向影响，人口抚养比对于文化消费水平的影响相对较大。

第五，我国区域文化力整体评价。基于文化力理论基础与统计指标数据的科学性、代表性、可得性建立包含文化生产力、文化消费力、文化环境力为核心要素的文化力评价体系，子要素共包括6项。其中文化生产力包括文化产业生产力、文化事业生产力两个子要素，文化消费力包括私人文化产品消费力和公共文化产品消费力两个子要素，文化环境力包括经济社会环境力和文化资源环境力两个子要素。基于文化力评价指标体系对于2017年我国31个省（市）以及236个地级以上城市文化力进行评价，建立我国文化力大数据库。从31个省（市）整体文化力计算结果来看，我国文化整体发展水平不高，文化力发展区域不均衡情况明显呈现东强西弱的格局。从236个地级以上城市文化力计算结果来看，北京作为我国的首都其文化力远高于其他城市，文化力较强的城市集中在直辖市和省会城市，城市文化力得分从分布上存在东强西弱的格局。总体来看，我国文化力在省、市间差异巨大，第一梯队、第二梯队、第三梯队的省、市文化力相差数倍，我国文化力发展极不均衡。从核心要素相关性和关联性分析来看，文化生产力、文化消费力、文化环境力之间的线性相关性非常强，文化生产力、文化消费力、文化环境力之间同时还存在较强的关联性，文化生产、文化消费可以反作用于文化环境从而促进社会经济环境发展。

第六，基于理论与实证分析探讨我国区域文化力发展还存在的问题与瓶颈，在此基础上提出提升我国区域文化力的政策建议。同时以北京为例，分析其在建设全国文化中心过程中存在的问题并提出相应建议。

由于我国区域文化统计工作尚不完善，在各区域年鉴中对文化指标的统计及统计口径上并没有保持完全的一致性，尤其是一些偏远的、发展较为落后的区域，文化统计严重滞后，一些较为重要的文化发展指标或未做数据统计或存在年份上的数据缺失，为本书研究工作的开展造成了很大的阻碍。在对个别区域指标数据缺失的处理上，我们一方面运用统计方法进行推算、插补或近似替代，另一方面将指标数据缺失过于严重的区域予以删除，最后仅保留了 236 个地级市作为研究样本。此外，区域文化发展指数理论评价体系中一些重要的文化指标，由于数据很难获取而未能纳入实证评价体系。数据获取与处理等问题的存在，使本书的研究难免存在未尽之处，有待我们在后续的分析和研究中加以补充和完善。书中也难免存在错漏之处，恳请各位读者批评指正。

感谢审读专家喻志军教授百忙之中抽空为本书进行把关，感谢中国人民大学出版社策划编辑李丽虹老师和责任编辑原泽文老师，由于他们的辛勤工作使本书得以顺利出版。

王琪延

2020 年 5 月于中国人民大学

目　录

第一章　中国区域文化力发展总论

文化是民族的血脉、城市的灵魂。中华传统文化之博大精深、源远流长，使中华文明历经五千年却依然具有旺盛的生命力。优秀传统文化中所蕴含的精神信仰、处世哲学等在当代城市发展中依然具有重要价值，新时代的城市建设也应更注重传统文化的传承与发扬，对历史文化的传承和创新发展是推动城市不断进步的根本路径与动力源泉。时代在发展，社会在进步。历史文化作为一座城市的标识与记忆，也应赋予其新的时代内涵，使中华传统文化在不断传承与弘扬中逐渐走向先进。本章结合我国当前国情及建立社会主义核心价值体系的需求，系统分析了中华传统文化内容在城市发展中所具有的当代价值，对如何以创新推动文化供给侧结构性改革、突破城市传统文化发展的瓶颈进行了阐述，对我国文化发展政策的历史演进进行了梳理，并从宏观层面分析了我国文化产业的发展、现状。

一、传统文化价值与区域发展

在中国，“文化”一词最初源于《易经》：“观乎天文，以察时变；观乎人文，以化成天下。”也就是说，文化在我国古代文明中寓指人文教化。在西方，文化（culture）一词则源于拉丁文 cultura 和 colere，原意是耕耘、栽培、养育等，后引申为对人的品行、智能的培养。在现代语境中，更将 culture 解释为人类能力的高度发展，精神、心性的修养。可见，无论是在东方还是在西方，文化皆有教育、教化之意，是推动人类文明发展进步的精神动力。文化与社会文明相伴而生，人们通过在生产实践中不断创造、在社会交往中相互学习与分享而形成文化，文化也在特定的时间和空间下指引人们的行为方式、影响人们的价值观念。每一个时代都会有新观念的产生、旧思想的舍弃，而每一个时代新文化的产生又都是建立在传统文化的基础之上。可见，优秀文化的形成并不是一蹴而就，而是在历史的发展过程中不断积淀而成，凝结的是一代又一代人不断进化的先进思想和价值观念。先进的文化更是人类文明进步的结晶。

中华传统文化拥有五千多年的文明史，博大而精深，丰富而厚重，源远而流长，经过历史长河的锤炼所积淀下的是中华民族几千年的智慧结晶和思想精髓，并形成了独特的精神标识，是中华民族品格之根本、信念之所在、生命之源泉。中华传统文化中所蕴藏的进取、爱国、顽强、拼搏等精神信念，尊师孝亲、修身自律、务实奋进、勤劳节俭等伦理观念，以及“天人合一”“和而不同”“海纳百川”“兼容并蓄”的文化思想，在当今时代依然具有不容忽视的重要价值，不仅是我国构建社会主义核心价值体系的主要内容，也是培育和践行社会主义核心价值观的源头所在。在文化与政治、经济相交融的21世纪，文化更成了影响城市发展最为深远的内在要素，是城市精神特质的塑造者。党的十八大报告中也明确提出了“建设优秀传统文化传承体系，弘扬中华优秀传统文化”的重大任务。习近平总书记2013年在全国宣传思想工作会议上，提出了“四个讲清楚”：宣传阐释中国特色，要讲清楚每个国家和民族的历史传统、文化积淀、基本国情不同，其发展道路必然有着自己的特色；讲清楚中华文化积淀着中华民族最深沉的精神追求，是中华民族生生不息、发展壮大的丰厚滋养；讲清楚中华优秀传统文化是中华民族的突出优势，是我们最深厚的文化软实力；讲清楚中国特色社会主义植根于中华文化沃土、反映中国人民意愿、适应中国和时代发展进步要求，有着深厚历史渊源和广泛现实基础。习总书记的“四个讲清楚”具体指明了中华传统文化的巨大价值，反映出党和国家对中国传统文化传承与发展的高度重视。2017年10月18日，中国共产党第十九次全国代表大会在北京开幕，习近平同志代表第十八届中央委员会向大会作了题为《决胜全面建成小康社会，夺取新时代中国特色社会主义伟大胜利》的报告。报告中指出中国特色社会主义进入了新时代，“我国社会主要矛盾已经转化为人民日益增长的美好生活需要和不平衡不充分的发展之间的矛盾”，尤其提出，要坚定文化自信，推动社会主义文化繁荣兴盛。“没有高度的文化自信，没有文化的繁荣兴盛，就没有中华民族伟大复兴。要坚持中国特色社会主义文化发展道路，激发全民族文化创新创造活力，建设社会主义文化强国。”这表明面对新时期经济发展战略的调整、经济结构的转型升级，文化事业和文化产业将迎来新一轮发展契机的同时，也体现出在新经济宏观背景下人民的需求是多方面的，人民的精神文化需求是构成美好生活需要的重要组成部分，文化建设则是解决不平衡不充分的发展的重要手段。因此，在社会不断发展进步的今天，城市建设更应注重对传统文化的传承与发扬，赋予传统文化新的时代内涵，充分认识和阐释传统文化的时代价值，传承并弘扬中华民族的优秀文化，在新的发展时代让传统文化焕发出新的活力，推动城市健康持续的长久发展。

（一）区域发展中传统文化的当代价值

文化是城市的灵魂，是城市精神特质的塑造者。历经千年历史沉淀的中华传统文化是中华民族智慧的结晶，在当代城市的发展中依然具有强大的生命力、指引力，对推动城市发展、形成更为先进的城市文明依然具有重要的价值。结合中国传统文化的内涵，城市发展中传统文化的当代价值具体表现为社会价值、经济价值、政治价值与历史价值。

首先，传统文化的当代价值表现为社会价值。文化，即以“文”“化”之，教化、育人是文化的本质属性、首要功能。中华传统文化中引人向上、导人向善的人文精神以及“天人合一”的处世哲学等，在当今物欲飞涨的时代、人与自然冲突愈加严重的今天，更能凸显出其重要的教化价值，对推动社会进步、持续发展具有重要意义。改革开放使国民的生活水平大幅提高、物质文明得以极大发展，但随之而来的是日益严重的社会浮躁，精神文明建设没有得到应有的重视。人们在满足物欲的过程中、在日益忙碌的工作生活中，忽视了对忠诚、孝顺、真诚、与人为善、以己度人等精神品格的坚持，导致社会上官僚腐败、信任缺失、情感冷漠、群体事件、语言暴力、攀比炫富等不文明现象愈演愈烈。在创造物质财富的过程中，也不乏为了眼前利益和一己私利无度掠夺和私自抢占自然财产、肆意破坏生态环境的奸商企业，而至全人类的生存安全于不顾。随着人与自然、人与社会、人与人的冲突愈加剧烈，由此而引发的生态危机、道德危机、人文危机也日益凸显，这与我国传统文化思想传承的缺失存在很大的关联。当今社会文明建设所缺失的正是我国传统文化所积极倡导的。我国优秀的传统文化是中华民族五千多年智慧的结晶，凝聚着中华民族自强不息的精神信念和历久弥新的精神财富。它所包含的“仁者爱人”的济世精神、“自强不息”的进取精神、“刚柔相济”的坚韧精神、“知行合一”的务实精神、“和而不同”的包容精神、“言必信，行必果”的诚信精神，是推动中华民族向前发展的重要动力，是中华民族共有的精神家园，在当代社会更是培育和践行社会主义文化价值观的源头所在。中国传统文化中“天人合一”的哲学思想，也是最早倡导“尊重自然”、强调“人与自然和谐发展”的生态智慧。可见，中华传统文化的传承与发展对于维护社会稳定、锻铸民族精神以及抵制极端个人主义、享乐主义和拜金主义的冲击具有不可替代的重要作用，是增强民族自尊心、自信心、凝聚力和向心力的动力源泉，是建设社会主义精神文明的重要支撑，从而体现出中华传统文化重要的社会价值。

其次，传统文化的当代价值还表现为经济价值。文化不是从来就有而是人们在生产实践中产生并逐渐形成的，也即人为创造性是文化的本质属性。文化的形成伴随着人类物质文明的发展，文化的发展进步同样也促进了物质财富的形成。人们通过劳动与智慧创造的文化产品，经由市场的交换而成为商品，从而产生经济价值，为文化生产者带来财富的增加。同时，随着人们物质财富的不断累积，对文化产品的消费需求越来越大，文化生产成为社会生产的重要组成部分，文化产品的类型和文化服务的形式逐渐趋于多元化并最终推动了文化产业的形成。如今，文化产业已经成为很多发达国家经济增长的重要贡献者，文化产业发达的国家或城市也常常是经济实力较为雄厚的国家或城市。如法国的文化之都巴黎，不仅是一座举世闻名的世界文化名城，同时也是欧洲GDP最高的城市。这座汇集着世界文化珍品的千年古城以其卓越的文化魅力吸引了大量的资金和人才，并发展成为欧洲都市圈的核心。巴黎的成功验证了文化与经济发展之间的相互促进，以及良性互动下所形成的经济效应，从而彰显了传统文化中所蕴藏的巨大的经济价值。我国传统文化有着厚重的历史积淀，历经几千年的发展变迁所留传下来的文化艺术遗产、所凝聚的文化底蕴是我国独有的特色文化资源与文化财富，文化艺术、文化产品的创新只有立足于我国特有的传统文化才能在国际市场上形成抗衡他国的文化竞争优势。二十世纪六七十年代，一些以中国传统文化为母体、以儒学思想为核心构筑文化圈的国家或地区，如日本、韩国、新加坡等，在文化发展的同时也实现了经济的快速增长，这在一定程度上也体现了中华传统文化中所蕴藏的巨大的经济价值。因此，进一步弘扬和发展中华传统文化，对于推动我国经济的快速发展意义重大。

再次，传统文化的当代价值表现为政治价值。优秀的传统文化对现代政治文明的建设具有重要的推动作用。文化的产生源于人的创造。每一个时代的文化都是一代人生活的标志和象征，是一个民族各种思想文化、观念形态、价值取向的总体表征。因此，一个时代的文化思想也反映了执政者的治国理念、所推崇的文化观念和价值取向。中华传统文化所推崇的是“仁”“义”“礼”“智”“信”，讲究的是“修身、齐家、治国、平天下”的儒家之道，而这也正是我国当代政治文明建设的内在根本与动力之源。中华传统文化中“天下兴亡，匹夫有责”的爱国精神、“自强不息”的进取精神、“以天下为己任”的英雄气魄、“团结统一”的价值取向等，以及中华民族强大的凝聚力，都是维护我国政权稳定、国家统一的重要支撑。另外，传统文化在外交政治中也起着极大的作用，许多凭借硬实力难以做到的事情可凭借文化的魅力做到，通过文化产品的输出、文化思想的交流弘扬传统文化，提高传统文化在国外的影响力，从而争夺国际上的话语权。因此，中华传统文化当代价值的另一表现即为政治价值。

最后，传统文化的当代价值还表现为历史价值。悠久而厚重的历史积淀是中华传统文化的基础特征、独特优势，传统文化社会价值、经济价值、政治价值的体现也是建立在中华民族历史文化的传承和延续之上。中华民族薪火相传的五千年文明，铸就了源远流长的传统文化。中华传统文化的内涵也在历史的锤炼中得到不断丰富和演绎，并最终形成了“天下一统的国家观、人伦和谐的社会观、兼容并蓄的文化观、勤俭耐劳的生活观”等为主要特征的中华优秀传统文化。从世界文化史的发展来看，中华传统文化也是世界最为古老的文化之一，且相比世界上任何一种文化，中华传统文化都具有更强的连续性，是世界上唯一没有间断过并延续至今的古文化。更为珍贵的是，这种文化的连续性并不是一成不变的传承延续，而是在传统的基础上不断创新，形成了一个自我更新、不断发展又兼容并蓄的开放体系。中华传统文化是东方文化的典型代表，有着厚重的历史底蕴、独特的价值体系，不仅是中华民族珍贵的文化宝藏，也是人类文明史上的文化瑰宝，其历久弥新的历史价值同样是世界文化史的宝贵财富，对丰富和推动世界文化发展意义重大。

（二）以创新推动城市文化供给侧改革

自 2015 年 11 月起，“供给侧改革”一词频繁出现在人们的视野之中，成为新时期中国经济发展的新风向、主战略。供给侧改革是应当前我国经济增速下滑、落后产能严重过剩的国情而提出的，即在需求侧拉动已明显乏力的现实下，转而从供给层面发力，通过调整优化供给结构缓解经济社会中的供需矛盾，提高全要素生产率，推动经济结构调整和转型升级。文化产业因其低能耗、高效益的产业特质而成为世界公认的朝阳产业，中华传统文化五千年的历史积淀奠定了我国先天的文化优势，而我国文化市场中却呈现出文化产品产能过剩和文化产品有效供给不足的尴尬局面，现有文化产品供给远不能满足居民日益多元化和高端化的文化需求，城市文化产品缺乏特色，高品质文化产品尤为缺乏。可见，文化供给侧结构性改革是我国城市文化发展的必然要求，是缓解文化市场供需不平衡的根本选择。那么，如何有效实现我国城市传统文化的供给侧改革？从文化供给现状来看，中华传统文化博大精深、源远流长，浓缩的是中华民族几千年的智慧，而在当今城市文化发展中，我国传统历史文化的优势并没有得到充分的利用和发挥，城市中流传了几千年的民间特色传统文化也多遭遇失传的危机。同时，随着世界城市建设进程的不断加快以及互联网的日趋普及和科技的日新月异，西方文化的强势渗透愈发便捷与凸显，国内城市建设中多有崇尚西化之势而缺乏城市自身特色，千城一面。“周虽旧邦，其命维新”。面对新的经济发展形势，针对我国城市文化发展的瓶颈与困境，应以创新作为城市文化供给侧改革的根本核心动力，推动传统文化的创新性发展，激发传统文化新活力、创造新价值，同时为新时期经济发展营造新的经济增长点。具体来看，城市传统文化的创新应从以下六个方面着手。

第一，内容创新。中华传统文化包含着“仁者爱人”的济世精神、“自强不息”的进取精神、“刚柔相济”的坚韧精神、“知行合一”的务实精神、“和而不同”的包容精神、“言必信，行必果”的诚信精神、“国家兴亡，匹夫有责”的爱国精神等，这些传统文化精华至今推动着中华民族的发展。但是从历史上来看，中华传统文化形成发展于农耕文明时代，尽管吸收了牧业文化和其他文化的优势，但总体上来看是适应农业社会的，存在一定的历史局限性。因此，处于高速发展的工业化、信息化社会，要把传统文化所有的内容完全不加改变地保留下来是不可能的，且违背追求先进文化的本质和初衷。比如传统文化中“三从四德”的女性观、“天不变，道亦不变”的自然观、“别尊卑，明贵贱”的贵贱等级观等，这些思想带有时代和提出者阶级地位的烙印，已经不符合时代发展和现代化建设的现实要求了。因此，传统文化发展必须在内容上进行创新，坚持“取其精华，去其糟粕”“古为今用，推陈出新”，按照时代发展特点和现代化建设的要求，对那些至今仍有借鉴价值的传统文化精华赋予其新的时代内涵，实现中华传统文化的创造性转化、创新性发展。

第二，形式创新。习近平同志在主持中共中央政治局第十二次集体学习时曾指出：“要使中华民族最基本的文化基因与当代文化相适应、与现代社会相协调，以人们喜闻乐见、具有广泛参与性的方式推广开来”。传统文化不应只是被束之高阁、艰涩难懂的“高雅文化”，如果不能让人民群众听得懂、能接受，中华传统文化就无法在当代有效地传承与发展。因此，传统文化必须在形式上进行创新，根据时代的变化和人民群众的欣赏特点，实现表现手法、题材体裁、风格流派的多样化，增强传统文化的通俗性，实现传统文化的现代转换，使传统文化表现形式更加贴近生活、贴近群众、贴近人民，真正赢得群众的认同，达到宣传、教育、引导群众的目的。一些传统文化典籍如《论语》《孟子》《庄子》等蕴含了诸多中华伦理文化精华，但很多群众研读起来比较困难。如果专家、学者在传播传统文化时仍照本宣科，将传统文化讲得很理论化，大众听不懂、不接受，可能就根本不听了，起不到任何作用。因此要将传统文化的表达形式进行现代转换，于丹讲《论语》《庄子》等传统文化经典就是形式创新的成功典范，她将典籍中所传达的仁义、诚信、爱人、敬业、和合等传统伦理价值观念与当代实际发展相结合，不仅让人民大众能听懂、能接受，还让其对传统文化感兴趣、想学习。通过表达形式上的创新，把原来只是一些专家在研究的传统文化大众化、草根化，从而唤起普通大众对传统文化前所未有的关注，掀起一股“论语热”“孔学热”，让传统文化在当代散发出了新的活力。同样，一些传统文艺样式在新时代也需要在形式上进行创新。以京剧为例，京剧艺术是我国三大国粹艺术之一，在世界文化艺术宝库中具有重要地位。但随着时代的发展，人民群众的审美心理发生了巨大变化，京剧已经从传统的“流行文化”成为当代的“小众文化”，受众群体日趋减少，发展面临困境。因此要想使京剧在当代实现复兴必须在表达形式上进行创新，以顺应时代审美。比如“京歌”

就是京剧形式改良创新的一种模式，它是用京剧的唱腔、曲调、程式与现代流行音乐元素融合的流行京剧音乐，一些“京歌”作品如《新贵妃醉酒》《唱脸谱》《故乡是北京》《前门情思大碗茶》等将京剧元素与流行音乐元素完美融合，这种形式创新的作品更为符合现代审美，对于京剧的推广和普及起到了很好的作用。

第三，科技创新。进入数字化、信息化时代，传统文化发展必须加上科技创新这一新的动力引擎，“传统文化＋科技创新”模式已成为传统文化发展的必然趋势。首先，要依靠科技创新提高传统文化的表现力，利用新型数字影像、声光多媒体、激光显示、电脑特技、LED显示、3D、4D、高清、虚拟展示等数字技术增强传统文化的表现力。利用科技创新提升传统文化表现力比较成功的例子是2014年由徐克执导的动作贺岁片《智取威虎山》。这部影片使用了先进的3D特效技术，将传统革命故事与先进科技融合，极大地提升了影片的表现力，不少观众观后大呼过瘾。这部影片在全国席卷了近9亿元票房，实现了口碑与票房的双丰收，充分展示了传统文化与科技创新结合所迸发出的活力。其次，要依靠科技创新提高传统文化的传播力。利用网络、移动等通信技术和传播媒介手段如微信平台、微博平台、短信平台、移动传媒、电视广播平台等，发挥现代传播技术传播速度快、无地域限制、受众面广的优势，建设覆盖面广、层次丰富、双向互动的传播体系。建立中华传统文化学习网络公共服务平台，利用现代科技手段，开展传统文化数字产品试点和传统文化智慧博物馆试点，让公众足不出户轻松游历博物馆，使更多的人可以随时随地用数码产品观看精美艺术与文物，让更多的人学习、了解传统文化瑰宝。同时构建中华传统文化国际交流网络平台，向全世界弘扬中华传统文化，搭建国际文化交流的桥梁，进一步提高我国传统文化的传播力。再次，要依靠科技创新提高传统文化发展的持续力。当前我国诸多传统文化样式诸如唐卡、泥塑、神祇绘像、藏戏等存在文化传承人才断档、传统表演技艺失传的情况，这些传统文化样式有随时消亡的风险。因此应积极利用数字化等科技手段，将濒临灭绝的传统文化素材资源进行系统的收集、整理，开展各类文化资源数据库、信息库、素材库建设，加强对中华传统文化资源数字化保护和开发利用。

第四，教育创新。传统文化的当代发展归根结底需要新一代青少年的参与，学校教育在促进青少年学习传承传统文化方面具有十分重要的地位。但目前我国学校教育在传统文化传承方面没有起到应有的作用，传统文化教育存在诸多问题，比如学校教育中传统文化的内容相对缺乏、传统文化知识在考试等环节中基本不涉及、教育模式基本停留在书本教育而相关教育活动开展较少。应进一步创新传统文化教育体系，完善传统文化课程，丰富传统文化教学内容，使中华优秀传统文化成为小、中、大学的重要课程，将传统文化知识纳入考试范围。根据青少年学习能力发展规律，编写适用于学前教育、小学教育、中学教育、大学教育的教学材料，根据现代发展形势更新教学内容，使教学内容更容易被青少年接受，充分发挥传统文化精华“文以育人，文以化人”的作用。积极创新传统文化教育模式，开展丰富多样、健康有益的传统文化活动，不能让传统文化只停留在书本上。增加传统文化的鲜活性、趣味性，让孩子们在快乐中学习传统文化，通过“快乐学习”增加对传统文化的兴趣。比如通过开展“我们的节日”民俗活动，采用传统文化故事比赛、民俗电影展览、民俗博物馆文化馆观摩、典籍诵读等形式，把教育活动办成文化节、爱国节、道德节，让孩子们在活动中充分领略传统节日的深层文化内涵，如春节之喜庆、元宵节之团圆、清明节之缅怀、重阳节之敬老，培养孩子们对民族传统文化的认同感，增强其对民族传统文化的热爱，切实做好青少年的传统文化教育。

第五，学术创新。学术创新是最深层次的创新，是一个民族创新力最本质的表现，是传统文化创新性发展的基础和前提。远古时期的伏羲依照“河图”“洛书”之启示演化而成八卦，后来经过周文王父子的创新演绎形成了中国自古以来沿用至今的“易经”思维，铸造了中华民族深层次的国民基因。西汉时期的司马迁以巨大的学术创新精神综合前代史书中各种体例，创立了纪传体的通史，开创了我国的史学思维，对我国学术创新发展起到了极大的推动作用。从历史上看，我国学术创新比较繁荣的时代一个是春秋战国时期，一个是唐代。在春秋战国时期，由于当时学术言论民主、不分贵贱的文化氛围，极大地推进了我国学术创新的发展，形成了儒家、道家、墨家、法家等不同的学派，对中国文化的发展有着举足轻重的影响；而在唐代，当时的统治者对于文化创新有极大的包容精神，使得这一时期的学术创新达到巅峰，李白、杜甫、颜真卿、柳公权、阎立本、吴道子等文化巨人在这一时期将各自领域的创新达到了后人难以企及的高度，成为中华民族永恒的文化记忆。因此，在当代促进传统文化学术创新要营造有利于学术创新的氛围，在学术界形成包容、平等、开放的学术研究氛围，坚持“百花齐放、百家争鸣”，促进文化的学术创新。

第六，产业创新。我国是四大文明古国中唯一得以完整保存、延续至今的国家，历史文化积淀之深厚、传统文化资源之丰富在全世界都屈指可数，这些都是文化产业发展的重要资源。但从现实来看，由于我国传统文化的产业创新不足，丰富的历史文化资源还未能转化成文化产业优势。以动漫产业为例，由于对本土文化挖掘不足，我国国产动漫创意水平较低，动漫作品缺乏鲜明的民族特点，我国的传统文化资源频频被国外动漫产业再创新而获得巨大的成功。比如“功夫”“熊猫”这些都是中国的历史文化资源元素，但这些资源在中国仅仅用于旅游开发，而美国好莱坞团队充分利用这些文化元素打造了美国版《功夫熊猫》系列动漫，这一系列动漫作品获得了40亿元人民币的票房和良好的口碑。《花木兰》《三国演义》等中国故事也被美国制作成动漫作品搬上荧屏，获得了票房和口碑的双丰收。美国国家历史较短因而历史文化资源不多，但美国却是全球文化产业的霸主，其占据着全世界56%的广播和有线电视收入、85%的收费电视收入和55%的电影票房收入。中国拥有丰厚的文化宝藏，悠久的文明蕴含着无数动人的故事。但传统文化资源丰富的中国在全球的文化产业格局中处于低端位置，究其原因是由于我国文化产业对于自身文化再创新和再利用不够充分，导致我国文化产业在国际的竞争力和影响力不强。中华优秀传统文化是文化产业发展的重要基石，文化产业发展应坚持古为今用、创新发展的理念，通过对我国优秀传统文化资源进行深度挖掘与积极创新，推动传统文化与电影、动漫、旅游、休闲等产业融合发展，以产业创新为杠杆，促进传统文化释放巨大能量。

因此，中华传统文化作为中华民族的“根”和“魂”，是实现民族复兴与中国梦的文化根基，是城市创新发展的根本动力。在新的时代背景下，实现传统文化创新性的发展，需要通过传统文化内容创新、形式创新、科技创新、教育创新、学术创新、产业创新的相互协调配置，来破解当代传统文化发展困局，使传统文化焕发出新的光彩。

二、文化发展的政策演进及成效

在经济体制改革和国家文化建设过程中，我国制定了一系列文化政策以推进文化发展并取得了显著的成效。根据文化政策的历史演进，可划分为四个发展阶段。

第一个阶段为1979—1988年，表现为文化发展的初级阶段。在这一时期文化发展实现了由“文化从属于政治”向“文化为人民服务”的重大转变，此时的文化产业尚处于初级发展的萌芽阶段，文化市场建设刚刚起步且尚不成熟。

1980年7月26日，《人民日报》发表题为《文艺为人民服务、为社会主义服务》的社论，之后“两为”方针成为社会主义文化建设的一项根本政策。这一方针的提出改变了之前“文艺从属于政治”所衍生的“文艺为政治服务”的文化政策走向，国家关于文化建设的指导思想和基本政策开始转向，中国文化事业出现了复苏和空前繁荣。1985年4月，在国务院办公厅批转的国家统计局《关于建立第三产业统计的报告》中文化艺术被纳入第三产业范畴，文化第一次在国民经济和社会发展指标体系中获得了“产业”的身份，以营业性舞会和音乐茶座为发端的文化市场开始日益活跃。1987年2月，文化部、财政部、国家工商行政管理局颁发《文化事业单位开展有偿服务和经营活动的暂行办法》，开始承认了文化事业单位开展的有偿服务和经营活动的合法性，进一步推动文化市场繁荣发展。1988年2月，文化部、国家工商行政管理局联合发布了关于《关于加强文化市场管理工作的通知》，这是在政府文件中首次出现“文化市场”的概念，这份文件对于文化发展是一个里程碑式的文件，中国“文化市场”的地位正式得到承认。同时该文件对文化市场的管理范围、任务、原则和方针都进行了界定，改变了文化市场管理无章可循的局面。隔年，国务院批准在文化部设置文化市场管理局，全国文化市场管理体系开始建立。

第二个阶段为1989—2001年，是中国文化市场进入全面推进时期。在这一时期，国家逐步认识到文化产业的重要性，文化经济政策的基本取向进一步的表现为引导、培育、规范。

1991年，国务院批转的文化部《关于文化事业若干经济政策意见的报告》中，“文化经济”的概念正式被提出。1992年，中共中央、国务院发布了《关于加快发展第三产业的决定》，正式提出了要以产业化为方向，加快发展包括文化生产和服务在内的第三产业，促进文化单位由单纯的财政消费部门转为生产型部门。同年10月，江泽民同志在中国共产党第十四次全国代表大会上的讲话中提出：“积极推进文化体制改革，完善文化事业的有关经济政策，繁荣社会主义文化”。在这一宏观背景下，中国文化体制改革的步伐明显加快，开始从“直接管理”向“间接管理”、从“办文化”向“管文化”转变。1998年8月，文化部文化产业司成立并制定工作规则，这是政府部门第一次设立文化产业专门管理机构，标志着政府开始重视文化产业在社会主义市场经济中的作用。2000年10月，党的十五届五中全会通过的《中共中央关于制定国民经济和社会发展第十个五年计划的建议》中，第一次提出“文化产业政策”这一概念，文化产业的合法性被确立，文化产业从理论层面上升到国家发展规划和政策层面。该建议提出：“完善文化产业政策，加强文化市场建设和管理，推动有关文化产业的发展”。文化产业政策概念的提出，标志着政府部门开始有意识地运用文化产业政策推动文化产业发展，标志着我国对于文化产业的承认和对其地位的认可，对于文化体制改革起着非常重要的作用。同年12月，国务院颁布了《关于支持文化事业发展若干经济政策的通知》，系统性地提出了支持文化产业发展的财政、税收和金融政策，极大地调动了各方面发展文化产业的积极性。

第三个阶段为2002—2008年，这一时期中国文化产业迎来了大力发展。我国加入WTO和召开十六大开启了文化市场发展的新时期，中国文化产业发展进入了快车道，国家文化软实力建设在国际化竞争中扮演着越来越重要的角色。这一阶段国家的文化经济及文化产业政策重心是深化文化体制改革，调整文化产业结构，注重文化产业的开拓创新。

2002年，党的十六大报告中提出要把文化事业和文化产业从概念上明确区分开，并提出“发展文化产业是市场经济条件下繁荣社会主义文化、满足人民群众精神文化需求的重要途径”“要完善文化产业政策，支持文化产业发展，增强我国文化产业的整体实力和竞争力”，进一步明晰了文化产业发展方向。2003 年 9 月，文化部发布《文化部关于支持和促进文化产业发展的若干意见》，指出要在大力繁荣文化事业的同时积极发展文化产业；同时提出在新时期我国文化产业的发展目标是在国家宏观调控下，进一步发挥市场机制在文化资源配置上的基础性作用，形成一批实力雄厚、竞争力强的文化企业和有影响的文化品牌，建立一定规模的现代化文化产品生产、服务和销售网络，文化产业整体实力和竞争力明显增强，在国际市场上占有一定份额；文化产业增长速度明显高于国民经济增长速度，文化消费在日常消费中所占的比例明显提高；到 2010 年，形成比较完备的有利于文化产业发展的政策法规体系，形成比较发达的文化产品生产体系以及统一开放、竞争有序的文化市场体系，使文化产业成为国民经济的支柱产业和新的增长点，进一步促进文化市场繁荣壮大、文化产业健康发展。2003 年 10 月，十六届三中全会通过的《中共中央关于完善社会主义市场经济体制若干问题的决定》进一步确认了文化产业的战略地位，国家开始将文化产业列入国民经济的重要产业，纳入国民经济发展总体规划；指出切实转变文化行政管理部门的职能，促进文化事业和文化产业协调发展，进一步强调深化文化体制改革，完善文化产业政策，促进各类文化产业共同发展，增强文化产业的整体实力和国际竞争力。

2004 年 4 月和 2005 年 1 月，国家统计局发布了《文化及相关产业分类》和《文化及相关产业统计指标体系框架》，这两个文件不仅对文化产业进行了详细定义同时对我国现行的文化产业进行了行业划分，完成了对文化产业形态的统计学划分，第一次使得文化的生产以及其所形成的产业体系成为重建国家产业政策的标准。2006 年 9 月，中共中央办公厅、国务院办公厅印发了《国家“十一五”时期文化发展规划纲要》，这是中国第一个专门部署文化建设的中长期规划。该纲要提出要进一步发展重点文化产业，进一步优化文化产业布局和结构、转变文化产业增长方式，积极培育文化市场主体、健全各类文化市场，发展现代文化产品流通组织和流通方式。2007 年，党的十七大报告中作出了“推动社会主义文化大发展大繁荣”的重大部署，前所未有地将文化提升到国家战略这一新高度，极为深刻地提出了文化所具有的战略地位及其重要作用，第一次向全党和全国各族人民发出了兴起社会主义文化建设新高潮的响亮号召，第一次提出了提高国家文化软实力的新观点，第一次提出了维护和保障人民基本文化权益、让人民共享文化成果等新思想。2008 年 1 月，胡锦涛同志在同全国宣传思想工作会议代表座谈时强调：只有把握时代脉搏、反映时代精神、贴近现实生活、引领人民思想的文化，才能始终赢得人民，才能始终成为社会进步的先导；要立足中国特色社会主义伟大实践，从波澜壮阔的现实生活中汲取养分，准确把握人民精神文化需要的新变化，深入把握新形势下宣传思想工作的特点和规律，改进宣传思想工作的领导方式、组织方式、工作方式、管理方式，形成鼓励创新创造的法制保障、政策体系、激励机制，充分运用先进技术手段丰富文化的生产方式和表现形式，极大丰富文化品种、样式、载体、风格，让一切创造活力竞相迸发，让一切创新才华充分施展，让一切创新成果得到尊重，努力使精神文化产品和社会文化生活更加丰富多彩。

第四个阶段为2009年至今，文化产业迎来了全面发展的黄金时期，“文化＋”的时代也随之到来。在这一时期，文化产业对经济增长的重要贡献得到了国家的极高重视，将大力发展文化产业纳入国家的发展战略，并大力推动文化产业与其他产业的融合发展，在拓展文化产业发展空间的同时充分发挥文化产业对其他产业发展的带动作用，实现文化产业与相关产业的协调发展。

2009年9月，国务院颁布了《文化产业振兴规划》，该规划明确提出着力做好发展重点文化产业、实施重大项目带动战略、培育骨干文化企业、加快文化产业园区和基地建设、扩大文化消费、建设现代文化市场体系、发展新兴文化业态、扩大对外贸易八个方面的重点任务，该规划的提出标志着国家已经把发展文化产业提升为一项国家战略，极大地促进了文化产业的发展。

2010年4月，央行、财政部、文化部、中宣部、银监会、证监会、保监会、新闻出版总署、广电总局九部委联合下发《关于金融支持文化产业振兴和发展繁荣的指导意见》，这是中华人民共和国成立以来金融支持文化产业发展的第一个全面性政策性的文件，进一步拓宽了文化产业投融资渠道，是充分发挥金融系统支持文化产业发展作用，贯彻落实党中央、国务院文化产业发展振兴的具体举措。2010年7月，中共中央政治局就深化我国文化体制改革研究问题进行第二十二次集体学习。胡锦涛同志在主持学习时强调：深入推进文化体制改革，促进文化事业全面繁荣和文化产业快速发展，关系全面建设小康社会奋斗目标的实现，关系中国特色社会主义事业总体布局，关系中华民族伟大复兴；我们一定要从战略高度深刻认识文化的重要地位和作用，以高度的责任感和紧迫感，顺应时代发展要求，深入推进文化体制改革，推动社会主义文化大发展大繁荣；文化是民族凝聚力和创造力的重要源泉，是综合国力竞争的重要因素，是经济社会发展的重要支撑；深化文化体制改革，是党中央作出的关系我国经济社会发展全局的重大决策。2010年10月，中共十七届五中全会再次提出要推动文化大发展大繁荣、提升国家文化软实力，坚持社会主义先进文化前进方向，提高全民族文明素质，推进文化创新，深化文化体制改革，增强文化发展活力，繁荣发展文化事业和文化产业，满足人民群众不断增长的精神文化需求，基本建成公共文化服务体系，推动文化产业成为国民经济支柱产业。由此可见，文化产业在我国国民经济中的地位又得到了新的提升。

2011年3月16日发布的《中华人民共和国国民经济和社会发展第十二个五年规

划纲要》提出“加快发展文化产业”“推动文化产业成为国民经济支柱性产业，增强文化产业整体实力和竞争力”。文化产业在社会发展和国民经济的战略地位进一步凸显，成为新的支柱性产业。2011 年 10 月，中共十七届六中全会审议通过了《中共中央关于深化文化体制改革、推动社会主义文化大发展大繁荣若干重大问题的决定》（以下简称《决定》）。全会进一步确立了文化建设在中国特色社会主义事业总体布局中的战略定位，进一步强调了我们党在中国特色社会主义文化建设中的责任担当，提出了建设社会主义文化强国的总体目标，明确了当前和今后一个时期文化改革发展的具体任务。《决定》指出文化是民族的血脉和灵魂，是人民的精神家园，是国家发展的重要支撑。我国文化的改革发展，显著提高了全民族思想道德素质和科学文化素质，促进了人的全面发展，显著增强了国家文化软实力，为坚持和发展中国特色社会主义提供了强大精神力量。《决定》全面部署了深化文化体制改革、推动社会主义文化大发展大繁荣的各项工作，发出了进一步兴起社会主义文化建设新高潮的动员令，对于实现中华民族伟大复兴具有重要意义。

2012 年 2 月，文化部印发《文化部“十二五”时期文化产业倍增计划》。该计划进一步肯定了文化产业的重要战略地位，认为“文化产业是社会主义市场经济条件下满足人民多样化精神文化需求的重要途径，是促进社会主义文化大发展大繁荣的重要载体，是国民经济中具有先导性、战略性和支柱性的新兴朝阳产业，是推动中华文化走出去的主导力量，是推动经济结构战略性调整的重要支点和转变经济发展方式的重要着力点”。该计划总结了今后一个时期文化产业发展的 10 项工作重点，包括培育壮大市场主体、转变文化产业发展方式、优化文化产业布局、加强文化产品创作生产的引导、扩大文化消费、推进文化科技创新、实施重大项目带动战略、健全投融资体系、强化人才支撑和推动文化产业“走出去”。2012 年 7 月，文化部以部令的形式发布了《文化统计管理办法》（以下简称《办法》），该《办法》是进一步推进文化统计工作法制化规范化的重要举措。该《办法》的实施将为我国文化统计工作提供强有力的制度保障，有助于进一步规范文化统计工作，提高文化统计数据质量。

2014 年，文化产业发展政策的重点集中在促进文化融合发展、提高文化产业的发展水平上，先后发布了多条政策文件引导和支持文化与其他产业的有效融合。如 2014 年 3 月，文化部发布了《关于贯彻落实〈国务院关于推进文化创意和设计服务与相关产业融合发展的若干意见〉的实施意见》（以下简称《意见》）。该《意见》的出台旨在提高文化产业创意水平和整体实力，推动文化创意和设计服务与相关产业深度融合，标志着文化创意和设计服务与相关产业融合发展已经成为国家战略。《意见》明确提出，各级文化行政部门要主动把文化产业融入经济社会发展全局，认真研判、准确把握产业融合发展新趋势，打破部门行业区域藩篱，创新理念方式手段，抓好政策措施落实，在切实提升文化产业的创意水平和整体实力的基础上，更加积极主动地发挥文化创意和设计服务对相关产业发展的支持作用，以文化提升相关产业产品和服务的附加值，以融合发展拓展文化产业发展空间，实现文化产业与相关产业相互促进、共同发展。随后，文化部、中国人民银行、财政部又联合印发了《关于深入推进文化金融合作的意见》，总结了近年来文化金融合作的经验与成果，结合当前金融改革和文化产业发展的新趋势，从认识推进文化金融合作重要意义、创新文化金融体制机制、创新文化金融产品及服务、加强组织实施与配套保障这四个方面提出了深入推进文化金融合作的要求，对于建立文化金融合作部际会商机制、完善文化金融中介服务体系、推进文化金融在重点领域的实施、重视金融支持小微文化企业发展、创新文化金融服务组织形式、创新符合文化产业发展需求的金融产品与服务、创新文化资产管理方式等问题作出了部署和指引。同年出台的关于推动文化产业发展的较为重要的相关政策文件还有《关于深入推进文化金融合作的意见》解读、关于贯彻落实《2014 年文化系统体制改革工作要点》及其《分工实施方案》的通知、文化部办公厅关于修订印发《国家文化产业示范基地管理办法》的通知、《关于推动 2014 年度文化金融合作有关事项的通知》等。

2015 年，文化发展的政策重点则主要放在了提高公共文化服务建设、规范文化市场管理上。如 2015 年 5 月，国务院办公厅转发文化部等部门《关于做好政府向社会力量购买公共文化服务工作的意见》（以下简称《意见》）的通知。《意见》指出，到 2020 年，在全国基本建立比较完善的政府向社会力量购买公共文化服务体系，形成与经济社会发展水平相适应、与人民群众精神文化和体育健身需求相符合的公共文化资源配置机制和供给机制，社会力量参与和提供公共文化服务的氛围更加浓厚，公共文化服务内容日益丰富，公共文化服务质量和效率显著提高。2015 年 7 月，国务院办公厅印发《关于支持戏曲传承发展的若干政策》的通知，主要内容包括加强戏曲保护与传承、支持戏曲剧本创作、支持戏曲演出、改善戏曲生产条件、支持戏曲艺术表演团体发展、完善戏曲人才培养和保障机制、加大戏曲普及和宣传、加强组织领导。2015 年 10 月，国务院办公厅又印发了《关于推进基层综合性文化服务中心建设的指导意见》（以下简称《意见》），《意见》的主要内容包括：加强基层综合性文化服务中心建设；明确功能定位；创新基层公共文化运行管理机制；加强组织实施。

2017 年 4 月 19 日，文化部正式发布了《文化部"十三五"时期文化产业发展规划》（以下简称《规划》）。《规划》确定了促进结构优化升级、优化发展布局、培育壮大各类市场主体、扩大有效供给、扩大和引导文化消费、健全投融资体系、加强科技创新与转化、完善现代文化市场体系、深度融入国际分工合作 9 个方面的主要任务，重点发展演艺、娱乐、动漫、游戏、创意设计、网络文化、文化旅游、艺术品、工艺美术、文化会展、文化装备制造11个行业，明确了创新体制机制、推进法治建设、完善经济政策、强化人才支撑、优化公共服务、加强统计应用、抓好组织实施7项保障措施；要求各地立足地方实际，把握产业发展规律，突出地方特色，加强沟通协调，确保各项任务措施落到实处。

2017年5月7日，中共中央办公厅、国务院办公厅印发了《国家“十三五”时期文化发展改革规划纲要》（以下简称《纲要》）。《纲要》规定了“十三五”文化发展改革的各项任务，从公民文化素质、创作生产、文化产业、文化市场、公共文化、文化传播、文化遗产保护、文化开放和文化管理等方面，规划设立了系列建设目标。这些工作目标任务都与文化小康建设的内涵相对应，并形成了“十三五”文化小康建设的具体实现路径。在公民基本文化权益实现的意义上，“十三五”文化小康建设体现了保障基本文化权利均等化实现的国家意志；从文化行业贯彻落实“五位一体”“四个全面”战略的宏观意义上，文化小康的运行和发展“使得全面小康社会得以传递和承续”；文化小康社会建设体现了文化行业对国家现代化进程要求的全面回应，以文化的繁荣为全面小康社会建设提供精神力量，提供作为民族前进号角的精神文化旗帜。

2018年12月25日，国务院办公厅发布了《进一步支持文化企业发展的规定》（以下简称《规定》）。《规定》中提到，创新文化产业投融资体制，推动文化资源与金融资本有效对接，鼓励有条件的文化企业利用资本市场发展壮大，推动资产证券化，鼓励文化企业充分利用金融资源投资开发战略性、先导性文化项目。

2019年8月13日，六部门印发《关于促进文化和科技深度融合的指导意见》（以下简称《意见》）。《意见》提出，到2025年，基本形成覆盖重点领域和关键环节的文化和科技融合创新体系，实现文化和科技深度融合。按照国家科技创新基地优化整合总体部署，建成若干目标明确、重点突出、协同攻关的文化科技领域国家科技创新基地，建成100家左右特色鲜明、示范性强、管理规范、配套完善的国家文化和科技融合示范基地，建成200家左右拥有知名品牌、引领行业发展、竞争力强的文化和科技融合领军企业，使文化和科技融合成为文化高质量发展的重要引擎。其重点任务包括加强文化共性关键技术研发、完善文化科技创新体系建设、加快文化科技成果产业化推广、加强文化大数据体系建设、推动媒体融合向纵深发展、促进内容生产和传播手段现代化、提升文化装备技术水平、强化文化技术标准研制与推广。

2019年8月27日，国务院办公厅印发了《关于加快发展流通促进商业消费的意见》（以下简称《意见》）。《意见》中提到要活跃夜间商业和市场，鼓励主要商圈和特色商业街与文化、旅游、休闲等紧密结合，适当延长营业时间，开设深夜营业专区、24小时便利店和“深夜食堂”等特色餐饮街区；有条件的地方可加大投入，打造夜间消费场景和集聚区，完善夜间交通、安全、环境等配套措施，提高夜间消费便利度和活跃度。

2019 年 12 月 13 日，司法部发布了《中华人民共和国文化产业促进法（草案送审稿）》。这意味着《中华人民共和国文化产业促进法》即将正式出台。草案涉及了创作生产、文化企业、文化市场、人才保障、科技支撑、金融财税扶持、法律责任 7 个方面。

三、文化产业发展迅猛之势

（一）我国文化产业发展环境

1. 国民休闲时间有所增加

2018 年，国家统计局组织开展了第二次全国时间利用调查。调查结果显示：居民每天平均个人自由支配活动时间为 3 小时 56 分钟，其中居民每天平均休闲娱乐时间为 1 小时 5 分钟。具体来看，男性为 1 小时 13 分钟，女性为 58 分钟；城镇居民为 1 小时 9 分钟，农村居民为 58 分钟；工作日为 58 分钟，休息日为 1 小时 23 分钟。居民休闲娱乐的参与率为 40.7%，其中城镇居民为 43.5%，农村居民为 36.2%。与 2008 年相比，居民每天平均个人自由支配时间增加了 12 分钟，每天平均休闲娱乐时间增加了 25 分钟；其休闲娱乐时间占全天时间的比重为 45%，提高了 1.7 个百分点。

2. 国民文化消费支出大幅增加

随着我国文化教育娱乐基础设施的不断投入和服务的完善以及文化教育体制的改革，居民文化教育娱乐消费规模大幅增加。从全国区域文化消费的数据看，《中国文化消费需求景气评价报告 2019》显示，全国文化消费需求持续保持高增长。从文化消费总量看，1997—2017 年，全国城乡文化消费总量增长 898.23%，年均增长 12.19%，如图 1－1 所示。其中，第一个五年（1997—2002 年）总增长 104.82%，年均增长 15.42%；第二个五年（2002—2007 年）总增长 64.45%，年均增长 10.46%；第三个五年（2007—2012 年）总增长 71.20%，年均增长 11.35%；第四个五年（2012—2017 年）总增长 73.11%，年均增长 11.60%。最高增长年度为 2002 年，增长率为 27.28%；次高增长年度为 1997 年，增长率为 19.40%；最低增长年度为 2008 年，增长率为 4.10%；次低增长年度为 2014 年，增长率为 8.05%。

1997—2017 年人均文化娱乐消费及环比增长速度如图 1－2 所示。1997—2017 年，全国城乡人均文化娱乐消费总增长 785.67%，年均增长 11.52%。其中，第一个五年总增长 96.77%，年均增长 14.50%；第二个五年总增长 59.78%，年均增长 9.83%；第三个五年总增长 67.04%，年均增长 10.81%；第四个五年总增长 68.65%，年均增长 11.02%。最高增长年度为 2002 年，增长率为 26.43%；次高增长年度为 1997 年，增长率为 18.18%；最低增长年度为 2008 年，增长率为 3.57%；次低增长年度为 2014 年，增长率为 7.50%。

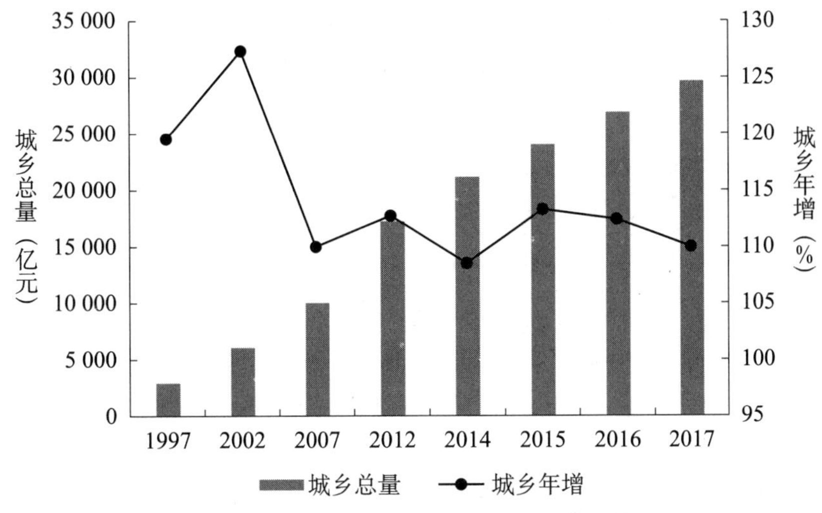

图 1－1　1997—2017 年城镇文化消费总量

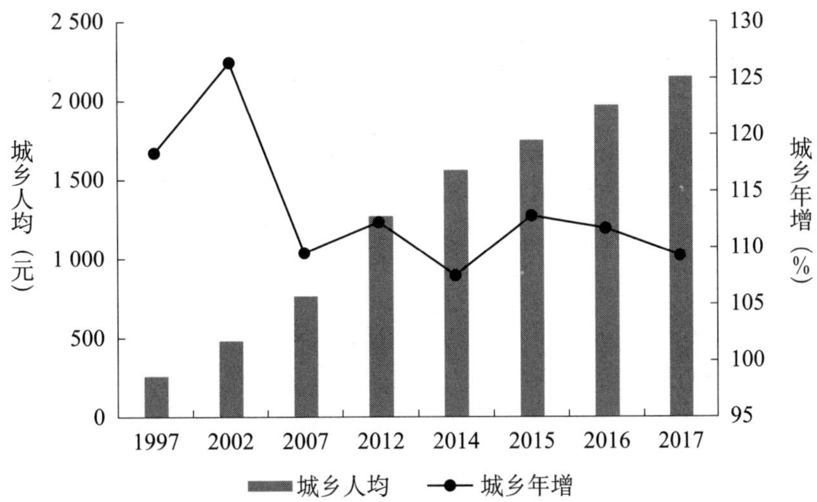

图 1－2　1997—2017 年人均文化娱乐消费支出

资料来源：王亚南．中国文化消费需求景气评价报告 2019. 北京：社会科学文献出版社，2019.

总之，这 20 年来，我国城乡居民文化消费水平呈现高速增长态势，且无论是从文化消费总量来看还是从人均文化消费量来看，全国文化消费年增长速度都在 10%

以上。

（二）我国文化产业发展现状

1. 文化产业增加值保持平稳快速增长

在政策引导和市场充分参与的背景下，我国文化及相关产业总量持续增长，在经济新常态下发挥着优化经济结构的重要作用，也朝着国民经济支柱产业的方向迈出了新的步伐。2017 年全国文化及相关产业增加值为 34 722 亿元，占 GDP 的比重为 4.2%，比上年提高 0.06 个百分点；按现价计算（下同），比上年增长 12.8%，比同期 GDP 名义增速高 1.6 个百分点。

按行业分，2017 年文化制造业增加值为 12 094 亿元，比上年增长 1.7%，占文化及相关产业增加值的比重为 34.8%；文化批发零售业增加值为 3 328 亿元，比上年增长 15.9%，占比为 9.6%；文化服务业增加值为 19 300 亿元，比上年增长 20.4%，占比为 55.6%。

按活动性质分，文化核心领域创造的增加值为 22 500 亿元，比上年增长 14.5%，占文化及相关产业增加值的比重为 64.8%；文化相关领域创造的增加值为 12 222 亿元，比上年增长 9.8%，占比为 35.2%。

2017 年文化及相关产业发展情况见表 1－1。

表 1－1　2017 年文化及相关产业发展情况

类别名称	绝对额（亿元）	构成占比（%）
文化及相关产业	34 722	100
第一部分　文化产品的生产	22 500	64.8
一、新闻出版发行服务	4 864	14
二、广播电视电影服务	7 587	21.9
三、文化艺术服务	4 537	13.1
四、文化信息传输服务	2 896	8.3
五、文化创意和设计服务	190	0.5
六、文化休闲娱乐服务	2 426	7
第二部分　文化相关产品的生产	12 222	35.2
八、文化产品生产的辅助生产	5 973	17.2
九、文化用品的生产	1 981	5.7
十、文化专用设备的生产	4 268	12.3

资料来源：http：//www.stats.gov.cn/tjsj/zxfb/201810/t20181010＿1626867.html.

2. 公益文化事业平稳铺开

2017 年文化发展统计公报显示：2017 年全国文化事业费 855.80 亿元，比上年增加 85.11 亿元，增长 11.0%；全国人均文化事业费 61.57 元，比上年增加 5.83 元，增长 10.5%。文化事业费占财政总支出的比重为 0.42%，比重比上年提高 0.01 个百分点。受益于财政支出的增长，我国公益文化休闲类机构（如图书馆、博物馆、文化馆）的数量在近几年迅速增长。2012—2017 年我国公共图书馆的总藏量、总流通人次、书刊文献外借册次以及阅览室座位数稳定增加，见表 1-2。2017 年，公共图书馆 3 166 个，比上年年末增加 13 个；图书总藏量 9.70 亿册，增长 7.5%；电子图书 10.26 亿册，增长 15.6%。全年全国公共图书馆流通总人次 7.45 亿，增长 12.7%；全年共为读者举办各种活动 155 590 次，增长 11.1%；参加人次 8 857 万，增长 24.1%。①

表 1-2　2012—2017 年我国公共图书馆发展和使用情况

类别	2012 年	2013 年	2014 年	2015 年	2016 年	2017 年
公共图书馆数（座）	3 076	3 112	3 117	3 139	3 153	3 166
总藏量（千册、千件）	788 520	748 960	790 920	838 440	90 163	97 000
总流通人次（千人次）	434 370	492 320	530 360	588 920	660 370	745 000
书刊文献外借册次（千册次）	331 910	408 680	467 340	508 960	547 250	550 910
阅览室座位数（个）	734 571	809 800	855 500	911 000	985 968	1 064 200

资料来源：2013—2018 年《中国统计年鉴》.

表 1-3 显示，我国博物馆数量、文物藏品数量、基本陈列数量也在逐年增长：2017 年年末全国文物机构拥有文物藏品 5 096.32 万件，比上年增加 640.44 万件/套，增长 14.4%。其中，博物馆文物藏品 3 938.32 万件/套，占文物藏品总量的 77.3%；文物商店文物藏品 739.18 万件/套，占 14.5%。2017 年全国各类文物机构共举办陈列展览 26 045 个，比上年增加 1 424 个。其中，基本陈列 13 025 个，比上年增加 823 个；临时展览 13 020 个，比上年增加 601 个。接待观众 1 114 773 万人次，比上年增长 13.3%；其中未成年人 28 909 万人次，增长 9.9%，占参观总人数的 25.2%。博物馆接待观众 97 172 万人次，增长 14.2%，占文物机构接待观众总数的 84.7%。居民对博物馆这些公共文化休闲设施和场所的利用率在不断提高。

表 1-3　2012—2017 年博物馆的发展及开展情况

类别	2012 年	2013 年	2014 年	2015 年	2016 年	2017 年
博物馆数量（座）	3 069	3 473	3 658	3 852	4 109	4 721

① 资料来源：《文化和旅游 2017 年文化发展统计公报》.

续表

类别	2012 年	2013 年	2014 年	2015 年	2016 年	2017 年
文物藏品数量（万件）	2 318	2 719	2 930	3 044	3 329	5 096
陈列展览（个）	8 230	7 650	19 565	21 154	24 621	26 045
观众数量（万人次）	56 401	63 776	71 774	78 112	85 061	1 114 773
门票销售总额（万元）	—	—	331 007	329 461	390 030	—

资料来源：2013—2018 年《中国文化文物统计年鉴》.

3. 传统文化休闲业发展迅速

我国艺术表演团体数量及人员数量都显著增长。表 1－4 显示，截至 2017 年年末，艺术表演团体 15 752 个，比上年增加 3 451 个；从业人员 40 万人，以上年增加 7 万人；全年演出 293.77 万场，比上年增加 27.4%，其中赴农村演出 184.44 万场，增加 21.7%；国内观众 12.49 亿人次，增加 5.7%，其中农村观众 8.30 亿人次，增加 33.8%；总收入 342.11 亿元，比上年增长 9.9%，其中演出收入 147.82 亿元，增长 13.0%。

表 1－4　2012—2017 年艺术表演团体情况

类别	2012 年	2013 年	2014 年	2015 年	2016 年	2017 年
机构数量（个）	7 321	8 180	8 679	10 787	12 301	15 752
人员数量（万人）	26	26	30	30	33	40
演出数量（万场）	135.02	165.11	173.91	210	230.6	293.77
观众数量（万人次）	82 805	90 064	91 020	95 799	118 138	124 900
演出收入（万元）	641 480	735 532	757 028	939 310	1 308 591	1 478 200

资料来源：2013—2018 年《中国文化文物统计年鉴》.

表 1－5 显示，2012—2017 年电影发展势头迅猛，其中票房收入年平均增长速度为 37%，观影人次平均增长率为 39%。2017 年之后，电影市场依旧快速发展，但是票房收入和观影人次增长率有所放缓。2017 年全国电影总票房为 559.1 亿元，同比增长 13.45%；国产电影票房 301.04 亿元，占票房总额的 53.84%；票房过亿元影片 92 部，其中票房过 10 亿的有《芳华》《乘风破浪》《西游伏妖篇》《功夫瑜伽》《羞羞的铁拳》《战狼 2》；观影人次 13.85 亿人，同比增长 18.5%；放映场次 7752.45 万场，同比上升 30.2%。

表 1－5　2012—2017 年电影市场发展情况

类别	2012 年	2013 年	2014 年	2015 年	2016 年	2017 年
票房收入（亿元）	170.7	217.7	296	440.7	457.1	559.1

续表

类别	2012年	2013年	2014年	2015年	2016年	2017年
票房收入增长率（%）	30	28	36	49	3.73	13.45
观影人次（亿人）	4.7	6.1	8.3	12.6	13.72	13.85
观影人次增长率（%）	27	30	36	51	8.89	18.5

资料来源：2013—2018年《中国文化文物统计年鉴》.

此外，如表1-6所示，2016年我国出版图书499 884种，同比增长5.06%；印刷90.4亿册，同比增长10.5%；出版期刊达10 084种，同比增长1.18%。但是期刊总印数自2012年以来在逐年减少，年平均减少速度为5.25%。报纸种类也在逐年减少，从2012年的1 929减少至1 894；报纸总印刷数则从467.4减少至390.1亿册，年平均减少速度为4.41%。期刊、报纸印数数目的降低与新兴媒体和移动手持终端的发展有关，这使得报纸、期刊的广告版面减少，从而影响了报纸、期刊的印刷量。

表1-6　中国出版市场发展情况

年份	图书		期刊		报纸	
	种数（种）	总印数（亿册）	种数（种）	总印数（亿册）	种数（种）	总印数（亿册）
2012年	414 005	77	9 849	33.5	1 929	467.4
2013年	444 427	79.2	9 867	32.7	1 918	482.3
2014年	448 431	83.1	9 877	30.9	1 915	482.4
2015年	475 768	81.8	9 966	28.8	1 912	463.9
2016年	499 884	90.4	10 084	27.0	1 894	390.1
2017年	52 487	92.44	10 184	24.92	1 875	362.50

资料来源：2013—2018年《中国文化文物统计年鉴》.

4. 新兴文化休闲业蓬勃发展

随着互联网的发展，网络逐渐成为文化休闲的重要载体。网络环境的完善和手机上网的迅速发展，使得基础应用、商务交易、网络金融、网络娱乐、公共服务等个人应用日益丰富。在这样的背景之下，网络文化逐渐深入人们的生活方式和价值观念从而成为文化休闲的主要载体，网络游戏、网络音乐、网络视频、网络购物、网络文学等休闲方式迅速发展起来。表1-7显示，2017年网络新闻用户规模超6.4亿，比2016年增长了5.37%；网络音乐、网络视频、网络文学分别较2016年增长了8.94%、6.31%、13.37%，其中，网络文学的涨幅最大。这进一步说明网络逐渐成为文化休闲的重要载体。

表 1-7 网民对网络应用的使用率

应用	2016 年		2017 年		增长率（%）
	用户规模（万）	使用率（%）	用户规模（万）	使用率（%）	
网络新闻	61 390	84.00	64 689	83.80	5.37
网络音乐	50 313	68.80	54 809	71.00	8.94
网络视频	54 455	74.50	57 892	75.00	6.31
网络文学	33 319	45.60	37 774	48.90	13.37

资料来源：《2018 年中国互联网络发展状况统计报告》。

自媒体平台丰富了新兴文化娱乐方式。早期的博客和社区是最初的自媒体形式，随后自媒体以社交网络为载体进入公众号时代，如今电商等非媒体平台在成为新的自媒体载体。休闲文化娱乐行业是自媒体最多的参与者。微信公众号中，账号行业分布排在前四位的是文化/传媒/娱乐、服务业、IT/通信/互联网、商业，其中，文化/传媒/娱乐占微信公众号的比重为 27.8%；头条号中，账号行业分布排在前四位的则是娱乐、文化、科技、市场，其中娱乐和文化分别占 7.0%、6.6%。此外，微博数据也显示，一些与文化休闲观光相关的内容的关注度稳居首位。自媒体平台的问世促进了网络用户本身成为媒体发布人和各种社会事件的参与者、当事人、审视者和评论员，极大地丰富了文化休闲娱乐方式。

第二章　中国区域文化力研究综述

“他山之石，可以攻玉”。基于文化力研究内容的需要，本章梳理了国内外学者关于文化、文化力、文化软实力、文化竞争力、文化产业、文化事业、文化消费等相关内容的研究成果，并且对于文化力相关理论进行了探讨。通过梳理过往研究为本文研究拓宽了思路，通过文化力相关理论分析为进一步研究打下了基础。结合研究问题，本章从以下几个角度进行梳理和分析。

一、文化相关研究

（一）文化研究综述

文化研究是文化力研究的基础。文化这一词汇具有模糊性、复杂性、多义性，英国学者雷蒙德·威廉斯（Raymond Williams）将“文化”一词称为英语语言中最为复杂的词汇之一。由于文化是一个非常宽泛的概念且具有模糊性、复杂性、多义性，国内外学者从各自学科的研究角度出发对文化进行了多种界定和解释，克罗伯（A. L. Kroeber）和克拉克洪（Clyde Kluckhohn）两位学者收集整理的1871—1951年的文化研究中就有166条文化的定义，学术界关于文化的定义更是超过300种，但文化始终没有一个严格、统一、权威的定义。总的来说文化研究分为广义和狭义，从广义角度研究的文化涵盖了人类所创造的精神财富和物质财富的总和，包括一个国家或民族的生产和生活方式、行为规范、文学艺术、思维方式、价值观念以及地理、历史、传统习俗、风土人情等各个方面。表2-1中为从广义角度研究并具有代表性的文化定义。但许多学者认为从广义研究文化所包括的内容过于宽泛而不具有实际分析的可操作性，因此他们从狭义的角度对文化进行了分析研究。从狭义角度来看文化是一个国家或民族创造的精神财富以及与之相适应的制度和机构，狭义角度的文化仅包含强调观念性、精神性形态的文化，尤其是20世纪以来借助市场化、产业化力量得以大量复制和传播的创意性文化，包括艺术、音乐、舞蹈、戏剧、图书、报刊、新闻、美术、广播、电影、电视、动漫、广告等。表2－2中为从狭义角度研究并具有代表性的文化定义。

表2－1　具有代表性的广义角度文化定义

代表性学者	代表性定义
赫斯科维奇（Melville J. Herskovits）	文化是“环境中的人为部分”，指的是与自然的相对应部分都是人造的文化，文化是人类创造活动的总和。这是最为广义角度的文化定义。
《世界大百科全书》	文化是指所有社会遗产，其中包括生产工具、武器、社会结构、音乐、宗教、艺术、文学、意识形态等。
胡兆量	文化可以分为三个层面：器物技术为主的表层；制度、社会结构为主的中间层；意识形态为主的最深层。在这三个层次的文化中，意识形态为主的核心层具有最大的影响。
孙晶	文化与政治和经济相对，是一种包括意识形态成果的文化，文化本身也同时涵盖了物质文化的一些内容。

表2－2　具有代表性的狭义角度文化定义

代表性学者	代表性定义
爱德华·泰勒（Edward Taylor）	文化包括所有的艺术风俗、道德取向、宗教法律、价值观以及所有成员须遵从的制度和规范的总和。
哈里斯（Marvin Harris）	文化的概念是指群体成员通过传承获得的习俗、生活方式、制度规范等行为模式。
马林诺夫斯基（Bronislaw Malinowski）	文化包含技术、观念、习惯和价值观等，文化是部分自治制度和部分协调制度的综合。
克莱德·克拉克洪（Clyde Kluckhohn）	文化是个人从群体中继承的一个民族的综合性社会遗产，包括生活方式、思维方式、信仰方式、情感表达方式。
罗杰·基辛（Roger Martin Keesing）	文化是系统的社会交往行为模式，包括生活方式、生产技术、社会习俗、宗教信仰和经济、社会、政治组织方式。
古迪·纳夫（Ward Hunt Goodenough）	文化是为文化共同体的成员所接受的行为方式以及信仰等，文化不是一个物质现象而是人、人的行为和情感以及实物的总和。文化是存在于人的心目中的实物的形式，是洞察、链接并解释这些实物的一种方式。
克洛德·列维·斯特劳斯（Claude Lévi-Strauss）	文化是共享的符号系统，这是人类历代心智积累所共同创造的。人类是通过对文化域（如社会组织、亲属关系、神话、宗教、原始艺术和语言等）的心智构建来构建这种共享的符号系统的。
帕克；伯吉斯	文化是指一个族群综合的社会生活遗传结构的总和，由于这个族群的特定历史和特点这些遗传结构有了社会意义。这个定义是从文化遗产内涵的角度对于文化进行的定义。

（二）文化理论分析

1. 本文研究文化的视角

从已有研究中来看文化有广义和狭义之分，但这些对于文化概念的界定也只是各领域学者从自身研究问题的角度为人们理解文化提供了一个思维框架。面对各种不同的文化定义，在文化研究中很少有人恪守一个严格文化边界进行研究，而是针对具体研究内容对其加以界定。本文研究的是区域文化，其中区域是指国家行政管理部门所做的行政区域划分（比如省、市、县、乡等），因此本文的研究重点是行政区域内可以统计、可以衡量的“文化”活动，包括供给侧文化即文化生产、需求侧文化即文化消费以及影响文化生产和文化消费的文化环境。因此，本文从文化生产、文化消费、文化环境“三位一体”的视角把握文化系统结构进行文化研究，使得文化研究可以通过统计数据、统计方法、统计思想进行实证分析，体现本文文化研究价值。

2. 文化特征分析

首先，文化具有经济属性。随着市场经济的发展，文化活动不再是通过原始的口耳相传实现而是通过文化市场上文化产品生产、消费等经济活动实现，大量的文化需求通过文化市场购买文化产品的路径获得，文化活动的进行伴随着经济活动的进行，文化的经济属性日益凸显。其次，文化具有社会属性。文化的核心层包含一个社会群体共同遵守的道德取向、精神信仰、价值观等精神层面的东西，是社会构成中最为深层次、最具有核心价值的部分。最后，文化具有区域性。文化的发展必须依托一定的区域空间，不同文化空间由于空间内地理、历史、种族发展环境不同，形成的文化也具有不同的地域性、历史性和民族性，因此每个区域会形成具有自身特色的区域性文化。

二、文化力相关研究

研究目的不同，学者们对于文化影响作用力的研究角度也有所不同，因此对于“文化之力”进行了不同的表述，从不同研究角度赋予“文化之力”不同的内涵外延，比较有影响力的包括文化力、文化软实力、文化竞争力等表述。

（一）文化力研究综述

1. 文化力研究综述

文化力泛指文化产生的作用力，正如文化概念分为广义角度与狭义角度一样，文化力就是从广义的角度去衡量文化产生的作用力，与文化力相近的概念“文化软实力”就是从狭义的角度衡量文化创造属于意识形态和精神层面的作用力。“文化力”作为一个新的研究领域，目前尚未能形成统一的定义。由于文化内涵界定的复杂性和差异性，各界学者基于不同的研究目的、研究视角对文化力进行了不同的诠释。贾春峰（1992）提出“经济力”“政治力”“文化力”是推动我国经济社会前进的三种根本力量，“文化力”是综合国力的重要部分，“文化力”包含智力因素（包含教育和科技等内容）、精神力量（包含理想、道德、信仰、价值观、精神等）、文化网络、传统文化四个方面；随着文化、经济一体化趋势的日益加强，经济发展能够进一步促进文化力发展，文化力发展反作用于生产力推动经济发展。周玉波（2003）认为文化通过科技创新、制度创新、观念创新、道德规范、文化事业辐射、传统文化凝聚六大核心要素发挥文化力作用。李江帆（2007）认为经济、政治、军事因素都是有“力”的，表现为经济力量、政治力量和军事力量，文化因素作为一种独立因素存在也应当有独立的力量也就是文化力。皮家胜、刘永飘（2013）认为文化力乃是改善人同自然、社会和自身关系并且能够提升人自身潜质的一种能力，是人的心智和情感世界的产物。樊浩（1995）从精神影响角度定义文化力，认为文化通过在精神层面影响人形成人的合力；李春华（2000）也从精神影响角度认为“文化力”是一种从深层层面造成我国区域发展不平衡的制约力量；何频（2007）从经济生产角度定义文化力，认为文化力等同于文化产生力，但仅从经济角度或精神影响一个方面定义文化力是稍显片面的。高占祥在其所著的《文化力》中提出文化力包括文化竞争力在内的文化影响力、文化创造力、文化生产力、文化吸引力、文化思维力、文化先导力、文化和谐力、文化平衡力、文化想象力、文化凝聚力等 20 种文化力。

2. 文化软实力研究综述

“软实力”（soft power）由约瑟夫·奈（Joseph Nye）在 1989 年首次提出。约瑟夫·奈教授认为同经济实力、军事实力等“硬实力”一样，文化、价值观念、生活方式和意识形态等“软实力”体现了吸引力、亲和力、影响力、凝聚力，体现了一个国家维护和实现国家利益的决策和行动的能力，是一个国家综合国力的重要体现。塞缪尔·亨廷顿（Samuel P. Huntington）认为文化软实力对一国的发展具有重要作用，他同时认为文化将取代经济、政治等问题成为国际冲突的根源。兹比格涅夫·布热津斯基（Zbigniew Kazimierz Brzezinski）、泰勒·考恩（Tyler Cowen）、约翰·汤姆林森（John Tomlinson）、马修·弗雷泽（Matthew Fraser）等学者都对软实力在当代的发展问题进行了多角度、多维度的研究。约书亚·科兰茨克（Joshua Kurlantzick，2007）对于中国的软实力进行了系统研究，在其写作的首部西方学者研究中国软实力著作《魅力攻势——看中国的软实力如何改变世界》中提出中国软实力发展对于整个亚洲乃至整个世界具有极大的影响。之后随着中国的文化软实力和世界影响力迅速提升，更多学者对于中国文化软实力进行了研究。贝茨·吉尔、黄严中、丁盛、辜学武等学者对中国软实力现状以及未来发展趋势、中国软实力的资源、中国软实力对于文化安全的影响、中国如何通过自身文化软实力进行文化推广等问题进行了系统的分析。

我国学者在软实力上的研究主要基于约瑟夫·奈教授对于软实力的研究结论，结合我国文化发展实践构建符合我国国情和统计标准的指标评价体系，采用统计方法对于软实力指数进行系统评估。杨新洪（2008）、谭志云（2009）、周国富和吴丹丹（2010）、罗能生和郭更臣及谢里（2010）、胡建（2011）、熊正德和郭荣凤（2011）、贾海涛（2011）、洪晓楠和邱金英及林丹（2013）等学者通过构建文化软实力的统计评价体系从局部或整体角度对于我国文化软实力进行了评价，学者们认为文化软实力包含文化传统力、文化活动力、文化素质力、文化吸引力、文化管控力、文化传播力、文化政策力等内容。从使用统计方法上来看，文化软实力研究主要采用AHP层次分析法、神经网络分析法等统计评价方法。

3. 文化竞争力研究综述

伴随着经济全球化发展，文化全球化趋势日益明显，国际文化竞争力日益激烈，各国学者开始从竞争力的角度去评价“文化之力”。竞争力可以说是一个古老又崭新的概念并且是一个被广泛运用于经济社会各领域的综合概念，早在人类历史的早期伴随着国家的出现有关竞争力的观念就已经出现了，而全球一体化加剧了各种国际竞争，现如今竞争力日益成为重要的研究方向。竞争力是指竞争者之间在争夺竞争对象过程中所展现出的比较差距、比较优势、比较吸引力等力量的综合力，竞争力表示与竞争对手相比所体现的强弱关系，因此竞争力理论实际研究的是比较优势理论。从经济学角度看，竞争力分为三层，包括宏观竞争力（国家或区域竞争力）、中观竞争力（产业竞争力）、微观竞争力（企业竞争力或产品竞争力）。竞争力研究代表人物迈克尔·波特（Michael E. Porter）对于国际竞争力的研究从宏观竞争力入手，研究一国特定产业通过在国际市场上销售其产品所反映出来的比较优势。文化竞争力是一个崭新的研究领域，有关文化竞争力的概念至今还没有形成一个共识，而且随着研究的不断深入文化竞争力的新的定义仍在不断出现。我国学者在文化竞争力方面的研究较多，陈乃举（2003）、田丰（2006）、邹广文（2008）、黄活虎（2009）等学者对于文化竞争力的内涵进行了分析。尽管不同学者对文化竞争力的定义各不相同，但综合来看，文化竞争力是指在经济全球化背景下，与其他竞争者相比，一个区域文化构成要素所产生的对于经济社会发展的推动力量的高低，一个区域文化构成要素所产生的推动力量与竞争对手相比具有的比较优势。文化竞争力是区域核心竞争力的外在特征，是最终实现区域文化价值的能力。在理论研究基础之上，我国学者通过建立统计指标体系对于文化竞争力进行了实证分析。倪鹏飞（2006）、赵德兴和陈友华及李惠芬（2006）、付启元和徐桂菊及王丽梅（2008）、赵秀玲和张保林（2008）、李凡和黄耀丽及叶敏思（2008）、雷鸣和吴斯维及王晓（2009）、谭志云（2009）、向前（2011）、李卫强（2012）、陈明三（2013）、蔡晓璐（2015）等学者根据自身对于文化竞争力的理解从文化资源力、文化凝聚力、文化生产力、文化创新力、文化产业力、传统文化力、都市文化力、文化交流力、文化环境力、文化消费力、文化管理力、文化资源与设施力、文化生产要素力、文化市场需求力、政府相关政策、人才与文化创新、文化输出等多维度评价了文化竞争力，分析评价了文化竞争力现状并探讨了文化竞争力提升所存在的问题，采用的统计方法包括层次分析法、聚类分析法、主成分分析法、因子分析法、神经网络分析法、模糊曲线分析法等。

对于文化竞争力的讨论，学者们除了从宏观的角度去评估某区域的整体文化竞争实力，从中观的角度对于文化产业竞争力进行研究也逐渐成为文化竞争力研究的主要方向。尤其是在经历了全球金融危机后，文化产业对促进经济增长的亮眼表现使得文化产业成为全球公认的新兴行业。文化产业对一国综合国力提升的贡献度日益提高，文化产业竞争力逐渐成为学术界的研究热点。文化产业是文化生产的重要组成部分同时是文化经济属性的重要体现，文化产业企业追求在市场竞争环境下与对手相比具有的更强的市场盈利能力从而实现利润最大化。迈克尔·波特教授在产业竞争力研究过程中提出了著名的钻石理论模型（Michael Porter Diamond Model），将产业竞争力的影响因素归结为资源要素（包括人力资源、天然资源、知识资源、资本资源、基础设施）、需求条件、辅助行业、企业战略、机遇、政府支持等。花建（2005）基于迈克尔·波特的竞争力钻石理论模型系统地探讨了文化产业竞争力的内涵，认为文化产业竞争力通常也包括微观竞争力、中观竞争力和宏观竞争力三个层次，包括市场拓展能力、整体创新能力、可持续发展能力、成本控制能力四个核心能力，以及产业效益、实力、资源、关联、结构、能力、环境七个竞争力指标板块。他提出提升文化竞争力的重点战略包括：实施资源整合战略、发挥创意优势战略、推进中心辐射战略、贯彻企业发展战略等。祁述裕（2004）、宋彦麟（2006）、赵彦云和余毅及马文涛（2006）、李宜春（2006）、杨沂（2009）等学者也基于波特钻石理论模型结合我国国情构建了评价指标体系，对于文化产业竞争力进行了系统评估。

（二）文化力理论分析

1. 文化力内涵以及核心要素分析

“力”本身是一个物理学概念，表示物体对物体的作用。文化力是指人类在改造自然环境过程中体现的文化力量，包括各种文化要素推动经济社会发展的内生动力。由于文化本身概念的模糊性和多义性，对于文化力的界定存在较大的难度，对于文化力进行评价和研究更存在难度。本文所研究的文化泛指所有文化产品的生产、分配、消费的全过程，因此文化力就包括供给侧的文化生产力、需求侧的文化消费力以及对于文化生产、文化消费起影响作用的文化环境力，文化力不是指单纯的某一种“力”而是文化多重要素相互影响作用而形成的一种文化综合力。

供给侧的文化生产力包括体现文化生产“经济属性”的文化产业生产力和体现文化生产“社会属性”的文化事业生产力。一方面，文化生产的经济属性通过文化产业的发展推动文化与经济融合即经济文化发展一体化来实现。在市场机制的作用下，文化的产业化发展将文化带入一个更加丰富、多元的发展阶段，文化成为资本、劳动等要素之后推动经济增长的新的核心要素，文化的经济功能被进一步挖掘。另一方面，文化生产的社会属性是通过文化事业发展得以实现的。文化对个人具有塑造品格、教化育人、满足精神需要的功能，对于社会来讲具有社会导向和社会整合的作用。文化产品是满足人们精神需要的产品，不同于普通产品。文化产品能够提高人的品行、修养、智力等方面的素质，同时还能够起到价值导向的作用。因此，将文化所有生产全部市场化、产业化是不合理的。文化产业中企业的发展模式是基于产业化方式复制文化产品，通过迎合市场上文化产品消费者的需求使得企业利润最大化。某些不能够迎合文化消费者需求但有必要存在的文化产品由文化产业企业提供会存在效率低下的问题，这对于文化社会功能的发挥反而会起到阻碍作用。另外，文化产品本身的公共产品特性以及正向的外部影响效应会导致市场失灵（比如教育、科研等公共文化产品服务），这一部分文化产品需要通过公益性、社会性的文化事业单位生产提供。

需求侧的文化消费力由私人文化产品消费力和公共文化产品消费力构成。其中私人文化产品消费是“文化”和“经济”两个领域的交叉，是消费者为了满足自身的精神文化需求通过文化市场消费精神文化类产品和服务的行为。私人文化产品是由文化产业所生产提供，具有竞争性和排他性。与私人文化产品相对，公共文化产品具有非排他性和非竞争性，公共文化产品一般由文化事业单位或其他非政府组织生产提供，用以满足人民群众的基本文化需求以及保障人民群众的基本文化权益。文化消费力体现的是文化需求力，文化生产力体现的是文化供给力，文化消费力与文化生产力构成了文化市场的供需系统，两者相互影响、相互促进。私人文化产品消费主要消费的是文化产业生产的文化产品（服务），公共文化产品消费主要消费的是文化事业生产的文化产品（服务）。个人文化产品消费的提高对于文化产业生产的带动作用十分明显，而公共文化产品的消费能够进一步促进文化事业的发展、进一步提高文化事业发展的效率，文化产业和文化事业的繁荣发展反过来能够促进整体文化消费水平的进一步提升，因此文化消费力与文化生产力相互作用、互为支撑。

文化环境力是文化力的基础要素力，包括经济社会环境影响力和文化资源环境影响力。首先，文化生产与文化消费需要经济社会环境影响力的支撑。文化生产、文化消费都受经济社会诸多因素影响，经济发展水平、城镇化水平等经济社会环境因素对于文化发展起着至关重要的作用。根据马斯洛需求层次理论，较为高等的精神需求需要消费者有一定的物质条件；当人在积累一定的物质财富之后满足自身基本的物质需求的基础上，才会有条件满足自身文化需求促进文化生产。其次，文化生产和文化消费还受到文化资源环境的影响。文化资源力可以衡量一个区域的文化资源禀赋。文化资源是文化发展的基础，通过文化资源的开发可以促进文化生产力、文化消费力的提高进而提升整体文化力。因此外部文化环境力量的提升将会有效促进文化生产、文化消费从而达到促进整体文化力提升的作用。因此，本文基于研究将文化力分为文化生产力、文化消费力、文化环境力三个文化分要素力，用来反映不同内容层面的文化力。

2. 文化力的统计分析

从已有的文献中可以看出文化力的研究还停留在理论探讨层面，从统计角度对于文化进行实证分析的文献极少。本文兼顾经济理论研究与统计数据可得性对于文化力进行研究，认为文化力包括供给侧的文化生产力和需求侧的文化消费力以及对文化生产力、文化消费力产生影响的文化环境力三个核心要素。我国文化生产的统计数据按照文化产业数据和文化事业数据进行划分，文化生产力包括文化产业生产力和文化事业生产力。文化产业数据由国家统计局进行统计，我国全口径的文化产业只有2004年、2008年、2013年的数据；文化事业数据主要由文化和旅游部所属的事业单位上报到文化和旅游部，由文化和旅游部进行统计汇总。文化消费力主要包括私人产品（服务）文化消费力和公共产品（服务）文化消费力，私人产品（服务）文化消费主要消费文化产业生产的文化产品（服务），公共产品（服务）文化消费对应文化事业生产的文化产品（服务），这两部分数据分别由各地区统计局和文化和旅游部发布。文化环境力包括经济社会环境影响力和文化资源环境影响力。经济社会环境影响力主要包括对文化生产和文化消费产生重要影响的经济社会因素，这些数据由国家统计局和各个地区统计局进行统计；文化资源环境影响力主要是衡量一个地区文化发展的资源禀赋，文化资源环境影响力数据主要由文化和旅游部进行统计发布。

三、文化产业相关研究

文化产业是文化生产的重要组成部分，文化产业力是文化生产力的重要组成部分。本节对文化产业过往研究进行了梳理总结并对文化产业相关理论进行了系统分析。

（一）文化产业研究综述

文化产业最初被称为文化工业（culture industry），这一术语由法兰克福学派的主要代表人物西奥多·阿多诺（Theodor Wiesengrund Adorno）和马克斯·霍克海默（Max Horkheimer）于1948年首先提出。文化产业是指使用工业复制技术生产文化产品（服务）并且通过产业化运作的方式进行交换和传播，文化产业生产的产品（服务）表现出与其他大规模生产的产品（服务）一样具有标准化、程式化、同质化的典型特征。霍克海默和阿多诺对于"文化产业化"这一现象持批判的态度，认为文化产业将导致文化产品的过度批量化、格式化和标准化，而批量化、格式化、标准化的文化产品会破坏文化本身的个性。伴随着市场经济和现代工业经济的发展，文化的产业化生产发展迅猛，文化的经济属性日益体现，在经济系统之内文化产品（服务）的生产和消费广泛进入市场交易环节，产生了有关文化产业、创意产业、版权产业、文化经济学、文化管理学的诸多研究理论。20世纪90年代后期，学者们在文化产业的内涵研究上已经不再纠缠于形成上的价值判断，对于文化产业的态度也趋于更加积极，慢慢地将文化产业与文化消费、文化产品这一类的相关概念做意义链接形成全新的知识谱系，比较有影响力的是美国学者艾伦·斯科特（Allen J. Scott，2004）和英国学者贾斯汀·奥康纳（Justin O. Connor）对于文化产业的研究。艾伦·斯科特认为文化产业是指基于娱乐、教育和信息等目的服务产出和基于消费者特殊爱好自我肯定和社会展示等目的人造产品的集合。贾斯汀·奥康纳认为文化产业是经营那些具有文化价值的符号性商品的活动，这些符号性商品的文化价值决定了符号性商品的经济价值的多少。我国文化的市场化与产业化发展与国外发展过程有所不同，中华人民共和国成立之初由于我国实行的是计划经济体制，与此对应的文化体制也表现为事业性、公益性、福利性三位一体的计划文化体制。在计划文化体制下文化发展表现为：第一，文化生产服务于政治安排。在这一时期，我国文化生产部门基本上为政府机关下属的事业机构，层层设立专业文化事业单位，所有制结构上实行单一公有制，生产资金来源于财政拨款。文化生产服务于政治运动，主要围绕“意识形态”建设展开。文化产品的政治色彩浓厚。第二，文化资源计划分配。依靠计划来对文化资源进行配置，文化产品由政府部门定价而不是由市场定价，产品供给机制和价格机制基本不发挥作用，在计划文化机制下人民群众的文化需求得不到有效的满足。严格意义上讲，在计划经济时期，文化是由国家经营的一种“事业”，是国家为民众提供的一种“福利”，可以不计成本、不讲效益。在这一过程中，文化的经济属性、产业属性被严重忽视，市场机制在文化发展领域不发挥作用，因此这一阶段中国不存在现代产业经济学意义上的文化产业。新古典经济学从本质上来讲是否定政府对于市场经济生产进行干预和调节的，强调应更加充分利用市场调节力量，认为完善的自由竞争市场机制是优化资源配置最有效的手段，能够使得各类经济活动在市场机制作用下达到均衡、各种资源得到合理配置。十一届三中全会后伴随着我国改革开放的实施，文化体制改革由此揭开序幕，以市场化为导向的经济体制改革为文化的产业化发展奠定了基础。

我国文化产业的概念在2000年的十五届五中全会首次提出，文化产业的出现使得传统计划文化体系之下文化产品的生产、分配完全由政府统包统管的模式被打破，文化产品供给从依靠政府意志到依靠价格机制、供求机制、竞争机制协调发展，充分发挥市场机制充分配置文化资源的基础性作用，文化的“产业化”发展路径逐步得到社会认可并上升到国家的战略层面。2009年《文化产业振兴规划》进一步将文化创意产业纳入重点发展产业的行列。随着我国社会主义市场经济的逐步完善，文化产业的“经营性”“经济属性”逐步展现，与文化事业的“公益性”“福利性”特质有了明显的区别，文化产品的商品价值被社会所承认。文化产品（服务）通过文化市场交换进入消费领域，文化产品（服务）的生产转变为商品（服务）生产，文化产品（服务）生产不再单是为了满足政治需求而是为了满足人民不断增长的精神文化需求。我国文化产业逐步发展成为以市场为导向、以产业化为基础、以高科技为依托、以盈利为目的，根据工业化标准进行规模化、专业化、市场化、连续性生产，通过文化市场提供具有标准化特征的文化产品和文化服务的产业。因此，我国的文化产业是文化市场化、产业化不断发展的产物。由于我国文化产业特殊的发展路径，相较于国外对于文化产业的丰富研究，我国的文化产业研究起步较晚，对于文化产业、文化生产的概念研究始于1979年以来的经济学关于“精神产品”和“知识价值”的讨论。孙长宁、沙吉才、曾五一（1979）基于马克思主义文化观认为物质生产决定精神生产，同时精神生产通过精神产品对于物质生产起反作用，比如部分精神生产产出的产品能够提高劳动者的文化程度、科学知识甚至精神面貌，产生人力资本溢出效应，极大提高物质生产的劳动生产率。李向民（1986）沿着孙长宁、沙吉才、曾五一三位学者的研究路径，提出精神产业是提供精神产品的活动，这一研究认为精神产业应当具有生产以及再生产的“产业性”，并且将精神产业的概念与市场进行链接，提出精神产业的精神产品是通过市场进行生产、交换以及消费。李建中（1988）首次提出了文化事业与文化产业的分类，认为文化产业与文化事业具有不同的生产目的。谢明家（1995）认为：文化产业是指精神产品（服务）的生产、再生产、交换、传播、消费等活动，文化产业活动是通过信息化、工业化、商品化的方式进行的。文化之所以能够成为产业，是由其生产方式和消费对象所决定的。从生产手段上来看，精神文化领域生产方式的革新是由物质领域生产工具的技术性革命决定的；从流通途径上来看，文化产业的核心要素是文化、知识、科技等，这些要素的流通通过技术手段与其他产品的流通相比表现出速度快、范围广的特征。在市场经济条件下，借助于工业化、商业化和科技力量，文化已经成为世界范围内的超级利润产业，文化产业的高速发展将人们引导到文化是推动经济社会发展核心动力的现代意识上来，文化不再仅仅是经济、政治的附属物。苑捷（2004）对于各个国家文化产业的概念进行了总结，从全球来看各国学者以及各国官方都认同文化产业概念的多重含义，文化产业并没有形成统一的界定，各个国家根据各自国家不同文化、不同历史背景对于文化产业概念有着不同的理解，文化产业所涵盖的范围也有所不同。徐浩然、雷琛烨、王亚川、胡正荣、金元浦、张胜冰等学者对于文化产业、文化创意产业领域的内涵和发展情况也做了许多的研究。

由于国情和文化背景的差别，各个国家和各个国际组织对于文化产业的定义有所不同，文化称谓也有所不同。文化产业又被称作“文化工业”“大众文化”“版权产业”“文化创意产业”“媒体文化”“内容产业”等，各个国家和各个国际组织各自根据自身的实际、发展重点、文化发展政策对于文化产业进行了不同定义，所涵盖的领域也有较大的区别。世界主要国家文化产业涵盖的范围如表 2－3 所示。从国内研究来看，对于文化产业的范围和内涵也存在诸多的争议，在我国的文化体制改革之初以是否以盈利为目的为标准将文化生产单位分为“经营性文化产业”和“公益性文化事业”，并且明确了文化产业和文化事业的区别及不同改革目标。文化产业理论界学者根据我国文化的发展实际基本上形成了统一的观点，认为文化产业仅包含体现文化“经济属性”的文化生产，文化产业强调文化企业按照市场经济规律运作，其生产目的是获取最大的利润；而与文化产业相对文化事业是体现文化“社会属性”的文化生产，文化事业生产的目的是保障公民的文化权益以及基本的文化需求，文化事业单位是需要政府或者社会资金扶持的非营利的公共文化服务活动的提供者。但是从数据统计研究来看，我国国家统计局从更为广义的角度对文化产业进行了定义，认为文化产业包括了国民经济行业中与文化相关的所有社会经济活动，并没有针对文化生产目的等进行文化产业和文化事业分类。文化产业统计分类是对所有具有文化属性的社会经济活动的分类，包括市场主导的企业经营性文化活动，也包括政府主导和社会其他机构参与的公益性文化活动。

表 2-3　文化产业范围

国家	文化产业的不同称谓	文化产业所包含的范围
英国	文化创意产业	文物艺术交易、时尚、设计、电影、艺术、休闲、音乐、电视、广播、表演艺术、建筑、古董市场、手工艺、出版和软件等行业。
美国	版权产业	核心版权产业：电影和录音业、表演艺术、娱乐业、出版、广播等； 交叉版权产业：电信业、游乐、赌博、体育行业等； 部分版权产业：玩具、建筑行业等； 边缘版权产业：文化相关设备生产和维修行业等。
欧盟	内容产业（2000）	生产、开发、包装、销售信息产品（服务）的产业，包括报纸、书籍、杂志等纸质媒介内容行业；电子游戏、电视、电影、音乐、数字软件等数字媒介内容行业。
中国	文化产业（2004 分类）	核心层：包括出版发行、新闻出版、电视广播、文化艺术四个大类，涵盖电视、电影、娱乐、报刊、新闻、文艺表演、文物及文化保护、文化研究、图书馆、档案馆、艺术表演场馆等； 外围层：包括网络文化服务、文化休闲服务等，涵盖网络、休闲、健身、娱乐、旅游、广告、文化中介代理、会展等； 相关层：包括文化用品、设备等文化相关产品的生产与销售，如印刷、影视、游艺等器材和设备及乐器、玩具的生产和销售等。
中国	文化产业（2012 分类）	文化产品的生产活动：包括新闻出版发行服务、广播电视电影服务、文化艺术服务、文化创意和设计服务、文化休闲娱乐服务、工艺美术品生产等活动； 文化产品的辅助生产活动：文化经纪代理服务、文化出租服务、会展服务等活动； 文化用品的生产活动：玩具、乐器、办公用品、视听设备以及文化用品的生产、销售等活动； 文化专用设备的生产活动：电视、电影、广播、印刷、舞台照明专用设备等专业设备的制造与销售等活动。
联合国	文化产业（1993 分类）	文化产品核心层：音乐和表演艺术、印刷品、文化遗产、视觉艺术以及视听媒介业； 文化产品相关层：电视机和收音机、音乐、广告、影院和摄影、新型媒介、建筑和设计； 文化服务核心层：视听和相关服务、娱乐文化和运动服务、个人服务； 文化服务相关层：广告、市场研究和民意调查、建设工程和其他技术服务、新闻机构服务。

（二）文化产业理论分析

1. 文化产业特征分析

文化产业与文化一样没有权威而又统一的概念，本文中研究的文化产业是指通过文化市场生产和提供文化产品（服务）以满足人们文化需要的经济活动。从经济功能上来说，文化产业具有资源依赖性低、生态破坏性小、财富含金量高等优点。从社会功能上来说，文化产业具有传播价值观念的功能，能够起到教化广大民众、增强社会认同、维护国家文化安全等作用。总体来看，文化产业具有以下特征：

（1）文化产业发展遵循市场经济机制，追求利润最大化。

文化产业发展方式是以企业为主体、以市场为纽带，遵循价格机制、供求机制、竞争机制等市场经济机制，以利润最大化为生产目的。文化产业的发展就是使得文化产业体系与市场经济相适应，在市场经济机制下借由市场的力量对文化资源、生产要素进行优化配置；通过企业运作和市场行为，遵循供求机制、价格机制、竞争机制等市场经济机制将文化活动中的生产者、经销商、消费者等不同参与者联系起来，使文化得以通过文化产品（服务）市场的消费过程来实现文化价值的传播并转换为市场经济中的商业价值，把文化生产转化为对文化资源的开发，通过文化消费获得收益。

（2）文化产业属于创新密集型产业，具有内生收益递增性。

传统的经济学认为生产是遵循着“边际生产力递减规律”（the law of diminishing returns/the law of diminishing marginal utility），在技术水平和其他给定要素不变的情况下，一开始加大生产要素的投入会使得总产量的增量增加，但是超过一定限度时总产量的增量将要递减。和传统产业不同的是，文化产业主要以符号性商品作为生产与经营对象，具有内生收益递增的性质。文化产业的特殊性主要是因为文化产业具有创新密集和知识密集的特征，文化产业以信息、知识、文化资源作为资本要素投入，大大地减少了对自然资源的高度依赖性，而创意、信息、知识、文化资源具有可重复利用、复制成本低等特点，即信息技术、互联网技术、移动通信技术等技术在文化领域的广泛应用使得文化产品可以在短时间内大量复制和传播，并且复制和传播的成本相较于初始成本大大降低，使文化产业有内生的收益递增性。

（3）文化产业渗透性强，具有溢出效应。

文化产业在地域之间和产业之间会产生溢出效应。从地域溢出效应来看，文化、知识、创新、信息资源等要素是文化产业的核心生产要素，文化产业通过文化、知识、信息传播、人员流动等途径可以对其他空间的文化产业影响，一般文化产业较强的地域都会聚集，因为文化产业强的地区会通过知识、文化、信息、技术传播等途径带动相邻地区，对于自身区域之外的区域产生积极的影响效果，文化产业所具有的空间溢出效应在相近的区域之间相互影响的程度会更高。从产业溢出效应来看，文化产业生产的是一种承载着文化内涵的符号产品，文化产业与传统产业进行融合能够将文化元素融入传统产品的生产中，增加传统产业的文化附加值，对于相关联产业具有积极的推动作用，并且文化产业的产业链条长、产业关联大，文化产业的发展能够产生综合联动作用促进社会整体经济数量、质量显著提升。

（4）文化产业初始研发成本高，具有规模经济效应。

文化产业具有规模经济效应，即文化产品的长期平均成本随着产量的增加不断下降。以游戏光盘生产为例，随着发行量的增加光盘的生产单位成本将会不断下降，厂商可以充分地享受规模的经济性。这种情况的出现缘于文化产业的特殊的成本结构，文化产业具有固定成本高、复制成本低的特点。按照联合国教科文组织发布的文化产业标准，文化产业应当具有产业化特性，即大规模、批量地按照工业化标准生产文化产品（服务）才能够称为文化产业，一些零散的没有形成生产、再生产的小规模文化产品（服务）生产过程不能够称为文化产业。在文化产品生产出最终产品之前，需要企业投入高额的研发资本，但是一旦文化产品研发成功，文化产品的复制成本十分低。因此文化产业发展必须通过规模化、商业化运作来扩大其文化产品（服务）的影响力从而提高收益，通过有效的规模化、市场化和产业化组织形态对于可经营的文化资源进行可持续的简单再生产和扩大再生产。

2. 文化产业统计研究

1986 年联合国教科文组织制定了文化统计框架，但由于我国当时文化产业发展处于初期阶段，联合国教科文组织制定的文化统计框架与我国文化产业实际发展不符，不能作为我国可以借鉴的文化产业统计标准。在 2004 年之前我国统计部门以及行政管理部门对于文化产业分类都进行了研究但是没有形成统一的分类，在这一时期也没有综合的文化发展相关统计，文化统计发展的不成熟源于文化产业在我国处于发展的初期并且处于一个动态发展变化的过程。由于文化产业统计一直没有能够纳入国家常规统计制度同时也没有一套协调统一的统计指标框架，文化产业的统计工作是根据各个文化行政部门的管理需要而安排设置，各个文化行政部门的统计工作也没有统一的统计指标体系框架和统一的管理，因此这一时期的文化产业统计数据是各地区各部门按照各自的理解进行统计根据各自的需求进行收集测算。由于缺乏文化产业常规统计制度、统计指标体系以及统计发布制度，导致了文化产业统计中各区域、各部门按照各自的需要以及理解采用不同的指标体系，各地区各部门文化产业统计数据的标准不统一不具有可比性。因此，2004 年之前文化产业数据统计比较混乱，不能够系统、准确、及时地反映我国文化产业发展情况，学者在这一时期的文化产业研究集中在文化产业内涵、文化产业意义、文化生产力等定性研究和宏观研究上，具体的定量研究和微观研究如文化产业效率评价、文化产业力评价、文化企业产业结构研究较少。2004 年国家统计局在《国民经济行业分类》的基础上首次发布了《文化及相关产业分类》标准，具体将文化产业分为核心层、外围层、相关层，其中核心层和外围层是文化产业的主要内容。“核心层”主要是指传统意义上的文化产业，包括两方面内容：一是指行业活动比较传统的、被公认为最主要的文化生产和服务活动；二是行业活动中在计划经济中多由政府文化行政管理部门主管主办、依靠公共财政支撑的非营利文化事业单位的活动。这一部分主要指传统意义上的文化产业，包括出版发行、新闻出版、电视广播、文化艺术四个大类。外围层主要是指改革开放后和市场经济发展中文化生产（服务）的新业态，包括网络、休闲、健身、娱乐、旅游、广告、文化中介代理、会展等新兴的文化产业。“相关层”是指文化硬件设备制造和服务行业，具体包括印刷、影视、游艺等器材和设备及乐器、玩具的生产和销售等，这一部分是文化产业链的延伸部分。文化产业主导部分的核心层和外围层被称为“文化服务”，文化产业延伸的相关层被称为“相关文化服务”。2004 年后国家统计局对于规模以上工业、限额以上批发和零售业建立了完善的常规统计调查制度，但是对于文化产业中大量存在的服务业企事业单位没有建立常规的统计调查制度，这些文化企业在非经济普查的年份没有可靠的数据来源，统计数据是通过抽样调查采集获得的。2010 年 1 月，中宣部提出了《关于建立经常性文化产业统计制度的建议》，要求国家统计局建立常规性文化产业统计制度。2010 年 9 月国家统计局制定了《文化服务业财务综合统计报表制度》，对于文化服务业的统计范围、统计指标、统计口径、报送时间等进行了规定。此制度作为国家统计制度在全国试行。2011 年国家统计局根据 2010 年的《文化服务业财务综合统计报表制度》的执行情况，对于文化产业统计制度进行了第一次的修订，制度名称调整为《文化及相关产业统计报表制度》。2011 年 9 月国家统计局增设社会科技和文化产业统计司，同年 10 月建立了文化产业统计处，专门负责文化产业的统计工作，文化产业统计工作进一步规范。随着文化产业的快速发展以及科技水平的不断进步，文化与科技相融合产生诸多新的文化业态如数字内容产业、网络内容产业、移动互联等，这些业态使得文化产业的内涵外延有所变化和调整。2009 年联合国教科文组织发布了新的文化统计框架，新的文化统计框架融入了新的文化业态。与 1986 年的统计框架相比，新的统计框架兼顾了发展中国家的文化发展特殊性从而成为衡量文化发展情况的基础性文件。随着时代的发展，2004 年的《文化及相关产业分类》已经不能够反映文化产业内涵外延的变化了，不再符合新时代的发展。2012 年国家统计局吸收联合国教科文组织《文化统计框架（2009）》的新内容，对《文化及相关产业分类（2004）》进行了系统的修订，结合新的发展形式对文化产业内涵外延以及分类进行修订，进一步使我国的文化产业统计标准符合国际规范。国家统计局颁布的《文化及相关产业分类（2012）》将核心层、外围层和相关层改为“文化产品的生产”和“文化相关产品的生产”，同时增加了文化创意、文化新业态、软件设计服务、具有文化内涵的特色产品的生产等内容。由于文化产业的发展，文化生产活动很难分清是核心层、外围层还是相关层，2012 版分类取消了 2004 版分类中文化产业的三个层次的划分。2012 版分类中将文化产业分为四个方面：一是以文化为核心内容，为满足人们的精神需要而进行的创作、制造、传播、展示等文化产品（包括货物和服务）的生产活动；二是为实现文化产品生产所必需的辅助生产活动；三是文化用品的生产活动（包括制造和销售）；四是为实现文化产品生产所需专用设备的生产活动（包括制造和销售）。其中，第一层文化产品的生产活动是主体，其他三个方面是补充。随着我国文化产业统计规范的不断完善，各区域的文化产业统计口径逐步统一，各个区域的文化产业数据具有可比性，进一步促进了理论研究与文化产业生产实践相结合，文化产业研究的重点将从单纯定性的研究逐步转移到定性、定量相结合的研究。

四、文化事业相关研究

文化事业是基于我国文化发展实践而产生的词汇，文化事业与文化产业一样是文化生产的重要组成部分，文化事业力体现的是文化供给中满足人民基本文化需求和保障基本公民文化权益的能力。本节对文化事业已有研究进行了梳理，对文化事业理论研究及文化产业和文化事业的关系进行了系统的分析。

（一）文化事业研究综述

“事业”一词在《辞源》上的解释为人们为了一个具体的目标从事对社会发展有影响的规模、系统、经常性的活动。事业与企业相区别之处是由国家经费开支、不进行经济核算、具有非营利性。文化事业这一概念产生于我国文化发展实践，在国外的研究中与之相近似的词汇是非营利文化产业。Cliff Goddard（2005）根据文化产业中不同的生产目的将文化产业分为非营利文化产业和营利文化产业，非营利文化产业发展需要通过政府财政、税收、法律等手段推进。我国文化事业发展主要着力于构建公共文化服务体系，文化事业的生产目的主要包括保障人民群众的基本文化权益、满足人民群众的基本文化需求、丰富人民群众的社会文化生活、引导人民群众的公共性文化消费、提升人民群众的生活品质、提高人民群众的思想道德水平和科学文化素质，其中保障人民群众的基本文化权益和满足人民群众的基本文化需求是核心目的，因此文化事业是文化“社会属性”“公益属性”的具体体现。文化事业运行机制与文化产业运行机制不同，它的运行并不是以获取参与者的经济利益为目标，而是以社会效益为主要目标，体现了文化的超物质性和超功利性。近年我国政府出台了一系列促进文化事业发展的相关政策。2005 年 10 月，国务院提出了加大政府对文化事业的投入、逐步形成覆盖全社会的比较完备的公共文化体系的意见；同年 11 月，中共中央办公厅、国务院办公厅提出了“加强文化基础设施建设，构建公共文化服务体系，实现和保障人民群众的基本文化权益”的意见，“公共文化服务体系”这一表达首次在政府文件中出现。2011 年 3 月，《中华人民共和国国民经济和社会发展第十二个五年规划纲要》中将公共文化纳入基本公共服务领域，并且提出要进一步提升“基本公共服务水平”。2011 年 10 月，中共十七届六中全会通过的《中共中央关于深化文化体制改革、推动社会主义文化大发展大繁荣若干重大问题的决定》指出，满足人民基本文化需求是社会主义文化建设的基本任务，必须坚持政府主导，按照公益性、基本性、均等性、便利性的要求，加强文化基础设施的建设，完善公共文化服务网络，让群众广泛享有免费或者优惠的基本公共文化服务。2012 年 7 月发布的《国家基本公共服务体系“十二五”规划》提出要“围绕建设社会主义核心价值体系和满足城乡居民精神文化需求的要求，坚持公益性、基本性、均等性、便利性，建立健全公共文化服务体系，扩大公共文化产品和服务的供给”。文化事业主要通过搭建公共文化服务体系来实现，因此公共文化服务也逐渐成为研究的热点。对于公共文化服务的研究也分为广义和狭义。李景源（2007）、蔡辉明（2008）、周和平（2008）、周晓丽和毛寿龙（2008）、陈威（2011）等学者从经济学狭义的角度研究了公共文化服务，他们主要基于公共文化服务的公共产品属性进行了研究。狭义角度的公共文化服务是现代政府公共服务体系的重要组成部分，它是由政府主导并由文化事业单位生产或提供的文化产品和服务。公共文化服务的生产目的是满足公民的基本文化权利、满足公民的基本文化需求、提高公民文化素质和文化生活水平等，公共文化产品（服务）应具有公平性、均等性、便利性、多元性、普及性、公益性（免费性）、非竞争性、非排他性等特点。公共文化服务具体内容包括提供公共文化设施（如图书馆、博物馆、文化馆、美术馆、文化活动中心、音乐厅等），提供公共文化产品（如电视、广播等），提供公共文化服务（包括公益性艺术演出、文化活动、文化素质培训）等。另一些学者从广义的角度对公共文化服务进行了定义。张晓明（2008）、夏国锋和吴理财（2011）等学者从管理学的角度研究了公共文化服务，认为公共文化服务不仅仅包括政府或文化事业单位等公共部门所提供的供公民消费的公共文化产品（服务），还包括政府对公共文化的建设、管理、运行和规范全过程，比如政府在文化建设和发展中提供的文化政策服务（包括文化相关法律、法规、政策等）和文化市场监管服务等。

（二）文化事业理论分析

1. 文化事业特性分析

文化事业是基于我国特有的文化发展实践而产生的词汇，笔者认为文化事业是指通过搭建公共文化服务体系生产和提供公共文化产品（服务）的活动，文化事业的生产目的是保障人民的文化权益和满足人民的基本文化需求，具有“公益性”和“福利性”，是文化社会功能的重要体现。文化事业的存在是由于一部分文化产品具有公共产品性和极强正向的外部性，这一部分文化产品由文化产业提供会存在低效的问题。

（1）公共产品性。

学术界根据产品属性是否具有竞争性和排他性，将社会产品分为公共产品（public good）、私人产品（private good）和混合产品（准公共产品）三类。竞争性是指消费者可以阻止其他消费者与其同时消费同一文化产品（服务）；排他性是指能够合理地阻止某类消费者（比如未付费的消费者）消费某种文化产品（服务）。经济学家保罗·萨缪尔森（Paul Samuelson）认为非竞争性和非排他性是公共产品具有的特征。非竞争性表现为一部分人对于某一产品的消费不会影响其他人对于该产品的消费，受益的对象之间并不存在利益的冲突，也就是一些人从这一产品上受益不会影响其他人从这一产品中受益。非排他性表现为在消费的过程中产品产生的利益不能够为某一个人或者某些人专有，要排除某些人在这个消费过程之外并不让这些人享受到这一产品的好处是不可能的。而所谓私人产品就是在市场机制运行过程中的一类产品的概括，是在消费上的竞争性和受益上的排他性的产品，从这个意义上来说纯粹的私人产品一旦被消费或使用就不可能再被他人所用。公共产品与私人产品相对，是在消费上具有非竞争性和非排他性的产品。詹姆斯·布坎（James Mcgill Buchanan，1978）提出了准公共产品理论。他认为萨缪尔森定义的公共产品和私人产品都是一些极端现象，萨缪尔森定义的是“纯公共产品”以及完全由市场来决定的“纯私人产品”，而现实中大量存在的是准公共产品，准公共产品只有排他性或者只有竞争性介于公共产品和私人产品之间。

公共产品所具有的非竞争性和非排他性，使得每一个消费者都想免费使用公共产品，因此可能会出现搭便车的现象，搭便车行为的存在会导致市场失灵使得公共产品市场失效即公共产品的供给量低于最优供给量。因此，公共产品一般不能有效通过市场机制由企业和个人来提供，而是主要由政府来提供。政府提供公共产品能够在一定程度上弥补市场失灵，促进资源的优化配置。

公共文化产品视角下的文化事业是生产与提供公共文化产品（服务）的活动。这是因为文化产品的多重属性决定了生产与提供文化产品的方式不能够局限为一种。文化私人产品可以采用市场的形式进行提供，市场通过价格机制和竞争机制来优化资源配置，实现供给与需求的均衡。但文化产品对于社会和谐稳定和整体国民素质有重要的综合影响，若是都通过市场提供很可能因为私人产品的竞争性和排他性损害人民群众的基本文化权利和公共利益。因此，有一部分文化产品需要通过政府介入由文化事业提供。文化事业所提供的公共文化产品（服务）具有非排他性与非竞争性的特点，即没有人能够阻止其他社会成员对公共文化产品的消费，同时也不会因为他人消费了公共文化产品导致其他社会成员无法获得该文化产品的使用权。具体来说，文化事业提供的文化产品的非竞争性表现在广播、电视等公共文化产品的消费可以供多个消费者共享，并且这种共同消费不会降低消费者的使用效用。文化事业所提供的公共文化产品的非排他性具体表现在一些文化基础设施如文化馆、博物馆、图书馆、文化活动中心是为了保障公民基本的文化权利而设置的。

（2）外部性。

外部性又称为溢出效应，分为正外部性（positive externality）和负外部性（negative externality）。其中，正外部性又称作外部经济，是指某个行为的实施能够为他人或社会带来外部收益，而受益者无须花费代价，行为实施者也不能得到相应的补偿；负外部性又称外部不经济，是指某个行为的实施能够给他人或社会带来外部成本，而造成负外部性的行为实施者却不会为此承担责任，受害者也不能够得到补偿。外部性会导致市场失灵，市场对资源的配置导致资源配置缺乏效率。因此政府需通过使用财政、行政、法律等手段对外部性进行干预，进而使资源配置达到或接近社会最优水平。

文化的正外部效应表现在三个方面：第一，文化具有“传播效应”。当某些消费者消费电视、广播这些文化产品（服务）时其他人也能从这种消费中获益，通过传播文化能够满足人的精神需要，对人们的思想道德和科学文化素质具有重要的影响。第二，文化具有“经济效应”。文化的正外部性会促进经济社会的发展，发展文化事业能够提升整体国民道德文化素质、促进社会和谐、输出大量优秀人才，对于一个地区的经济社会整体发展具有积极的正向作用。第三，文化的“未来效应”。当前的文化能促进后代产生更多的文化，同时文化产品的留存和遗传是文化产品正向效应的另一个重要方面。通过将文化进行传承，使得当代的文化并不会全部消失而是会传给后代，因此当前的文化还可以给予后代文化的享受，因此发展文化具有正向的“未来效应”。文化外部效应的存在同样会导致信息不对称、信息不充分、市场失灵、供给不足等问题，解决外部效应问题只有加强政府干预，通过公共决策而不是通过市场决策来进行解决。因此文化产品的公共产品性和正向外部效应决定了文化事业存在的必要性。一些文化产品（服务）如教育、科研、公共文化基础设施等公共产品性越强，政府进行干预的力度就应当越强；同样公共文化产品（服务）正向外部性越强，政府进行干预的力度也就应当越强，使得文化产品的正向外部性得以发挥作用。

2. 文化事业统计研究

我国文化事业统计比我国文化产业统计发展的时间要长，这是由于从建国开始到我国文化体制改革之前基本没有产业经济学意义上的文化产业，主要是以政府主管、脱离市场经营、利用国家资源发展的“公益性”文化事业，因此文化事业统计制度与文化产业统计制度相比更为健全，文化行政管理部门直接从下级文化事业单位获取反映文化事业的相关统计指标的数据定期发布文化事业统计数据。在文化体制改革之后，我国文化事业统计的内容也发生了变化，部分文化事业单位在文化体制改革之后变成了经营性文化企业，由文化事业统计的统计对象变成了文化产业统计的统计对象，尤其我国国家统计局发布的《文化及相关产业分类（2004）》和《文化及相关产业分类（2012）》都是按照联合国教科文组织《文化统计框架》而设计的，对于文化产业和文化事业并没有进行系统的分类，文化事业的统计对象包含在文化产业统计的范围之内。但我国一些行政管理部门由于自身管理的需要对于一些仍由政府主管、脱离市场经营、延续计划经济时代的文化事业单位包括图书馆、博物馆、文化馆、新闻出版、教育科研、传统文化保护等单位依旧进行系统的统计工作。在新的统计制度下，文化事业统计与文化产业统计有所联系也有所区别。两者的联系体现在文化产业统计包含了体现文化“社会属性”的文化事业活动情况，文化事业统计中也包括有市场行为的文化企业单位活动，两者的统计范围有所交叉。两者的区别在于两者的统计角度不同：文化产业统计偏重于体现文化“经济属性”，主要统计文化企业的经济活动；文化事业统计更加偏重于体现文化“社会属性”，主要统计由政府主管以保障人民基本文化权益和满足人民基本文化需求的文化事业活动。文化产业统计数据主要由国家统计局发布，由于之前没有建立规范的统计制度，因此全口径文化产业数据只有在经济普查年才有；文化事业数据主要由行政管理部门如文化和旅游部定期发布，文化事业的数据比较连贯。从统计内容上来看，文化产业统计包含的对文化事业单位的统计主要集中在财务指标统计上，而文化事业统计对文化事业单位各项业务活动进行系统分类，包括对文艺演出、培训等进行详细统计，并且对文化事业单位的人、财、物、产品进行更为系统、详细的量化，更能够全面地反映我国公共文化服务体系的整体发展情况以及提供公共文化产品的能力。因此文化产业统计与文化事业统计互为补充，不可互相替代。

3. 文化产业和文化事业的区别与联系

从我国的文化生产实践来看，文化产业和文化事业都是国家文化体系的重要组成部分，文化产业的发展着力强调提高文化的产业化生产能力，文化事业的发展着力于构建公共文化服务体系，两者既相辅相成又有所区别。

（1）文化产业与文化事业的区别。

文化产业是以市场化、产业化方式生产和提供文化产品（服务）的经营性行业，是文化的经济属性的一种表现形式。通过文化企业运作使得一部分文化资源的文化价值转化为市场价值，通过文化产品（服务）消费的过程来实现文化的社会传播和经济价值。文化产业的性质主要是指文化产品的生产、流通和消费这些具有商品经济的一般特性，其产业特性主要表现为追求最大的经济效益。文化事业不以盈利为目的，一般不纳入市场化产业化轨道。文化事业发展利用国有资产由国家机关事业单位或者其他组织举办。文化事业主要是负责建设和管理社会的公益性文化，是文化的社会属性表现，具有文化导向性、公共服务性、公益性、非营利性等特征。文化事业即“公益性文化事业”追求社会效益最大化，这里的“事业”体现的是公共责任、公共产品的概念。

总体来看，文化产业与文化事业存在三点不同：首先，发展目标不同。从发展目标上来看，文化产业以生产和提供文化产品（服务）追求实现经济价值和创造最大化利润，为国民经济的发展和经济建设创造、积累财富；文化事业旨在提高人们的思想道德和科学文化素质，为社会提供健康有益的公益性文化服务，以社会效益为第一要务。简而言之，文化产业追求“利润最大化”，而文化事业追求“社会效益最大化”。其次，生产的产品不同。文化事业主要使用公益性的文化资源用来生产满足社会效益的公共文化产品；文化产业使用经营性文化资源生产私人文化产品。再次，资金来源不同。文化产业的成员主要是企业单位，资金主要来源于社会资本或者多元化的混合资本；文化事业的主要成员一般是政府部门附属的事业单位，资金主要来源于上级政府的拨发。从有利于我国文化发展的角度，在大文化产业的框架下，正确认识和区分文化事业和文化产业，对于进一步研究公益性文化事业和经营性文化产业关系，研究相互之间的促进机制，促进文化产业、文化事业更加健康、快速、高效发展具有重要的意义。

（2）文化产业与文化事业的联系。

从最为广义的产业经济角度来看，文化事业和文化产业都属于大的文化产业的范畴，在广义角度下文化产业包括了国民经济行业中与文化相关的所有社会经济活动，文化产业包含所有具有文化属性的社会经济活动，包括市场主导的企业经营性文化活动同时也包括政府主导和社会其他机构参与的公益性文化活动。只是在我国的文化实践中有一个突出特点是文化二分化，即按照是否具有“经营性”和“营利性”属性对于文化事业与文化产业进行区分，并且根据这一分类给予不同的政策支持并且设定了不同的改革方向和目标。因此，考虑我国特有的文化建设实践和相对独有的话语概念，才将公益性文化生产称为文化事业、将经营性文化生产称为文化产业，文化事业与文化产业都是我国文化生产的重要组成部分同属于文化的供给侧。

文化产业与文化事业互为促进。文化产业伴随我国市场经济的发展并且依靠产业化力量而迅速发展，文化产业虽然可以提高文化生产效率但是其消极影响也不容忽视，文化产业的特征之一就是把追求利润最大化作为其投资经营运作的直接目的，容易过分注重经济效益而忽视社会效益。文化中不可以、不便于用产业的方式运作的那一部分就可以称为非经营性文化，比如图书馆、博物馆、文化馆、义务教育、学术研究、文化艺术等公益性文化，它们的发展在市场竞争中处于十分不利的地位。但是这一部分文化具有经营性文化所不能够替代的功能，是社会生活中不可缺少的东西，是民族进步以及国家发展的动力。一方面，文化事业是文化产业的基础，文化事业能够给予文化产业的发展所需要的支持。我国当前文化产业发展需要大量高素质文化人才、高品位艺术水准的文化消费者、高水平的文化基础设施、严格的文化市场管理和执法、扎实的科学技术创新，这些条件都有赖于不以营利为目标的文化事业的发展。因此，文化事业对于文化产业的支撑力不足会严重限制文化产业的发展。另一方面，文化产业发展反过来也能够促进文化事业发展。文化产业繁荣发展会进一步吸引更多的资本、人才等资源进入，在资本和人才聚集的作用下通过创新能够生产更多符合不同群体、不同需求的文化产品和服务。文化事业单位能够拓宽文化产品（服务）选择范围，提供更好的公共文化产品（服务），进一步提高文化事业发展的效率。文化产业与文化事业同为我国文化供给侧的核心组成部分，因此提高我国整体文化实力以及文化生产力要同时发展文化产业与文化事业，一方面要积极推动文化产业蓬勃发展使其成为国民经济支柱性产业，另一方面要大力发展文化事业进一步健全完善公共文化服务体系以满足人民文化需求、保障人民文化权益，促进文化产业和文化事业繁荣发展，为打造文化强国形成合力。

五、文化消费相关研究

文化产品（服务）生产的最终目的是文化消费，通过文化消费满足人民的精神文化需求才能够体现文化生产的价值。本节梳理了文化消费已有研究并对文化消费理论进行了分析探讨。

（一）文化消费研究综述

国外对于文化消费的研究如同文化产业的概念一样经历了从被否定到被接受的过程。“文化工业”的提出者霍克海默和阿多诺认为文化消费是被动消费的过程，文化工业所制造的文化产品是专门为了迎合大众消费，文化产业借助工业化力量复制产品垄断市场控制文化消费者的需要，这种“工业化”方式所生产出来的文化产品从一开始就是为了在市场上销售的不能够称为高雅文化“艺术品”，这样所谓的“文化消费”会消解文化特有的人文价值和独特性。凡勃伦（Veblen，1899）认为文化消费是城市中高阶级的“炫耀性休闲”（conspicuous leisure）和“炫耀性消费”（conspicuous consumption），文化消费是为了释放“炫耀”的欲望而产生的一种阶级和权力的象征与卖弄。与凡勃伦的观点相似，布迪厄（Pierre Bourdieu，1964）认为文化消费是一种社会区分阶层的独特模式，这种说法暗含了文化消费水平由消费者所在阶层、所拥有的财富、所具有的权利所决定的观点。随着经济社会的发展，文化产业逐步被学术界认同，文化消费所具有的积极性特殊意义逐步被发现，文化消费也逐渐被研究学者所认同。正如洛威尔所指出的：“文化产品是一种满足来自幻想的需要而非肠胃需要的特殊的商品”，也就是说文化消费满足的是人们的精神需求而不是物质需求。丹尼尔·米勒（Daniel Miller，1987）认为文化就是在文化生产和文化消费动态交互过程中创造出来的；文化生产和文化消费是主体和客体的关系，主体和客体二者缺一不可，即文化消费是一种创造文化的实践和过程。

国内对于文化消费研究的起点开始于“精神文化消费”，当时我国的文化产业被称为“精神文化产品生产”，因此早期的文化消费研究学者较多使用“精神文化消费”的说法。根据马克思主义文化观中将生产力分成精神生产力和物质生产力的方法，尹世杰（1992）将消费力也分为精神消费力和物质消费力，精神消费力是消费者为了满足自身精神文化需要而消费精神文化产品（服务）的能力。尹世杰还提出了文化教育是第一消费力的观点。随着文化生产的蓬勃发展，过去“精神文化产品”的称谓逐步被“文化产品（服务）”所替代，文化消费的内涵和定义也发生了变化。米银俊、王守忠、孙浩（2002）认为文化消费是为了满足文化生活需要或是为了自身发展而进行的文化产品（服务）消耗的活动，文化消费主要包括三大类，即教育提升类文化消费需求、休闲享乐类文化消费需求、精神艺术类文化消费需求。徐淳厚（1997）也认为文化消费可以分为多个层次，包括消遣享受型文化消费、社会交往型文化消费、智力提升型文化消费等，其中较低层次的文化消费是消遣享受型文化消费，较高层次的文化消费包括社会交往型文化消费、智力提升型文化消费。张凤莲（2015）提出文化消费是一个既包含文化因素又包含经济因素的综合性活动，其增长涉及经济社会发展的各个方面，既会产生社会效应、文化效应也会产生经济效应、产业效应。

（二）文化消费理论分析

本书所研究的文化消费是人类为满足自身文化需求对精神文化产品（服务）的享受、使用的过程，文化消费其实质是对精神财富（物质形态和非物质形态）的消费，这个过程也是精神财富的继承、消化、积累、创新再造的过程。文化消费具有以下特征。

1. 文化消费受经济社会发展水平影响较大

自古以来文化消费就包含在人类的消费活动中，根据马斯洛需求层次理论，精神需求是较高层次的需求，因此当经济社会发展水平极为低下时人们的基本物质需求没有得到满足，精神消费被融合在人类较为低端的、生存性的消费之中而没有作为单独的消费需求显现出来。随着经济社会发展水平的提高，大多数社会成员具有了一定的经济支付能力和余暇时间，文化生产借助市场化产业化的力量使得文化产品大量被复制，原先仅仅为王公贵族和少数精英所享受的“贵族文化”逐步发展成为“大众文化”，原来作为显示阶层的“贵族文化消费品”逐步成为“大众文化消费品”，文化消费进一步提高。因此，文化消费是经济社会发展到一定阶段的产物，受经济社会发展水平影响较大。

2. 文化消费边际效用递增

文化消费是一个积累效应的过程，文化消费的积累在满足消费者精神文化需求的同时也提升了消费者的文化素养，文化素养的提升又进一步产生更多的文化消费需求。根据马歇尔对于文化的理解，如果边际效用递减规律有例外，那就是一个人对于文化消费得越多，对于文化的偏好不会递减反而会递增。

本章基于研究对象对于区域文化力等相关理论进行了文献综述梳理和概括。“文化之力”的表达方式包括文化力、文化软实力、文化竞争力等，其中文化力是从最广义的角度研究文化的作用力，而文化软实力和文化竞争力都是文化力的组成部分。从既有的文献来看，由于文化本身含义的复杂性、模糊性和多样性，文化力没有权威的定义和成体系的理论分析，相关研究停留在理论分析层面且实证研究较少。本书从经济学供需的角度分析了文化力构成的核心要素，认为文化力包括供给侧文化生产力、需求侧文化消费力以及文化环境力。文化生产力包括文化产业生产力和文化事业生产力，“经济属性”的文化产业生产与“社会属性”的文化事业生产相互影响、互为支撑。文化消费是文化生产的最终目的，文化生产的价值通过文化消费得以体现，文化消费水平受环境力影响较强。

第三章　中国区域文化产业效率研究

文化产业是文化生产的重要组成部分，近年来融合现代科学技术与创意的文化产业已经成为国民经济中最有活力、投资回报最为丰厚的领域，它具有低污染、低消耗、高产出、高效益的特点，同时具有科技创意含量高、吸纳就业能力强、发展潜力巨大、不受环境资源瓶颈制约等优势，被称为最具发展前景的“朝阳产业”“绿色产业”“黄金产业”“未来世界新的增长点”。文化产业不仅自身发展存在优势还具有乘数效应，这是由于文化产业具有极强的产业融合性与产业渗透力能够带动相关行业共同发展。文化产业与其他产业的融合发展将文化要素渗透到当代经济发展的多个领域，文化与其他领域融合能够使其他行业附加值及知识创意含量增加，促进相关行业整体健康发展。因此文化产业发展不仅能够创造财富、促进就业、带动文化发展，还能够提升社会整体经济质量、增加经济的文化含量与文化价值、促进我国经济的长远发展。在我国经济建设重心从单纯注重数量到更加注重质量、产业经济结构亟须转型的大背景之下，大力发展文化产业已经成为实现我国经济可持续发展、转变经济发展方式、拉动内需的重要着力点和新举措。文化产业对于经济发展的贡献度将会不断提升，文化经济化、经济文化化、经济文化一体化趋势将会日益明显。但是由于我国文化产业发展起步较晚，我国文化产业在发展上存在国际影响力不足、发展效率低下等诸多问题。相比而言美、英、法、德、日、韩、印等发达国家有着各自的文化产业优势和竞争实力，美国的电视制作产业、英国的文化创意产业、法国的时尚文化产业、德国的出版会展业、日本的动漫产业、韩国的游戏娱乐产业以及印度的电影业都已经具有了极强的竞争力并形成了国际性影响；而我国文化产业还处于探索和初步发展阶段，各地区文化产业发展不平衡，文化产业发展受多种因素制约，没有能够形成世界性的影响。现代经济理论研究认为效率的提升能够促进经济的长期增长，文化产业也符合效率提升能够促进文化产业发展的规律，因此本章从文化产业效率角度，对于文化发展的效率进行评估，同时从理论和实证方面分析探索影响文化产业效率的因素，以期能够为文化产业以及我国文化整体发展繁荣提供更多的理论和实证支持。

一、文化产业效率相关研究

（一）文化产业效率研究综述

文化产业效率的核算方法主要分为前沿效率参数分析法和前沿效率非参数分析法，其中最常用的前沿效率参数分析法是随机前沿分析法（SFA），最常用的前沿效率非参数分析法是数据包络分析法（DEA）。随机前沿模型（SFA）的基本假设相较于数据包络模型（DEA）更为复杂，需要设定生产函数、估算生产函数系数。当代学者研究文化产业效率测量使用模型多数为数据包络模型（DEA）、随机前沿模型（SFA）以及在此两种模型基础上进行改进的模型。从国外学者使用随机前沿模型研究文化产业的研究结果来看，Bishop 和 Brand 等学者采用随机前沿模型（SFA）对于英国文化产业技术效率水平进行研究，认为英国文化产业发展存在缺乏效率的情况。从国内学者使用随机前沿模型（SFA）分析评估我国文化产业效率的研究结果来看，马跃如和白勇及程伟波（2012）、董亚娟（2012）、李兴江和孙亮（2013）等学者使用 SFA 模型对我国 31 个省（市）文化产业发展效率进行了实证分析，学者们同时分析了影响文化产业技术效率的因素，并运用核密度分布图分析了效率变化趋势，得出我国各省市文化产业存在效率低下的情况；数据包络模型（DEA）主要包括 CCR 模型和 BCC 模型两种，两种模型的区别在于前提假设不同，CCR 模型的前提假设是规模报酬不变而 BCC 模型的前提假设为规模报酬可变。Donald F. Vitaliano（1998）使用 DEA-CCR 法研究公共图书馆，投入指标选取图书馆新书量、对外开放时间等，产出指标选取图书馆读者的循环量，分析计算美国图书馆运行效率；鲁小伟、毕功兵（2014）使用 DEA-CCR 模型并对数据包络模型选取指标的局限性进行了改进，文化产业 DEA 投入产出指标体系通过主成分分析法得到，并且使用我国 13 省数据进行了实证分析得到了 13 个省市文化产业效率值。王学军（2015）采用 DEA-CCR 法对我国甘肃省文化产业效率水平进行了评价，计算结果显示甘肃省文化产业发展存在缺乏效率的问题。王家庭和张容（2009）、蒋萍和王勇（2011）使用 DEA-BCC 三阶段模型分区域对于各省份文化产业投入产出效率进行了研究，研究发现我国各省市普遍存在投入产出效率低下的情况且我国文化产业效率整体受环境因素影响较大。郭淑芬、王艳芬、黄桂英（2012）基于 DEA-Malmquist 指数方法计算我国 31 省（市）文化产业效率水平，计算结果为我国 31 省（市）文化产业效率水平东部、中部、西部依次递减，西部地区文化产业效率整体水平较低但是发展迅速，与东部、中部相比效率水平的差距呈现缩小的态势。

（二）文化产业效率影响因素研究综述

我国对文化产业效率影响因素的研究较晚，集中在近十几年之内，故学术界并没有形成一套较为系统和全面的文化产业效率评价理论体系，大部分研究者是根据自身研究的需要与数据资料的可获得性来选择文化产业的影响因素的。以下根据影响因素选择、研究方法与模型的不同，对文化产业绩效影响因素进行了文献梳理。

袁海、吴振荣（2012）选取 2004—2008 年中国各省份数据，采用超效率 DEA 模型测算了文化产业的效率，并在此基础上运用面板数据模型对文化产业区域效率差异的影响因素进行了实证研究，结论表明本地市场效应和城市化经济对文化产业效率改进有着显著的影响，且其影响因素存在着明显的区域差异。黄永兴、徐鹏（2014）采用 Bootstrap-DEA 模型测算了 2004—2008 年的文化产业效率，在影响因素分析的时候，采用空间计量模型，结果表明：地区文化消费、文化企业集聚、交通通信、政府财政扶持的提高可以提升文化产业的生产和经营效率。王学军（2015）运用数据包络分析法对 2013 年甘肃省 14 个市、州的区域文化产业效率进行了测算，并在此基础上采用截取回归方法进行分析，结果发现：经济发展水平、城镇化水平、对外开放程度、科技支撑条件和文化旅游水平等因素对甘肃省文化产业效率有明显的促进作用。王晔君（2015）运用 DEA 的规模报酬可变的 BCC 模型，测算了 2003—2012 年上海、北京等 10 个文化强省的文化产业综合效率，在此基础上建立 Tobit 模型进行回归分析，结果表明：区位熵、城乡居民人均文化娱乐用品与服务支出金额、人均总支出的比重对文化产业效率有显著的正向影响，而文化体育、传媒财政支出占财政总支出的比重对其有反向影响。邢雅洁（2015）采用数据包络分析与 Malmquist 生产力指数相结合的方法对我国 2004—2012 年 31 个省（市）的文化产业效率进行了测算，并在此基础上运用面板回归模型进行了研究，结果发现：人均国民生产总值、市场化指数、产业集聚度、文化需求支出和政府财政投入对文化产业效率有显著的影响。

现有文献存在的问题：第一，文化产业效率的研究多是基于截面数据，较少使用面板数据进行全面分析，现有数据的信息没有被全面利用；第二，文化产业效率研究使用的数据多为《文化文物统计年鉴》中的数据，《文化文物统计年鉴》统计的主要对象是文化事业单位，文化产业与文化事业虽然都是文化生产的重要组成部分，但是两者存在较大的不同，文化产业主要体现文化的经济属性而文化事业主要体现文化的社会属性，文化产业的资金来源方式主要是通过民间投资而文化事业的资金来源主要是政府财政拨款，因此研究对象与使用的研究数据不符；第三，构建文化产业效率影响因素统计模型时，没有考虑文化的溢出效应，文化产业数据空间之间的关联性并没有被纳入考虑范围中。文化产业数据存在空间关联性时违背了高斯-马尔科夫条件，按照传统OLS方法计算是不妥当的。因此，本书采用2004年、2008年、2013年国家经济普查数据的全口径文化及相关产业数据来分析我国31省（市）、自治区文化产业效率变化情况；在分析文化产业效率影响因素时，对文化产业效率数据进行空间相关性检验，在检验通过的情况下建立空间计量面板模型，对于文化产业效率的影响因素进行分析。

二、DEA-Tobit 模型形式与估计方法

本章所需要分析的内容包括两个部分，首先要对我国31省（市）文化产业的文化产业效率进行评估分析，其次基于之前所得的文化产业效率得分对于影响文化产业效率的经济社会因素进行研究。因此本章模型的构建也分为两个部分，第一部分为构建文化效率评价模型，第二部分为文化产业效率转化影响因素模型。

（一）文化产业效率数据包络分析（DEA）模型

由于本书研究多投入多产出问题，同时投入产出之间不存在确切的函数关系，因此本书选取数据包络模型（DEA）。文化产业并不符合DEA-CCR模型所假设的规模报酬不变，因此本书最终选择DEA-BBC模型。数据包络模型（DEA）其优点在于无须对于每个决策单元指标事先进行赋权，数据包络模型（DEA）能够根据决策单元的具体数据赋予指标权重，这种方法与需要决策者主观赋权的方法相比避免了赋权过程中的许多主观因素，因此使用数据包络模型（DEA）进行效率计算更具客观性。当DEA综合技术效率得分小于1时，表明决策单元不完全有效率，说明决策单元存在投入资源利用不足或者产出存在不足。

数据包络模型（DEA）的具体模型形式表达如下：

设每一个决策单元（DMU）具有 m 个输入变量、k 个输出变量，输入向量和输出向量分别为x_i和y_i。

$$x_i = (x_{1j}, x_{2j} \cdots x_{mj})^T, j = 1, 2 \cdots n$$

$$y_i = (y_{1j}, y_{2j} \cdots y_{kj})^T, j = 1, 2 \cdots n$$

变量的权重向量分别为 $\nu = (v_1, v_2, \cdots, v_m)^T$ 和 $u = (u_1, u_2, \cdots, u_m)^T$，$v_i$表示第 i 类

型投入的权重，u_r表示第 r 类型产出的权重，第 j 个决策单元、第 s 个决策单元的投入的综合值为 $\sum_{i=1}^{m} v_i x_{is}$，单元产出的综合值为 $\sum_{i=1}^{k} u_r y_{rs}$，每一个决策单元的效率评价指数为：$h_j = \frac{\sum_{i=1}^{m} v_i x_{is} v_i x_{is}}{\sum_{i=1}^{k} u_i y_{rs}}$

$$s.t.\begin{cases} \max h_{j^0} = \dfrac{\sum_{i=1}^{k} u_r \, y_{rj^0}}{\sum_{i=1}^{k} v_i \, x_{ij^0}} \\ \dfrac{\sum_{i=1}^{k} u_r \, y_{rj^0}}{\sum_{i=1}^{k} v_i \, x_{ij^0}} \leqslant 1 \\ \nu = (v_1, v_2, \cdots, v_m)^T \geqslant 0 \\ u = (u_1, u_2, \cdots, u_m)^T \geqslant 0 \end{cases} \tag{3-1}$$

此为分式规划模型，需要通过如下的线性规划进行求解。

设 $w = \frac{1}{\sum_{i=1}^{m} v_i x_{ij0}}$，$t_r = wu_r$，$z_i = wv_i$

上式可以转化为

$$\begin{cases} \max h_{j^0} = \sum_{r=1}^{k} t_r \, y_{rj^0} \\ \sum_{r=1}^{k} t_r \, y_{rj^0} - \sum_{i=1}^{m} z_i \, x_{ij} \leqslant 0 \\ \sum_{i=1}^{m} z_i \, x_{ij^0} = 1 \\ t_r, z_i \geqslant 0, i = 1, 2, \cdots, m; r = 1, 2, \cdots, k \end{cases} \tag{3-2}$$

线性规划中有一个重要的理论就是对偶理论，其中 λ_i 为常数向量：

$$\begin{cases} \max\theta \\ \sum_{j=1}^{n} \lambda_j \, x_j - \theta x_0 \leqslant 0 \\ \sum_{j=1}^{n} \lambda_j \, y_j - y_0 \geqslant 0 \\ \lambda_j \geqslant 0, j = 1, 2, \cdots, n \end{cases} \tag{3-3}$$

（二）文化产业效率影响因素空间面板 Tobit 模型

文化产业投入转化效率分析评估的是我国各省（市）文化产业的投入与产出，但是影响文化产业效率的经济、社会影响因素并没有被纳入模型的考虑范围中。由于通过 DEA 法得到的文化产业效率值是受限被解释变量，也就是文化效率得分值在 0 到 1 区间，因此文化产业效率得分值的概率分布具有截取特征，直接使用传统的 OLS 回归会导致回归结果有偏不一致，使用 Tobit 回归可以解决这一问题。

另外，从理论研究上来看文化产业通过人员流动、知识传播等途径对于其他空间具有空间溢出效应并且相近的区域之间相互影响的程度会更高，这种情况就不适合用各个样本之间互相独立为假设前提的传统回归模型，因此研究文化产业效率影响因素使用传统面板回归得到的统计结果是非最优的。为了解决数据违背传统回归模型假设之一独立性产生统计结果非最优的问题，本书将空间相关性引入模型使用空间计量模型（Spatial Econometrics Model）。空间计量模型的空间相关性主要通过因变量和误差项的空间滞后因子来表示，这两种表达方式所对应的方法一种是空间滞后模型（Spatial Lag Model，SLM）又称空间自回归模型（Spatial Autoregressive Model，SAR），另外一种是空间误差模型（Spatial Error Model，SEM）。空间计量回归开始基于截面数据进行分析，为了更好地利用统计信息得到更为准确、更为稳健的研究结果，统计学家 Elhorst 和 Anselin 将空间截面模型进行了拓展，将面板模型的统计思想纳入空间计量回归模型中，空间计量模型开始同时考虑空间、时间两重维度，空间计量回归从截面回归发展到面板回归，空间面板回归分析比空间截面回归分析更为全面而且得到的统计结果也更为有效。空间面板模型与空间截面模型一样也分为空间面板滞后模型（Spatial Panel Lag Model）和空间面板误差模型（Spatial Panel Error Model），空间面板滞后模型和空间面板误差模型又分别包含随机个体效应和固定个体效应模型。

1. 空间面板 Tobit 模型形式

对于文化产业影响效率因素分析，本章使用空间面板 Tobit 模型。基于前文得到的文化产业效率得分数据建立空间面板滞后模型以及空间面板误差模型。其中文化产业效率影响因素的空间面板滞后模型空间溢出效应通过因变量的空间滞后因子来表示，文化产业效率影响因素的空间面板误差模型空间溢出效应通过误差项的空间滞后因子来表示。

文化产业效率影响因素空间滞后模型的表达式为：

$$\begin{cases} CIE_{it} = \beta_0 + AX_{it} + \rho W_n CIE_{it} + u_{it} \\ u_{it} \sim N(0, \delta^2 I_n) \end{cases} \tag{3-4}$$

其中，CIE_{it} 表示通过 DEA-BCC（数据包络模型）得到的文化产业效率得分，X_{it} 为影响文化产业效率的变量，ρ 为空间滞后系数，反映相近区域文化产业效率加权值对于本地文化产业效率的影响，u_{it} 为随机扰动项。该模型表明，区域文化产业效率不仅仅受自身特征的影响，同时还受临近区域的影响。

空间误差模型表达式为：

$$\begin{cases} CIE_{it} = \beta_0 + AX_{it} + u_{it} \\ u_{it} = \lambda W_n u_{it} + \varepsilon_{it} \\ \varepsilon_{it} \sim N(0, \delta^2 I_n) \end{cases} \tag{3-5}$$

其中，λ 是被解释变量矩阵的空间误差系数，反映相近区域文化产业效率的残差对本地文化产业效率的影响，其中回归残差是文化产业效率为能够被解释变量所解释的部分，说明一个地区对于文化产业效率相近的地区的影响存在“一荣俱荣，一损俱损”的整体结构性特征。

当数据为面板数据时，空间误差模型表达式为：

$$\begin{cases} CIE_{it} = \beta_0 + AX_{it} + u_{it} \\ u_{it} = \lambda(I_t \otimes W_N) u_{it} + \varepsilon_{it} \end{cases} \tag{3-6}$$

2. 模型设定检验

（1）空间模型相关性检验。

莫兰检验（Moran'I）是基于回归残差构建的空间相关性检验方法。当模型表示为 $Y=X\beta+\varepsilon$ 时，莫兰检验统计量可以表示为：

$$\text{Moran'I} = \frac{\sum_{i=1}^{n}\sum_{j=1}^{n} W_{ij}(Y_i - \bar{Y})(Y_j - \bar{Y})}{S^2 \sum_{i=1}^{n}\sum_{j=1}^{n} W_{ij}} \tag{3-7}$$

其中，$S^2 = \sum_{i=1}^{n}(Y_i - \bar{Y})^2$，$\bar{Y} = \frac{1}{n}\sum_{i=1}^{n} Y_i$。

莫兰检验在建立空间回归模型之前进行的事前检验，是对数据统计是否具有空间效应进行检验，当莫兰统计量计算结果显著时就表示观测点之间存在整体空间相关，可以建立空间计量经济模型。

（2）空间计量模型选择检验。

Anselin 提出的两种拉格朗日乘数检验 LM-Error 和 LM-Lag 用于判断空间滞后模型和空间误差模型哪种模型更加合适。

LM-Lag 检验统计量可以表示为：

$$\text{LMlag} = (e'WY/\hat{\sigma}^2)^2/K \tag{3-8}$$

其中，W 为空间权重矩阵，$\hat{\sigma}^2=e'e/N$，$K=T+(W\hat{\beta})'M(WX\hat{\beta})/\hat{\sigma}^2$

LM-Error 检验统计量可以表示为：

$$\text{LMerror} = (e'We/\hat{\sigma}^2)^2/T \tag{3-9}$$

W 为空间权重矩阵，$\hat{\sigma}^2 = e'e/N$，$K = T + (W\hat{\beta})'M(WX\hat{\beta})/\hat{\sigma}^2$

豪斯曼检验（Hausman Test）可以来检测面板模型是采用固定效应模型还是随机效应模型。豪斯曼检验统计量为：

$$H = d'[\text{var}(d)]^{-1}d,\ d = (\beta'\rho)_{FE} - (\beta'\rho)'_{RE} \tag{3-10}$$

其中，$\text{var}(d) = \sigma_{RE}^2(X^{\cdot\prime}X^{\cdot})^{-1} - \sigma_{FE}^2(X^{*\prime}X^{*})^{-1}$，$X^* = X - X, X^{\cdot} = X - (1-\theta)X$，$\theta^2 = \sigma^2/(T\sigma_u^2 + \sigma^2)$。

3. 空间面板模型参数估计

从空间单元上观测的数据一般具有空间依赖性和空间异质性，违背经典假设，不满足高斯-马尔科夫条件。比如残差项可能存在空间自相关等，采用传统最小二乘法（OLS）不能够保证结果的无偏和有效性，极大似然法（MLE）一般更适用于空间计量模型。

Anselin（1988）给出了空间自回归模型的极大似然函数值（ML）的一般表达式：

$$L = -(N/2)\ln(2\pi) - \frac{N}{2}\ln|\textstyle\sum| + \ln(A) + \ln|B| - \frac{1}{2}\mu'\mu \tag{3-11}$$

其中，$\mu'\mu = (AY - X\beta)'B'\Omega^{-1}B(AY - X\beta)$，$\sum$ 为随机误差方差的协方差矩阵。

通过上式求出空间自回归模型参数估计。

Anselin（2001）提出了用于空间面板模型的极大似然估计函数。以空间滞后模型为例，若 $\varepsilon \sim N(0,\ \sum)$，$\sum = I \otimes B_N^{-1}B_N^{-1}$，$B_N = I - \rho W$，则：

$$L = C - \frac{NT}{2}\ln\sigma_\varepsilon^2 + T\ln|B_N| - \frac{1}{2\sigma_\varepsilon^2}\varepsilon'\textstyle\sum\varepsilon \tag{3-12}$$

其中 C 为常数项，T 为期数，则 β 为：

$$\hat{\beta} = [X'(I_T \otimes \hat{B}'_N\hat{B}_N)X]^{-1}X(I_T \otimes \hat{B}'_N\hat{B}_N)y \tag{3-13}$$

其中 $B_N = I - \hat{\rho}W$。

三、中国区域文化产业效率测度

（一）数据说明

文化产业数据的主要来源是文化和旅游部发布的《中国文化文物统计年鉴》和国家统计局发布的《中国文化及相关产业统计年鉴》。目前文化产业效率研究者主要使用国家文化部编纂的历年《中国文化文物统计年鉴》，《中国文化文物统计年鉴》的数据来源于全国各省市自治区文化管理部门向文化和旅游部上报的文化文物等统计数据，由文化和旅游部进行整理发布。《中国文化文物统计年鉴》数据的优点是该数据调查年限较长并且数据十分完整，缺点是该年鉴数据所测量的文化企业仅限于群众文化业、图书馆业、艺术业、文化娱乐业 4 个类别，使用《中国文化文物统计年鉴》统计数据对于文化产业发展情况进行分析存在研究对象和统计数据不统一的问题。《中国文化及相关产业统计年鉴》是基于全国经济普查数据核算得出的全口径文化产业基础数据，所调查的文化企业涵盖新闻服务等 9 个大类、24 个中类和 80 个小类。该数据的优点是统计口径大，数据十分全面。为了更加全面地反映我国文化产业发展现状，本章使用国家统计局发布的 2015 年、2016 年、2017 年《中国文化及相关产业统计年鉴》，使用全口径文化产业数据全面系统地分析我国文化产业效率发展现状。

使用数据包络模型（DEA）对文化产业效率进行研究需要选取投入以及产出变量。本章选取文化及相关产业从业人员、文化及相关产业固定资产投资额、文化及相关产业资产作为投入变量，选取文化及相关产业营业收入、文化及相关产业增加值、文化及相关产业专利授权数作为文化产出的衡量指标。具体分析数据源于 2016—2018 年《中国文化及相关产业统计年鉴》。

（二）测算结果及分析

1. 测算结果

本书使用 DEAP 软件基于 2004 年、2008 年、2013 年数据对我国 31 个省的文化产业效率进行评估，结果见表 3-1。

表 3-1　全国 31 省文化产业效率 DEA 得分

省份	2004 年	2008 年	2013 年	效率得分变动趋势
北京	1	1	1	→→
天津	0.787	0.673	0.603	↓↓
河北	0.553	0.495	0.707	↑↑
山西	0.599	0.401	0.347	↓↓
内蒙古	0.855	1	0.525	↓↓
辽宁	0.623	0.735	0.736	↑↑

续表

省份	2004 年	2008 年	2013 年	效率得分变动趋势
吉林	0.519	0.52	0.467	↓↓
黑龙江	0.579	0.693	0.527	↓↓
上海	1	1	1	→→
江苏	0.963	0.949	0.861	↓↓
浙江	0.75	0.713	0.735	↑↑
安徽	0.597	0.567	0.854	↑↑
福建	0.862	0.755	0.938	↑↑
江西	0.625	0.715	0.981	↑↑
山东	1	0.974	0.811	↓↓
河南	0.811	0.789	0.769	↓↓
湖北	0.493	0.559	0.56	↑↑
湖南	0.591	0.74	1	↑↑
广东	1	1	1	→→
广西	0.567	0.521	0.706	↑↑
海南	0.327	0.334	0.331	↓↓
重庆	0.632	0.712	0.925	↑↑
四川	0.562	0.625	0.687	↑↑
贵州	0.618	0.514	0.334	↓↓
云南	0.536	0.505	0.438	↓↓
西藏	0.421	0.199	0.437	↑↑
陕西	0.522	0.451	0.898	↑↑
甘肃	0.512	0.478	0.779	↑↑
青海	0.542	0.396	0.872	↑↑
宁夏	0.438	0.341	0.862	↑↑
新疆	0.492	0.495	0.779	↑↑
均值	0.657 2	0.640 2	0.724 8	↑↑

2. 结果分析

从文化产业效率得分结果来看，我国文化产业效率整体水平呈现上升趋势，文化产业平均效率得分由 2004 年的 0.657 2 上升至 2013 年的 0.724 8。全国文化产业效率 2004 年、2008 年、2013 平均得分分别为 0.657 2、0.640 2、0.724 8，当文化产业整体产出维持原水平时，若文化产业投入产出有效可分别减少 34.28%、35.98%以及 27.52%的投入。从各个年份的情况来看，2004 年共有北京、上海、广东、山东四省文化产业发展有效率，而其他地区文化产业都是缺乏效率的；2008 年共有北京、上海、广东、内蒙古四省文化产业发展有效率，其他地区文化产业存在缺乏效率的问题，相比 2004 年文化产业发展有效率的省（市）增加了内蒙古，减少了山东；2013 年共有北京、上海、广东、湖南四省处于生产前沿面上，文化产业发展整体有效，2013 年湖南省作为后起之秀文化产业效率大幅提升，文化产业效率得分达到 1 的水平，除了北京、上海、广州、湖南四地其他省（市）文化产业都存在低效的问题，山西、内蒙古、吉林、黑龙江、海南、贵州、云南、江苏八个省市文化产业效率出现下降的趋势。从现有的全口径文化产业数据统计分析结果来看，只有北京、上海、广东三省（市）在 2004 年、2008 年、2013 年文化产业效率保持在 1 的水平，说明北京、上海、广东三地文化产业发展有效。我国文化产业效率得分分布地图呈现南强北弱、东强西弱的格局，并且文化产业效率水平地域性差异十分明显。

四、中国区域文化产业效率影响因素分析

基于上节的 2004 年、2008 年、2013 年文化产业效率得分，本节基于 Tobit 空间面板模型对文化效率影响因素进行系统分析。

（一）文化产业影响因素

1. 城市化水平

城市化、工业化是提高文化生产效率的重要手段（袁海、吴振荣，2012；赵阳、魏建，2015）。城市化水平的提高有利于人才、资金等各种生产要素的集中利用，可以促进文化产业产业化、规模化经营。城市化除了能够促进文化产业规模化发展，还能促进文化企业在空间上的聚集。大量文化企业的聚集能够促进创意、信息、知识的交流互动，降低运输、交易、管理、决策、交流等方面的成本，提高文化生产的效率。本文采用城镇化率来衡量城市化水平。

2. 经济发展水平

文化产业发展离不开经济发展，地区经济发展水平是文化产业发展的经济基础

（王家庭、张容，2009；李兴江、孙亮，2015）。首先，文化产业是经济发展到一定水平才产生的，文化产业的兴起、发展、成熟都依赖经济发展，经济稳步增长为文化产业发展提供了有力的支撑。其次，根据马斯洛的需求层次理论，随着经济发展水平的提高，物质需求从极度匮乏到逐步被满足，更为高级的精神文化需求将会取代物质需求成为人民的主导价值需求，居民文化消费需求会随之大幅增长从而促进文化产业进一步繁荣发展，对于文化产业效率有促进作用。本书采用地区 GDP 来衡量该地区经济发展水平。

3. 政府支持水平

文化产业发展与政府支持水平密切相关（高翔，2001；赵书华、王华强，2008；钱韵竹、张磊，2009；董亚娟，2012）。我国文化产业起步较晚，现在仍处于发展初期，整体发展实力较弱，文化企业规模多为中小型企业，因而抗风险能力较差。文化产业具有初期投入高、风险大、制作周期长等特点，诸多文化企业尤其是中小文化企业存在融资难的问题。因此我国文化产业的发展需要政府加以扶持。本书以财政扶持角度考察政府支持水平，具体指标采用地区文化和体育传媒财政支出进行度量。

4. 市场化水平

市场化程度越高，市场机制作用范围越广。根据古典经济学理论，市场化程度提高能够进一步提高企业生产效率。本文使用樊纲等学者编制的市场化进程指数来反映各个地区的市场化程度对文化产业效率的影响，该研究只给出了 1997—2007 年间的数据，对于其余年份的指数笔者通过线性平滑得到。

5. 产业聚集水平

文化产业聚集水平提高可以促使知识、技术、资本、信息、设施、人才资源聚集，形成聚集经济，提高整体资源利用以及促进规模报酬递增。地区文化产业聚集水平与该地区的文化企业数量呈正比，当地区文化产业聚集水平较高时，能够进一步延伸文化产业链。聚集经济产生的正向外部性，对于刚起步的文化企业会起到有效的孵化作用，有利于提高新生文化企业的成活率。本书采用该地区的文化产业机构数量来衡量该地区文化产业聚集。

6. 文化消费水平

作为文化产业链条上的终端环节，文化消费是带动文化产业发展的核心动力（郭淑芬、王艳芬、黄桂英等）。文化需求水平对于文化产业市场容量具有决定性作用，文化产业市场容量越大，文化企业间竞争越强；同时地区文化消费需求越大、种类越多，文化产品细分、文化企业专业化水平越强。这些对于促进地区文化产业效率的提升都有着积极的正向作用。本书以地区居民家庭每年人均文教娱乐消费支出来度量文化消费，该变量可以反映人们在文化产品和文化服务方面的支出，是体现文化需求的重要指标。

7. 科技发展水平

随着我国文化产业的快速发展和科学技术水平的不断提高，科学与文化融合速度加快，新技术在文化领域得到了广泛的应用，使得文化产业的发展具有更为广阔的空间。信息技术、互联网技术、数字化技术等高新技术与文化要素相结合催生了新的文化产品形式以及新的文化传播方式，大量突破传统文化产业形态的新业态涌现，以移动多媒体、广播电视、网络游戏、数字出版为代表的新兴产业正在蓬勃兴起，文化传播的时间和空间制约不断被突破，拓宽了文化产品消费者的消费空间，同时也为文化产业的快速发展提供了良好的技术条件，给我国文化产业带来了革命性的变化。科技、文化融合发展不仅涌现出了大量新业态，同时也极大地延伸了文化产业链，进一步提升了文化产业的生产效率。另外，科学技术发展水平的提高能够显著提升劳动效率，从而解放生产力，使人们进行文化产品（服务）消费的整体闲暇时间增加，从另一个角度推动了文化产业的发展。因此科学技术发展水平对于文化产业效率有积极的正向影响，本书用高新技术产业项目数来衡量科学技术水平。

8. 人力资本水平

文化产业的发展需要大量具有文化领域专业素质和技术的人才（黄永兴、许鹏等）。当代文化产业发展与高新科学技术高度融合，将文化科技生产力转化为市场价值，对于文化产业从业者的专业素质和专业技术水平都提出了较高的要求，因此区域人力资本积累将有助于文化产业效率的提高（何雄浪）。本文采用人均受教育年限作为人力资本水平的衡量，居民人均受教育年限＝小学文化程度就业居民所占比重×6 年＋初中文化程度居民所占比重×9 年＋高中文化程度居民所占比重×12 年＋本科文化程度居民所占比重×16 年＋研究生文化程度居民所占比重×19 年。

（二）文化产业效率影响因素模型

由于前文得到的文化产业效率值是一组介于 0～1 的受限数据，同时考虑到文化产业的空间溢出效应，本书构建文化产业效率影响因素 Tobit 空间面板模型如下：

$$
\begin{aligned}
CIE_{it} = {} & \alpha_0 + \alpha_1 CIR_{it} + \alpha_2 AGDP_{it} + \alpha_3 GOV_{it} + \alpha_4 EDU_{it} + \alpha_5 TEC_{it} \\
& + \alpha_6 CON_{it} + \alpha_7 SCA_{it} + \rho W_n CIE_{it} + u_{it} \qquad (3-14)
\end{aligned}
$$

其中 CIE 表示通过数据包络模型（DEA）得到的文化产业效率值；CIR 表示城市

化率；*AGDP* 表示人均 GDP；*GOV* 表示政府财政补贴水平；*EDU* 表示居民人均受教育年限；*TEC* 表示高新技术产业项目数；*CON* 表示人均文化消费支出；*SCA* 表示文化产业企业数量。$i=1$，2，…，31，表示我国 31 个省份，t 表示年份，本书中 t 取值为 2004、2008、2013，u 为随机扰动项。

（三）空间权重矩阵的设定

由于文化产业存在溢出效应，本书在构建文化效率影响因素模型时考虑到了空间因素，创建了空间权重矩阵（spatial weights matrix）。根据空间统计和空间计量经济学原理，在确定空间权重矩阵时一般可以考虑现实的地理空间关联性。

当前有关空间权重的文献不多，衡量地理关系的方式一般为考察空间的临近性和空间的地理距离，由此构成的矩阵可以分别成为两种：

第一种为空间二分权重矩阵即 0～1 权重矩阵（binary contiguity matrix）。0～1 权重矩阵是简单的二进制权重矩阵，由于该方法设定简单并且计算方便因此是空间计量模型中最为常用的权重设定方法。这种空间权重设定认为只有相邻区域才能够产生直接空间溢出效应，而非相邻区域之间不能够产生直接的空间溢出效应，只能够通过相邻区域直接效应的递进关系间接产生空间溢出效应。0～1 权重矩阵中，当区域相邻时相邻系数就为 1，区域不相邻时系数就为 0。0～1 权重矩阵中只能够反映相邻区域是否相关，但对于相关的程度不能够准确地反映，同时对于不相邻区域之间的空间关系不可以直接衡量，只能够反映间接的空间关系。

空间二分权重矩阵的具体的表达式为：

$$W_N=\begin{bmatrix} w_{11} & w_{12} & \cdots & w_{1n} \\ w_{21} & w_{22} & \cdots & w_{2n} \\ \vdots & \vdots & \vdots & \vdots \\ w_{n1} & w_{n2} & \cdots & w_{nn} \end{bmatrix}$$

根据简单矩阵标准，矩阵中的元素 W_{ij} 为 1（若区域 i、j 相邻），否则为 0。

第二种为空间距离权重矩阵。它是根据两个地区之间地理距离的倒数作为权重矩阵的系数，空间距离权重矩阵与 0～1 权重矩阵的不同之处在于，它不仅可以衡量相邻的区域之间的直接空间效应还可以衡量不相邻省份之间的直接空间效应，不仅能够衡量省份之间的空间是否具有空间关联也能够衡量省份之间空间关联的强度。由于本书衡量省域之间文化产业效率的空间关联性，因此本书选取的地理距离为省会直线距离；两省之间相距距离越短则空间效应系数就越大，反之空间效应系数也就越小。

空间距离权重矩阵的具体的表达式为：

$$W_N = \begin{bmatrix} w_{11} & w_{12} & \cdots & w_{1n} \\ w_{21} & w_{22} & \cdots & w_{2n} \\ \vdots & \vdots & \vdots & \vdots \\ w_{n1} & w_{n2} & \cdots & w_{nn} \end{bmatrix}$$

根据地理距离矩阵标准，矩阵中的元素 W_{ij} 为：

$$W_{ij} = \begin{cases} \frac{1}{d_{ij}}(i \neq j) \\ 1(i = j) \end{cases} \tag{3-15}$$

（四）实证结果与解释分析

空间计量模型中的解释变量之间应该是互相独立的，解释变量间高度相关导致的多重共线性会导致模型失效。通过对解释变量的相关性进行计算，所有的解释变量的相关系数均大于0.3。因此本书采用逐步回归的方法对模型进行精简，模型精简后可以表示为：

$$\text{SLM}: CIE_{it} = \alpha_0 + \alpha_1 CIR_{it} + \alpha_2 TEC_{it} + \alpha_3 SCA_{it} + \rho(I_t \otimes W_n)CIE_{it} + \varepsilon_{it} \tag{3-16}$$

$$\text{SMA}: CIE_{it} = \alpha_0 + \alpha_1 CIR_{it} + \alpha_2 TEC_{it} + \alpha_3 SCA_{it} + u_{it} \tag{3-17}$$

$$u_{it} = \lambda(I_t \otimes W_n)u_{it} + \varepsilon_{it}$$

1. 模型设定检验与计算

在对空间计量模型进行参数估计之前需要对模型的设定形式进行检验。表3-2显示莫兰检验值显著为正，通过了空间自相关检验，说明文化产业效率存在空间相关性。利用拉格朗日乘数检验（LM Test）对空间误差面板模型的设定形式进行检验，LM-Error较之LM-Lag在统计上更为显著，空间误差面板模型相较于空间滞后面板模型略优，从Hausman检验结果来看p值小于0.05，因此个体效应与解释变量之间相关。

表3-2 文化产业效率影响因素空间计量模型检验结果

Moran'I		LM-Error		LM-Lag		Hausman	
0~1权重矩阵	距离权重矩阵	0~1权重矩阵	距离权重矩阵	0~1权重矩阵	距离权重矩阵	0~1权重矩阵	距离权重矩阵
0.615***	0.898*	7.343***	8.796***	6.273***	6.567*	10.12***	15.34***

注：“***”“**”“*”分别代表在0.01、0.05、0.1水平下显著。

2. 模型回归结果分析

从空间计量模型数据分析结果（见表 3－3）来看，与普通面板模型相比，在简单（0～1）矩阵条件下和地理距离条件下的空间计量模型得到回归系统的符号基本一致，说明结果比较稳健。莫兰检验和拉格朗日乘数检验结果都通过了显著性检验，说明文化产业效率具有空间溢出效应。如果采用普通面板模型，参数估计的结果是有偏的，那么在进行我国文化产业效率分析时采用空间计量模型相较于普通面板模型更为合理。从空间滞后模型的计算结果中可以看到无论是 0～1 矩阵还是地理距离矩阵都有 $\rho>0$，说明文化产业效率在省域之间存在正的溢出效应。在 0～1 矩阵条件下，各省份文化产业效率增加 1%，其他省份文化产业效率增加 0.693 7%；在地理距离矩阵条件下各省份文化产业效率增加 1%，其他省份文化产业效率增加 0.446 8%。文化产业效率受外部影响因素最大的是城市化率。我国当前处于城市化进程的重要阶段，按照国家规划每年会有将近三千万到四千万的人口进入城市，城市化率会进一步提高。现阶段城市化、城市经营则是地方政府支持文化产业发展的一个重要的手段，未来我国的城市化进程仍然会促进资本、资源、人才聚集，促进文化产业效率提高。科学技术发展水平对于文化产业效率也具有十分重要的影响，科技发展对于文化产业发展有重要的支撑作用。

表 3－3 文化产业效率影响因素空间计量回归结果

变量	传统面板模型（固定效应模型）	空间滞后模型（SLM）0～1 矩阵	空间残差模型（SMA）地理矩阵	空间滞后模型（SLM）0～1 矩阵	空间残差模型（SMA）地理矩阵
ρ	—	0.693 71*** (5.057)	—	0.446 8*** (11.67)	—
λ	—	—	0.323***	—	0.097 6***
CIR	0.123 06***	0.173 12**	0.166 958***	0.134 26***	0.145 67***
TEC	0.085 66***	0.160 2 ***	0.085 66***	0.135 6***	0.078 75***
SCA	0.048 83***	0.051 51***	0.259 567***	0.660 32***	0.048 7***

注：“***”“**”“*”分别代表在 0.01、0.05、0.1 水平下显著。

科技创新从文化的内容、形态、传播等方面推动文化产业发展，是文化发展的重要引擎。从统计模型计算结果来看，科学技术水平对于文化产业效率具有正向促进作用，若科技水平增加 1%则文化产业效率提升近 0.01%。由于文化产业本身所具有的规模效应，因此区域文化产业规模增加对于文化产业效率同样产生正向的影响。

本书利用 2004 年、2008 年、2013 年 31 个省的文化产业效率采用 DEA（数据包络模型）得出了 2004 年、2008 年、2013 年 31 个省的文化产业效率综合得分，发现尽管 31 省整体文化产业效率水平呈现上升的趋势，但除了北京、上海、广东、湖南四地之外其他省（市）都存在文化产业失效的情况，文化产业发展不平衡情况明显，呈现东高西低、南强北弱的格局。基于前文文化产业效率得分数据建立具有固定效应的空间面板 Tobit 模型对于影响文化产业效率的环境因素进行分析，计算结果显示不同地区文化产业效率水平之间存在正向溢出效应，文化产业效率水平主要受城市化水平、产业规模水平以及当地科技发展水平的影响。

第四章 中国区域均等化公共文化服务水平研究

文化事业与文化产业是文化生产的两翼，文化产业的生产目的是追求利润最大化，文化事业的生产目的是追求社会效益最大化。本书第三章对于“营利性”文化产业从效率视角进行了研究，本章将对“公益性”文化事业从公平视角进行研究。1966 年联合国在《经济、社会、文化权利国际公约》中提出文化权益与经济、政治、社会等权益一样都是公民应当享有的权益。文化事业是通过搭建公共文化服务体系生产与提供公共文化产品（服务）的活动，文化事业的生产目的就是保障公民的文化权益和基本文化需求。如果不同区域的文化事业发展水平差距过大会导致公共文化服务供给严重失衡的情况出现，这样会无形中损害部分地区居民的基本文化权益。因此建立健全公共文化服务体系应当让基本公共文化产品（服务）能够惠及每一位公民，保障每一位公民的基本文化权益。因此本章对各个地区均等化公共文化服务水平进行科学评估并对其影响因素进行研究，以期能够为我国文化事业健康发展、促进区域间公共文化服务均等化水平提高提供理论研究基础。

一、公共文化服务均衡化相关研究

关于公平的研究主要集中在收入不平等上，古典自由主义学者强调资源初始禀赋和分配的均等性，现代自由主义者认为不平等与历史的不公正有关，同时不平等是贫困循环的产物，市场活动中的各种歧视、教育不平等因素同样也会导致最终的不平等。目前学者对于公共文化服务公平的研究相对较少，主要研究方向集中在公共文化服务均等化的内涵、公共文化服务不均等的表现和实现均等化公共文化服务的政策路径等方面。

（一）公共文化服务均等化研究综述

公共文化服务均等化（equalization of public cultural services）的精神内核源于公平正义理论（justice as fairness theory），公共文化服务公平是公平正义理论（justice as fairness theory）在公共文化服务领域的具体体现。古希腊的柏拉图（Plato）和亚里士多德（Aristotle）最先对公平正义进行了研究，在柏拉图的研究中"公平正义"是一种理想的概念。现代的学者约翰·罗尔斯（John Bordley Rawls，1960）对于公平正义理论进行了系统的研究，从两个方面总结了实现公平正义的原则：首先，实现"公平正义"基本的权利和义务应当需要平等分配；其次，"公平正义"应该满足"机会平等"和"使最小受惠者能够获得最大利益"。国外学者还从福利经济学角度研究了均等化的意义，庇古（Arthur Cecil Pigou，1920）在第二基本福利命题中提出了增加整个社会福利的两种方法：一是增加一个国家的国民收入总量；二是国民收入均等化。国民收入越是均衡，整体的社会福利就越大，即国民收入的总量以及分配均等化程度共同决定了社会经济福利的大小，因此可以通过增加整体国民收入量和消除收入分配不平等来增强整个社会的经济福利。在此理论基础上，在公共文化资源不变的前提下，提升一个国家社会文化福利需要促进公共文化资源特别是公共文化资源的均等化分配。

从国内研究来看，张桂琳（2009）基于均等化的精神内核"公平正义"进行了研究，提出：从静态的角度来看"均等化"是"平均、平等"的状态，从动态的角度来看"均等化"是趋于"平均、平等"目标的努力过程；将公共文化服务均等化内涵定义为在尊重自由选择权的前提下，全体公民能够享有均等的基本公共文化服务的机会、结果、服务。常修泽（2007）、边继云（2008）、马国贤（2009）、曹海琴和刘志宽（2012）等学者也对公共文化服务均等化的内涵进行了研究，学者们虽然在表达上有差异但是核心含义基本一致，都认为公共文化服务首先是公共部门利用公共资源所提供的服务，因此公共文化服务均等化表示在遵循公平、公开、公正原则的基础上，对于公民的基本公共文化需求提供均等的公共产品与服务，公共文化产品与服务的获得不应受地域、社会阶层等其他因素影响。从已有的研究结论来看，学者们基本认为"均等化"并不是绝对平均分配的状态而是一个近似平均的状态，公共文化服务"均等化"也不是一个静态的状态，而是民众能够得到的公共文化服务是趋近平均的状态。从均等化的表现来说，学者总结了包括财力均等化、文化权利均等化、公共文化产品消费均等化等几个方面。财力均等化是指区域间文化事业费等财政投入大致均等；文化权利均等化是指人民群众享受公共文化服务的机会大致均等；公共文化产品消费均等化是从结果角度来分析，是指公民享受到的公共文化产品（服务）大致均等。安体富、刘尚希将公共文化服务均等化分为过程均等和结果均等，两位学者认为结果均等也就是公共文化产品消费均等是最终的目标。从公共文化服务提供者的研究上来看，分为国家化路径和市场化路径两个方向。绝大多数学者都赞成国家化路径，认为具有“公共性”的公共文化服务应由政府提供而不应采取市场化的方式。国外学者持这一观点的代表人物包括 Samuelson（1948）和 Mascarenhas（1959）等。也有部分学者认为公共文化服务（产品）完全由政府提供会出现垄断引起的效率低下的问题，不能提供全面、多元的公共文化服务，无法满足公民差异化、多层次的文化需求；公共文化服务（产品）供给应当采取市场化路径，或者由第三部门或非营利组织来作为公共文化服务的供给方。

（二）公共文化服务均等化实证分析研究综述

从实证研究来看，顾金喜、宋先龙、于萍（2010）从投入、产出两个维度建立了公共文化服务指标评价体系，分析评估我国区域公共文化服务均等化水平，计算结果显示我国区域间公共文化服务水平差异较大，存在公共文化服务水平区域不平等的问题。李敏纳、覃成林（2010）通过构建公共文化服务指数对我国公共服务水平进行了测度，认为从指数来看各个地区公共文化发展存在区域差异。关于公共文化服务非均等化出现的原因，葛继红和王玉霞（2008）、边继云（2008）、曹爱军和方晓彩（2009）、杨永恒（2010）、陈立旭（2011）、朱先龙（2011）、宋先龙（2011）等学者结合我国公共文化服务发展实际进行了分析，认为区域差异较大的原因包括部分地区公共文化服务领域的人才匮乏、文化人才结构不合理、公共文化设施落后、文化事业财政资金投入不足、公共文化活动少、公共文化资源整体社会效益没有得到充分的发挥等。导致这些问题更为深层次的原因包括：第一，制度原因。文化事业财政投入制度、公共文化服务体系效率评价制度、公共文化管理制度不成熟不健全。第二，观念原因。部分地方政府仍然唯 GDP 是从，以经济发展作为首要目标，对于文化发展尤其是公共文化发展的重视性不足，重经济建设轻文化发展。这种情况在我国农村基层政府比较常见。第三，法律原因。公共文化服务相关法律不健全、落实不到位等问题。对于如何实现基本公共文化服务均等化，学者们提出了几点政策建议，包括：第一，加强制度建设。建立健全规范的公共财政制度、城乡一体化供给制度、城乡区域互助制度，以“区域均衡、城乡均衡、群体均衡”为基础，深化文化体制改革促进公共文化服务体系均衡发展（朱春雷、杨永，2007；曹爱军、方晓彩，2009）。第二，建立正确的文化服务绩效观。改变以经济发展作为发展的唯一目标，将文化发展纳入政府绩效考核，同时将公共文化服务均衡发展作为重点考核指标。政府应增强基本公共文化服务意识，制定基本公共文化服务均等化条例或行动框架，定期发布基本公共文化服务均等化程度评估报告。第三，文化供给多元化。改革基本公共文化服务主体，创新服务形式，促进服务主体、供给方式、筹资渠道的多元化（顾金喜，2008）。第四，加强文化人才队伍建设。通过建立“文化人才库”、强化培训、落实人员保障等举措打造稳定、高素质的公共文化服务人才队伍（胡税根，2011）。

既有文献存在的问题：第一，公共文化服务的研究还仅仅是停留在理论研究上，学者们对于公共文化服务均等化的内涵、意义等进行了深入的研究，但是实证方面的研究非常少。第二，均等化公共文化服务发展水平的研究多止步于理论研究，没有科学评价均等化公共文化服务水平的统计指标体系。第三，对影响均等化公共文化服务水平的因素、如何提升公共文化服务水平等核心问题没有进行系统探讨。基于既往文献存在的研究空白和短板，本书首先建立了区域均等化公共文化服务水平评价体系，得出了31省（市）均等化公共文化服务水平的发展情况，同时通过基尼系数来计算31省（市）均等化公共文化服务差异程度，分析评价公共文化服务发展的公平程度。基于31省（市）均等化公共文化服务水平得分使用面板分位回归建立均等化公共文化服务水平影响因素模型，对均等化公共文化服务水平的影响因素进行系统分析。

二、均等化公共文化服务水平评价体系构建

从广义的角度来看，公共文化服务是政府对公共文化的建设、管理、运行和规范的全过程。笔者认为公共文化服务是政府使用公共权力或公共资源向社会提供用来保证人民群众基本文化权益、满足人民群众基本文化需求的公共文化产品（服务）及制度体系的总称。公共文化服务均等化（equalization of public cultural services）是在尊重文化自由选择权的前提下提供趋近均等的公共文化服务（public cultural service）。这种均等化不是“静态”“绝对”的均等化而是趋近于均等化帕累托改进的动态过程。

基于前文研究兼顾公共文化服务体系数据可得性、可比性，本书从经费投入、人员投入、基础设施、公民文化活动参与程度四个维度评价均等化公共文化服务水平。经费投入是发展文化事业、完善和健全公共文化服务体系的基础，同时体现了当地政府对于发展公共文化事业的重视程度。本书采用人均拥有文化事业基建投资、人均拥有公共图书馆财政拨款、人均拥有群众文化机构财政拨款、人均拥有艺术表演团体财政拨款等指标来测量人均公共文化服务体系经费投入水平；人员投入的多少体现了公民能够享受到的公共文化服务质量，本书由每万人拥有公共图书馆从业人员数、每万人拥有文化馆从业人员数、每万人拥有文化站从业人员数、每万人拥有博物馆从业人员数、每万人拥有艺术表演团体从业人员数等指标来表示人均公共文化服务体系人员

投入水平；人均文化设施水平由该区域人均占有的基础设施来表示，具体指标为每万人拥有公共图书馆、每万人拥有文化馆、每万人拥有文化站、每万人拥有博物馆、每万人拥有艺术表演团体、每万人拥有艺术表演场馆、公共图书馆人均新购图书册数等；公民文化活动参与程度衡量了公民对于公共文化产品的消费程度，本书采用每万人观看艺术表演团体演出次数、公共图书馆人均流通次数、公共图书馆人均外借图书次数等指标来衡量人均公共文化活动参与水平。为了体现衡量均等化水平的目的，所有的总量数据都做了平均化处理。本书构建的均等化公共文化服务水平评价体系包含 4 个评价维度、32 个评价指标，具体评价指标体系见表 4-1。

表 4-1　均等化公共文化服务水平评价体系

一级指标	二级指标	单位
经费投入	人均拥有文化事业基建投资	元
	人均拥有公共图书馆财政拨款	元
	人均拥有群众文化机构财政拨款	元
	人均拥有艺术表演团体财政拨款	元
	人均拥有艺术表演场馆财政拨款	元
	人均拥有文物科研机构财政拨款	元
	人均拥有文物保护管理机构财政拨款	元
	人均拥有国家财政性教育经费	元
基础设施	每万人拥有公共图书馆	座
	每万人拥有文化馆	座
	每万人拥有文化站	座
	每万人拥有博物馆	座
	每万人拥有艺术表演团体	个
	每万人拥有艺术表演场馆	座
	公共图书馆人均新购图书册数	册
	每万人公共图书馆建筑面积	平方米
	每万人群众文化设施建筑面积	平方米
	人均拥有图书馆藏量	册
	广播节目综合人口覆盖率	%
	电视节目综合人口覆盖率	%
	每万人拥有公共广播节目套数	套
	每万人拥有公共电视节目套数	套
人员投入	每万人拥有公共图书馆从业人员数	人
	每万人拥有文化馆从业人员数	人
	每万人拥有文化站从业人员数	人
	每万人拥有博物馆从业人员数	人
	每万人拥有艺术表演团体从业人员数	人
	每万人拥有艺术表演场馆从业人员数	人
	每万人拥有文化机构主管部门从业人员数	人

续表

一级指标	二级指标	单位
公民文化活动参与程度	每万人观看艺术表演团体演出次数	次
	公共图书馆人均流通次数	次
	公共图书馆人均外借图书次数	次

三、熵权法以及面板分位回归模型形式

本章基于均等化公共文化服务水平评估分析以及均等化公共文化服务水平的影响因素研究两个主要目的，将数据分析分为两个部分：第一部分是基于上节建立的均等化公共文化服务水平评价体系，使用熵权法对于各个统计指标进行合理赋权，计算出各省均等化公共文化服务水平，然后计算区域之间均等化公共文化服务水平的基尼系数，评估公共文化发展的均衡性；第二部分是使用面板分位回归模型进行公共文化服务均等化水平的影响因素分析。

（一）熵权法模型形式与估计方法

“熵”（entropy）原本是德国物理学家克劳修斯（R. Clausius）提出的热力学概念，后来信息论的创始人申农（C. E. Shannon）将熵作为一个随机事件的不确定性或信息度的量度引入信息论。熵权法认为统计指标体系中的统计指标权重大小可以通过计算该指标的信息熵来确定，当信息熵较小时意味着指标变异程度大、指标包含信息量大，因此当信息熵值越小时该指标在整个评价体系中的贡献就越大，应当赋予该指标较大的权重；反之当信息熵较大时意味着指标包含的信息量较小，对于该指标的赋权相对较小。使用熵权法对于统计指标体系中的各个指标进行赋权应当计算每个指标的信息熵确定各指标的权重，然后对于指标体系中的统计指标进行加权计算得到最终评价对象的整体评价得分。具体计算步骤如下：

（1）数据标准化。

正向指标标准化方法为：

$$Y_{ij} = x_{ij} - x_{\min(j)} / x_{\max(j)} - x_{\min(j)} \tag{4-1}$$

逆向指标标准化方法为：

$$Y_{ij} = x_{\max(j)} - x_{ij} / x_{\max(j)} - x_{\min(j)} \tag{4-2}$$

式中：$x_{\max(j)} = \max\{x_{ij}\}$，$x_{\min(j)} = \min\{x_{ij}\}$。

（2）指标熵值计算。

$$e_j = -K\sum_{i=1}^{m} P_{ij}\ln P_{ij},$$

$$(K = 1/\ln m, P_{ij} = Y_{ij}/\sum_{i=1}^{m} Y_{ij},\ i = 1,2,\cdots,m;\ j = 1,2,\cdots,n) \tag{4-3}$$

（3）指标权重计算。

$$W_j = \frac{1 - e_j}{\sum_{j=1}^{m}(1 - e_j)}(j = 1,2,\cdots,n) \tag{4-4}$$

其中，$W_j \in [0,1]$，且 $\sum_{j=1}^{n} W_j = 1$。

（二）分位回归模型形式与估计方法

本书采用分位回归模型来对影响均等化公共文化服务水平的因素进行定量分析。一方面由于传统回归法的回归假设包括正态性假设、方差齐次性假设等，当数据违反假设时传统回归模型失效；另一方面，传统的回归方法主要是基于解释变量来估计被解释变量的均值，因此不能够对不同公共文化服务水平上受到解释变量的影响进行分析。使用分位回归模型可以解决上述问题，更加充分地利用统计数据全面分析不同分位水平下被解释变量如何受到解释变量的影响。分位回归的模型表达式如下：

假设随机变量 Y 的概率分布为：

$$F(Y) = Prob(Y \leqslant y) \tag{4-5}$$

Y 的 τ 分位数为满足 $F(y) \geqslant \tau$ 的最小 y 值，

$$q(\tau) = \inf\{y: F(y) \leqslant \tau\}, 0 < \tau < 1 \tag{4-6}$$

分位回归采用最小一乘法，基本表达式为：

$$Y_{it}(\tau j \mid x_{it}, \alpha_i) = X_{it}^{T}\beta(\tau_j) + \alpha_j \tag{4-7}$$

充分考虑到个体效应，引入惩罚项代替原始的高斯惩罚项，通过求解惩罚函数式来求出面板分位回归参数的估计值：

$$\min\sum_{k=1}^{q}\sum_{i=1}^{n}\sum_{j=1}^{t} w_k\rho(\tau_k)[Y_{it} - a_j - X_{it}\beta(\tau_k) + \lambda\sum_{i=1}^{n} \mid a_i \mid] \tag{4-8}$$

$\rho(\tau_k) = u[\tau_k - I\ (u<0)]$ 为损失函数，$I(u<0)$ 是指标函数，w_k 用于控制各分位点的权重，λ 为惩罚因子。根据 Lamarche（2010）对于惩罚因子选择的研究，当 $\lambda=0$ 时为固定效应模型估计，当 $\lambda \to \infty$、$\alpha \to 0$ 时为混合效应模型估计。对于权重 w_k 的选

择，为了减少主观因素的影响，本书采用 Lamarche（2011）所采用的方法赋予相同权重 $w=1/K$。

四、中国区域公共文化服务水平及区域差异评价

本书选取 31 个省（市）、自治区作为区域公共文化服务均等化水平的研究对象，数据来源于《中国文化文物统计年鉴》《中国统计年鉴》《中国区域经济统计年鉴》等。兼顾数据实效性和准确性，本书选取 2016—2017 年的数据采用熵权法进行计算，计算结果见表 4-2。

表 4-2　均等化公共文化服务水平评价

省份	2016 年	2017 年
北京	35.9	40.5
天津	46.8	45.8
河北	17.2	18
山西	31.7	32.4
内蒙古	47.9	37.3
辽宁	26.2	27.0
吉林	28.7	25.2
黑龙江	18.5	16.8
上海	73.6	59.1
江苏	24.7	30.7
浙江	44.8	45.1
安徽	18.1	17.0
福建	28.7	25.8
江西	19.1	18.9
山东	18.4	17.4
河南	22	19.3
湖北	22.9	21.3
湖南	20.2	18.3
广东	27.7	24.8
广西	15.3	24.1
海南	39.6	28.2

续表

省份	2016 年	2017 年
重庆	21.6	21.6
四川	25	24.5
贵州	16	14
云南	18	20
西藏	91.2	104.7
陕西	40.7	36.6
甘肃	33.6	30.9
青海	37.6	35.4
宁夏	47.7	36.9
新疆	40.6	37.6
平均数	32.26	32.27
基尼系数	0.260	0.273

从全国均等化公共文化服务水平来看，2016—2017 年均等化公共文化服务水平呈现上升趋势。2016 年均等化公共文化服务水平前五名为西藏、上海、内蒙古、宁夏、天津；2017 年均等化公共文化服务水平前五名为西藏、上海、内蒙古、天津、浙江。可以看出上海、天津、北京、浙江等地公共文化服务水平处于全国前列，西藏、宁夏等地区由于人口较少在人均公共文化服务水平评价中比较占优势，上海、北京、浙江等地为我国经济发展处于前列的省（市）且在公共文化发展上也处于全国前列。本书采用基尼系数来衡量全国公共文化服务水平的差异情况，从计算结果来看 2016—2017 年公共文化水平的基尼系数在 0.2～0.3 属于比较合理的区间范围，但不容忽视的是均等化公共文化服务水平的基尼系数呈现逐年上升的趋势，说明公共文化发展的不均衡性进一步体现。

五、中国均等化公共文化服务水平影响因素分析

基于上述得到的 2016—2017 年 31 省（市）均等化公共文化服务水平得分，通过对影响均等化公共文化服务水平的因素进行分析，建立面板分位回归模型对于各影响因素对均等化公共文化服务水平的影响程度进行计算。

（一）均等化公共文化服务影响因素变量定义

1. 政府财政收入水平

文化事业不以营利为目的，文化事业中的文化生产主要依靠政府补贴，公共文化服务体系中的人员投入、文化基础设施配备、公益性文化活动的举办等都需要丰裕的财政补贴做支撑。本书以人均政府财政收入表示政府支持公共文化事业的能力并拟假设人均政府财政收入对于均等化公共文化服务水平具有正向的影响。

2. 收入公平程度

选取收入基尼系数作为衡量收入分配公平程度的指标，收入分配差距过大说明该地区资源分配存在不公平的问题，大量的资源掌握在少数人的手中会导致社会整体的文化需求不足。因此本书假设收入基尼系数对于均等化公共文化服务水平具有负向的影响。

3. 文化消费支出水平

个人文化消费支出水平代表着居民文化需求的大小，但从另外一个角度来说个人文化消费分为私人文化产品（服务）消费和公共文化产品（服务）消费，文化消费支出水平越高说明从市场上购买的文化产品与服务越多，根据替代效应很可能会降低个人对于公共文化产品（服务）的需求。本书拟用人均居民文教娱乐消费现金支出这一指标衡量文化消费支出水平。

4. 人口密度水平

现代经济学研究成果表明资金、人才等资源要素都存在资源聚集效应，人口密度高能够吸引相对更多的资金、人才等资源聚集，从而促进本地区公共文化服务水平的提高，例如北京、上海等城市是我国人口密度较高的城市，同时也是人才、资金、文化资源汇聚的中心。因此，本书拟假设人口密度水平对于均等化公共文化服务水平具有正向的作用。

5. 居民文化素质水平

居民文化素质水平对于文化消费有正向影响，具体表现为居民文化素质水平越高文化消费需求就越旺盛，对公共文化产品（服务）的需求也就越旺盛，因此居民文化素质水平的提高能够促进公共文化产品（服务）水平的提高。本书采用居民人均受教育年限作为衡量居民文化素质水平的指标，并假设居民文化素质水平对于均等化公共文化服务水平具有正向的影响。

（二）均等化公共文化服务水平影响因素分析

均等化公共文化服务水平影响因素的具体模型可以表示为：

$$EQT_{it} = \alpha_{it} + \beta_1 POP_{it} + \beta_2 GENE_{it} + \beta_3 EDU_{it} + \beta_4 CON_{it} + \beta_5 GOV + \varepsilon_{it}$$

其中 β_i 为回归系数，i 代表省的个数（本文中省的个数为 31 个），t 表示时间，ε_{it} 为随机误差项。POP 代表人口密度；$GENE$ 代表基尼系数；EDU 代表人均受教育年限；CON 代表人均居民文教娱乐消费现金支出；GOV 代表人均财政收入。

均等化公共文化服务水平影响因素分位回归结果如表 4－3 所示。

表 4－3　均等化公共文化服务水平影响因素分位回归结果

参数	普通面板	Q10	Q25	Q50	Q75	Q90
常数项	—	−0.681** (−16.685)	−0.478*** (−10.453)	−0.0755 (−1.781)	0.4845*** (6.354)	0.9703*** (8.100)
POP	0.024 (0.525)	0.021 (0.807)	0.042 (1.129)	0.037 (0.632)	0.0432 (0.991)	0.048 (0.488)
GENE	−0.002 (0.711)	0.042 (1.122)	−0.079 (−1.256)	−0.210*** (−4.007)	−0.366*** (−6.994)	−0.441*** (−5.092)
EDU	0.045*** (7.026)	0.039 (1.101)	0.057 (0.985)	0.370*** (4.122)	0.760*** (4.545)	1.097*** (5.822)
CON	−0.008 (−2.141)	−0.0016 (−0.027)	−0.115 (−1.612)	−0.275* (−2.108)	−0.083 (−0.703)	−0.416* (−2.047)
GOV	0.193*** (8.761)	0.368*** (4.094)	0.568*** (5.853)	1.075*** (10.384)	1.375*** (9.898)	2.052*** (8.400)

注：*** 表示 P<0.001，** 表示 P<0.01，* 表示 P< 0.05。

从各项指标来看，人口密度、人均受教育年限、人均政府财政收入对于均等化公共文化服务水平都具有正向的影响。在这三个正向影响因素中对于均等化公共文化服务水平影响最大的是人均政府财政收入，文化事业基本的资金来源为政府财政投入，资金的充裕程度又决定了当地公共文化服务体系中的人员投入水平、基础文化设施建设等，因此政府对于公共文化服务体系的支持力度是决定均等化公共文化服务水平最为重要的核心因素。面板分位回归计算结果显示各分位点下影响因素人口密度的系数都为正，说明当人口聚集程度较高时，政府对于该地区的公共文化资金投入、人员投入、文化设施投入、公共文化活动次数都会增加，因此均等化公共文化服务水平也随之提高。居民受教育年限对于均等化公共文化服务水平的正向影响也十分明显。基尼系数、人均居民文教娱乐消费现金支出对于均等化公共文化服务水平具有负向影响。这一计算结果说明一方面当收入差距扩大时社会资源分配不均衡会导致社会整体文化需求下降进一步导致均等化公共文化服务水平下降，另一方面由于替代效应当个人文化消费支出增加时，社会对于公共文化产品需求下降会带动均等化公共文化服务水平降低。从传统面板回归的结果来看，只有人均受教育水平和财政收入水平对于均等化公共文化服务水平影响较大。面板分位回归模型的结果表明各影响因素对于不同水平下均等化公共文化服务的作用程度存在不同，实证结果显示与传统面板回归模型相比面板分位回归模型能够更加充分利用数据：从影响因素作用的变动趋势来看，人口密度、人均受教育年限对于均等公共文化服务水平的影响程度都是先降后升，说明较高分位或者较低分位的均等化公共文化服务水平受人口密度和教育水平的影响更大。与人口密度和人均受教育年限不同，人均居民消费支出、基尼系数对于均等化公共文化服务水平的影响是先升后降，对于处于中等以及较高水平均等公共文化服务水平影响最大。在10%分位点处，这些省（市）均等化公共文化服务水平处于全国最低水平，在该分位点处对均等化公共文化服务水平的影响最大的是人均政府财政收入和居民人均受教育年限。当其他条件不发生改变时，人均政府财政收入每提高1%均等化公共文化服务水平就提高0.368%。在25%分位点处的省（市）均等化公共文化服务水平处于全国较低水平，在该分位点处对均等化公共文化服务水平的影响最大的是人均政府财政收入，当其他条件不发生改变时人均政府财政收入每提高1%均等化公共文化服务水平就提高0.568%。在50%分位点处的省（市）均等化公共文化服务水平处于全国中等水平，在该分位点处人均政府财政收入、居民人均受教育年限、基尼系数、人均居民文教娱乐消费现金支出对均等化公共文化服务水平的影响较大，人均政府财政收入对于此均等化公共文化服务水平的影响变大，人均政府财政收入每提高1%均等化公共文化服务水平就提高1.075%，居民人均受教育年限每提高1%均等化公共文化服务水平就提高0.370%，基尼系数每提高1%均等化公共文化服务水平就下降0.210%，人均居民文教娱乐消费现金支出对于均等化公共文化服务水平有负向的影响，每增加1%均等化公共文化服务水平就下降0.275%。在75%分位点处的省（市）均等化公共文化服务水平处于全国较高水平，在该分位点处人均政府财政收入、居民人均受教育年限、基尼系数、人均居民文教娱乐消费现金支出对均等化公共文化服务水平的影响较大，从数据分析结果上来看环境影响因素对于均等化公共文化服务水平的影响程度变大。在90%分位点处的省（市）均等化公共文化服务水平处于全国最高水平，在该分位点处人均政府财政收入、居民人均受教育年限、基尼系数、人均居民文教娱乐消费现金支出对均等化公共文化服务水平的影响较大并且这些影响因素对于均等化公共文化服务水平的影响程度进一步变大。

综上，基于我国31个省2016—2017年的数据，利用面板分位回归模型分析我国均等化公共文化服务水平的影响因素及作用机制。结果表明，面板分位回归可以比普通面板回归提供更为全面的信息，对于均等化公共文化服务水平处于不同水平的城镇居民，各驱动因素的影响程度存在差异，在 10％分位点和 25％分位点处均等化公共文化服务水平最主要受人均政府财政收入影响，其他因素的影响作用不显著。在 50％分位点、75％分位点和 90％分位点处对于均等化公共文化服务水平产生显著影响的要素增多，人均政府财政收入、居民人均受教育年限、基尼系数、人均居民文教娱乐消费现金支出对均等化公共文化服务水平影响显著。

第五章　中国区域文化消费水平研究

随着我国经济社会的高速发展，我国居民的收入水平和消费水平不断提升，我国居民的文化需求日益旺盛。根据需要满足的层次，美国经济学家马斯洛把人的需要分为5个层次，即生理需要、安全需要、社交需要、尊重需要和自我实现需要；后来又把人的需要增加为7个层次，其中生理需要、安全需要、社交需要属于初级需要，尊重需要和自我实现需要属于中级需要，而求知需要和求美需要属于高级需要。继马斯洛之后，美国心理学家奥德费（C. P. Alderfer）于1969年在《人类需要新理论的经验测试》一文中又对需要层次进行了补充，把人的需要按照其性质压缩为三种（ERG论），即生存需要（existence wants）、相互关系的需要（relatedness wants）和成长发展的需要（growth wants）。在满足需求的基础上，根据需求理论、ERG奥德费的层次理论和马斯洛的需求层次，逐渐实现从低到高的消费水平。消费需求发展的梯度递进或上升规律是经济社会生产力发展的自然历史过程。当人们的基本需要得到满足后，必然去追求身心健康、精神充实、自我修养等高层次的精神需要。因此，在生产力水平迅速提升、经济水平高度发达、物质产品异常丰富的今天，人们的消费水平已经超过满足基本生存功能的需要，希望获得更多的精神满足、享受和发展的高层次的消费，而文化消费正是这样的一种消费模式。

文化消费对于我国经济社会发展具有重大意义。首先文化消费对于我国经济发展具有积极作用。文化消费是居民消费的重要组成部分，在我国市场经济发展初期由于人民的物质生活水平较低，文化需求不旺盛，文化消费的经济效应不突出；但随着我国经济水平和生活水平的提高，文化消费占居民总消费的比重日趋上升，文化消费的经济价值日益凸显。文化消费水平提升不仅能够促进我国居民消费总量提升，还能够促进居民消费结构不断优化。文化消费水平的提升不仅能够扩大消费，还能够促进我国经济总量增长，有提质增效的作用。其次，文化消费对于文化生产具有重要的影响作用。生产与消费相互依赖、相互推动、密不可分，文化消费必然对文化生产具有重要影响。作为文化生产链条的终端环节文化消费是文化生产的内生动力，对于文化生产具有决定作用。尤其是对于文化产业来说，文化消费作为文化产品和服务价值实现的环节具有优化文化产业结构、推动文化产业升级、拓展文化产业新领域、催生文化产业新业态、拉长文化产业链条的重要作用。文化生产也反作用于文化消费，文化生产繁荣同时也能够促进文化消费，因此两者之间互相促进同时互相制约。因此，提升文化消费水平能够直接促进我国文化产业和文化事业发展，也是突破文化产业和文化事业发展瓶颈的重要手段。再次，文化消费具有积极的社会效应。文化消费与其他消费不同的是文化消费在形成社会共同价值观、满足人民精神文化需求、提升人民整体文化素质、增强社会文明程度、促进社会和谐发展等方面具有重要作用，这些作用形成合力成为推动我国社会健康和谐发展的精神动力与支撑。根据发达国家的历史经验，人均 GDP 达5 000 美元文化消费将呈现爆发式增长。2015 年我国人均 GDP 已超过 7 000 美元，居民文化消费水平虽呈现增长趋势但并未呈现爆发式增长。相关研究表明，在人均 GDP 同等水平下，我国的文化消费仅为发达国家的 30%，我国居民文化消费水平与其他国家相比还处于较低水平。因此本章对影响文化消费水平的因素进行系统分析，从而找出提升文化消费水平的途径，这对于促进文化产业和文化事业健康发展、提升我国文化整体实力具有重要的研究意义。

一、文化消费水平影响因素文献研究

我国学者对居民文化消费影响因素方面研究的文章较多，各自从不同的角度分析了各因素对文化消费的影响：雷五明通过对武汉市城镇居民的文化消费水平和消费者基本情况的问卷调查走访后，以社会各阶层和劳动对象为研究样本，发现武汉市居民的文化消费的影响因素主要是可支配收入、职业类别和文化教育水平等。邹晓东、苏永军基于上海市 1993—1998 年居民消费及文化消费支出情况，分别从文化消费能力、文化消费意愿和文化消费机会三个方面分析研究了上海居民的可支配收入、受教育水平和文化消费投入三个因素对文化消费支出的存量和增量的影响，结果表明，收入、教育和投资均存在显著影响，且收入是其中最重要的因素。龙志从宏观角度出发，基于扩展线性支出系统方法，对我国文化消费结构的变动情况和影响因素做了静态和动态分析，研究认为，文化消费的影响因素主要涵盖经济发展程度和社会制度因素两个方面。徐萍根据陕西省文化产业和文化消费现状，认为陕西省文化产业的发展过程中存在文化产业规模偏小、文化基础设施缺乏和文化结构严重失衡等问题，而文化消费是文化产业结构的重要组成部分，通过分析研究表明陕西省的文化消费水平主要由可支配收入、文化基础设施投入和管理体制等因素决定。陈海波等通过问卷调研的形式，对江苏省镇江市居民的文化消费意向情况进行了研究，利用最优尺度回归模型分析了镇江市居民文化消费的意向的影响因素及原因所在，且考虑的影响因素非常全面广泛。实证结果表明，镇江市居民文化消费支出水平的主要影响因素是个人消费偏好、受教育程度、年龄、文化产品种类、基础设施建设、消费场所距离、亲戚朋友的消费观、月消费支出和媒体广告宣传等。冯神基于对北京市城镇居民文化消费现状和历史发展的描述分析，从供给、需求、价格和政策四个方面探讨了北京市居民文化消费支出的影响因素。他研究认为，这四类因素均对文化消费起着显著影响作用，其中供给因素包括文化产品种类、文化消费设施建设等，需求因素包括收入水平、受教育程度等，价格因素包括文化产品价格、物价指数等，政策因素包括人口、教育政策、文化体制改革等。鲁虹、李晓庆根据上海市文化消费相关数据，基于长期协整和误差修正模型方法，实证分析了上海城镇居民文化消费的影响因素和长期变动关系，结果发现政府对文化事业的投入支出和文化产品的价格均对上海市城镇居民的文化消费存在显著的正向促进作用，且对长期均衡具有很强的调整作用。聂正彦、苗红川选取了我国 31 个省市自治区相关统计数据，并将 31 省市划分为东、中、西三个经济区域，进而探究了我国城镇居民文化消费的影响因素以及各区域之间的差异。研究表明居民收入、个人习惯、购房支出和医疗消费支出都对文化消费支出具有显著影响，但上述因素分别对东、中、西区域的影响存在明显差异。管敏媛、魏丽云等以江苏省 474 个农村家庭的文化消费情况为例，并依据文化消费支出数据分为低、中、高三类，分析了我国文化消费的结构差异和影响因素。他们研究总结得出文化消费结构的影响因素主要包括家庭因素和社区因素，主要表现为农村地区家庭收入水平和文化消费基础设施建设。马玉琪、扈瑞鹏利用我国省际面板数据，根据文化消费支出水平，将各省市自治区划分为高、中、低三类，并基于面板分位回归方法，探讨了我国各类地区的文化消费影响因素和影响差异。他们得出结论：对于不同地区不同消费支出水平下的城镇居民文化消费，居民可支配收入、政府文化事业投入和受教育水平三个因素对其影响程度确实存在着显著差异。从上述各学者对文化消费影响因素的研究文献来看，分析考虑的因素十分全面，涵盖家庭状况、个人偏好、消费习惯、社会环境、地域差异、政治制度和文化政策等，主要的影响因素有可支配收入、文化层次、文化产品价格和社会文化产品供给。

从现有的研究文献中不难发现文化消费研究主要停留在理论研究层面，并且文化消费水平影响因素实证研究中没有针对不同文化消费水平受环境影响因素的不同影响进行分析。本章首先对中国区域文化消费水平现状进行分析，其次在梳理先前文献的基础上总结了文化消费影响因素理论，采用面板分位回归模型基于 2008—2017 年 31 省文化消费数据分析我国居民文化消费影响因素及作用机制。

二、中国区域文化消费水平现状分析

（一）中国区域文化消费力差异

2016 年城镇居民人均文化教育娱乐消费支出为 2 638 元，较上年平均增长 10.7%。从各省市情况看，上海、北京、浙江、湖南、江苏、广东的人均文教娱乐消费较高，均超过 3 000 元，依次位于全国前 6 名，与上年排名前 6 的地区完全吻合，说明这 6 个地区的文化消费水平保持全国稳定的增长速度。其中上海和北京的人均文化消费达到 4 534 元、4 055 元。从地理位置看，除了湖南，其余五个地区均处于东部地区。不过这并不意味着东部沿海省份的人均文化消费水平就高。山东、河北、海南虽均属于东部沿海地区，但人均文化消费水平远低于全国水平，在各省市排名中处于第 16、28、30 的位置。从排名在 20 位之后的省份看，大多地处中西部地区，其中排名最后的是西藏地区，仅为 923 元。

2016 年我国不同地区人均文化消费水平见表 5－1。

表 5－1　2016 年我国不同地区人均文化消费水平　　金额单位：元

地区	消费	排名	地区	消费	排名
上　海	4 534	1	吉　林	2 368	17
北　京	4 055	2	青　海	2 353	18
浙　江	3 452	3	甘　肃	2 322	19
湖　南	3 406	4	安　徽	2 233	20
江　苏	3 164	5	重　庆	2 232	21
广　东	3 103	6	湖　北	2 228	22
辽　宁	3 019	7	云　南	2 217	23
天　津	2 644	8	河　南	2 079	24
内蒙古	2 599	9	黑龙江	2 012	25
贵　州	2 494	10	四　川	2 008	26
陕　西	2 474	11	广　西	2 003	27
福　建	2 462	12	河　北	1 991	28

续表

地区	消费	排名	地区	消费	排名
山　西	2 439	13	江　西	1 964	29
宁　夏	2 416	14	海　南	1 931	30
新　疆	2 405	15	西　藏	923	31
山　东	2 399	16	全　国	2 638	—

将地区划分为华北、华东、华中、华南、西北、西南、东北七个区域。2012—2016 年，华东和华北地区的人均文化消费水平均超过全国，且华东地区人均文化消费水平最高。以 2016 年为例，华东地区人均文化消费支出为 2 887 元，比全国平均水平高出 249 元，这与排名前 6 的上海、江苏、浙江均处于华东地区有关。华北地区则是以北京为首拉动这一区域文化消费水平的增长。华中和东北地区这五年来人均文化消费水平均处于中间位置，其中华中地区以湖南为领头羊，东北地区以辽宁为领军。西北、华南、西南地区的人均文化消费水平较低，除了 2013 年外，其他四个年份西南地区的人均文化消费水平均处于倒数第一的位置，而西北和华南则出现了相反的发展情况。西北地区发展势头强劲，2012—2014 年虽然仍处于倒数第二的位置，2014 年之后开始反超华南地区，直逼东北地区的文化消费水平。

2012—2016 年我国各区域人均文化消费水平如图 5-1 所示。

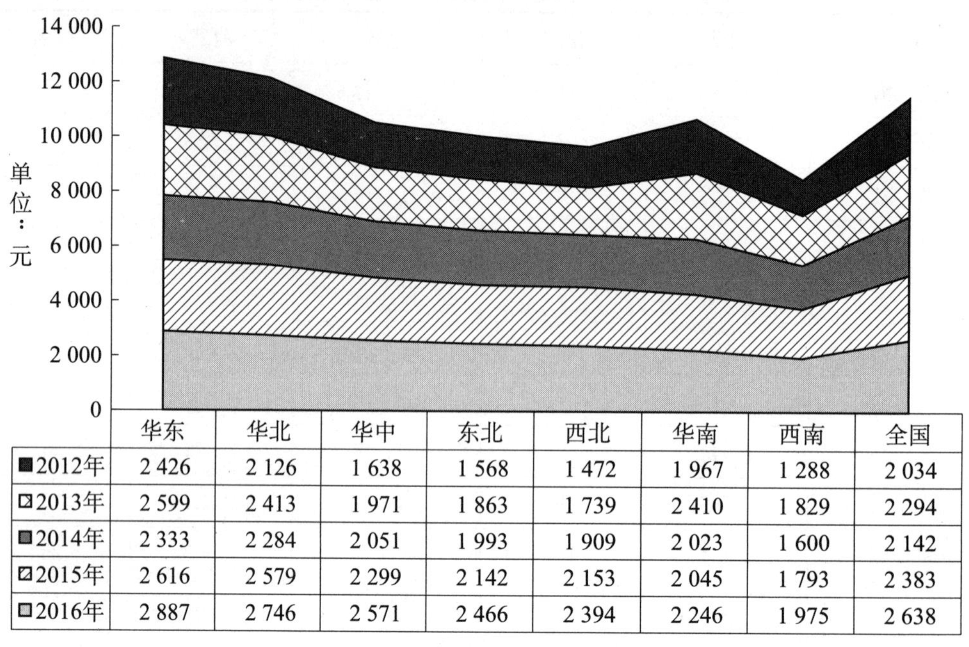

	华东	华北	华中	东北	西北	华南	西南	全国
2012年	2 426	2 126	1 638	1 568	1 472	1 967	1 288	2 034
2013年	2 599	2 413	1 971	1 863	1 739	2 410	1 829	2 294
2014年	2 333	2 284	2 051	1 993	1 909	2 023	1 600	2 142
2015年	2 616	2 579	2 299	2 142	2 153	2 045	1 793	2 383
2016年	2 887	2 746	2 571	2 466	2 394	2 246	1 975	2 638

图 5-1　2012—2016 年我国各区域人均文化消费水平

（二）中国区域文化消费力增长率差异

表 5－2 为 2016 年各地区人均文化消费同比增长速度，其中全国的增长率为 10.7%。有 16 个地区的增长率超过全国，其中，辽宁和西藏的增长率均超过 20%。15 个低于全国人均文化消费增长率的地区中有 9 个低于 7%，分别是云南、河北、福建、江西、河南、内蒙古、江苏、宁夏、北京，其中北京的增长速度最低，仅为 0.7%。

对比表 5－1 和表 5－2 的数据可以看出，高于全国人均文化消费水平的 6 个省中，浙江、广东、湖南、上海的增长率均高于平均水平，仅有北京和江苏的增长率最低，排在 31 个省的倒数第一和倒数第三。人均文化消费支出处于末尾位置的西藏和海南则呈现了较为强劲的增长势头，增长率分别为 21.7%和 19.4%，处于增长率排名第二和第三的位置。

表 5－2　各地区人均文化教育娱乐增长速度

排名	地区	增长速度（%）	排名	地区	增长速度（%）
1	辽　宁	24.8	17	山　西	10.5
2	西　藏	21.7	18	吉　林	9.5
3	海　南	19.4	19	黑龙江	8.9
4	安　徽	16.7	20	广　西	8.6
5	浙　江	16.5	21	贵　州	7.8
6	青　海	16.3	22	四　川	7.8
7	广　东	16.2	23	云　南	6.6
8	湖　南	16.1	24	河　北	6.4
9	天　津	15.8	25	福　建	6.4
10	重　庆	14.4	26	江　西	4.8
11	新　疆	14.2	27	河　南	4.4
12	甘　肃	13.6	28	内蒙古	3.8
13	湖　北	13.0	29	江　苏	3.4
14	陕　西	12.4	30	宁　夏	1.1
15	山　东	12.1	31	北　京	0.7
16	上　海	12.0			

图 5－2 为 2013—2016 年各地区人均文化消费支出的同比增长率。2013 年，除了华东地区增长率低于全国水平外，西南、华南、西北、东北、华北地区的增长率均远超全国水平，特别是西南地区，虽然人均文化消费排名最末，但增长率却达到了

42%，发展势头强劲。2014 年全国文化消费负增长，增长率为−6.6%，华南、西南、华东地区增长率远低于全国水平，其中华南地区负增长程度最大，为−16.1%。只有西北、东北、华中地区人均消费正向增长，其中西北地区的增长率最高，为 9.8%。2015 年，全国人均文化消费增长率回正，达到 11.2%，除了东北、华南地区增长率较低外，其他各地区的增长率均在 12%上下波动，其中华东和西南地区的增长速度最高。2016 年，华北、华南、华东、西南地区的增长率低于全国水平，特别是华北地区仅为 6.5%，而华中、西北、东北地区的增长率较高，特别是东北地区的增长率达到 15.1%。

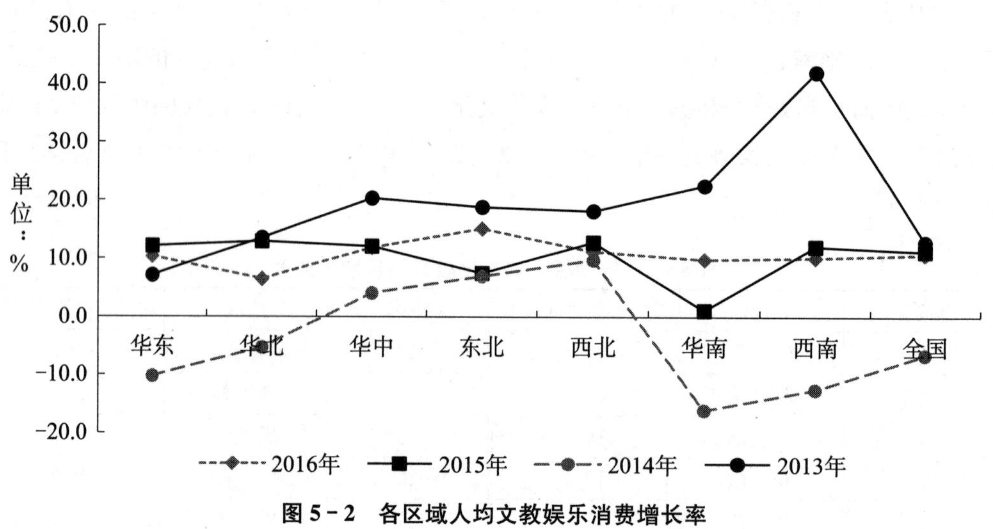

图 5-2　各区域人均文教娱乐消费增长率

（三）中国区域文化消费力倾向差异

如图 5-3 所示，从整体看，我国各个地区的人均文化消费支出占消费总支出的比例均在 9%～13%。2014—2016 年，华中、西北、东北地区的人均文化消费占比均超过全国水平，其中华中地区的占比均处于第一位置。除了 2013 年，西南地区的文化消费占比均处于全国最低水平。

综上所述，居民人均文教娱乐消费水平区域发展不平衡，从总量上看，呈现出华东、华北地区人均文化消费水平高，西北、华南、西南地区文化消费水平偏低的现状；从增长率看，西北地区发展势头强劲，而华东地区增速变缓；从人均文化消费占比看，华中地区文化消费占比较高，西南地区则偏低。总之，华东地区占据高地，但发展疲软；西北地区奋起直追，势头强劲；西南地区处于弱势，发展缓慢。

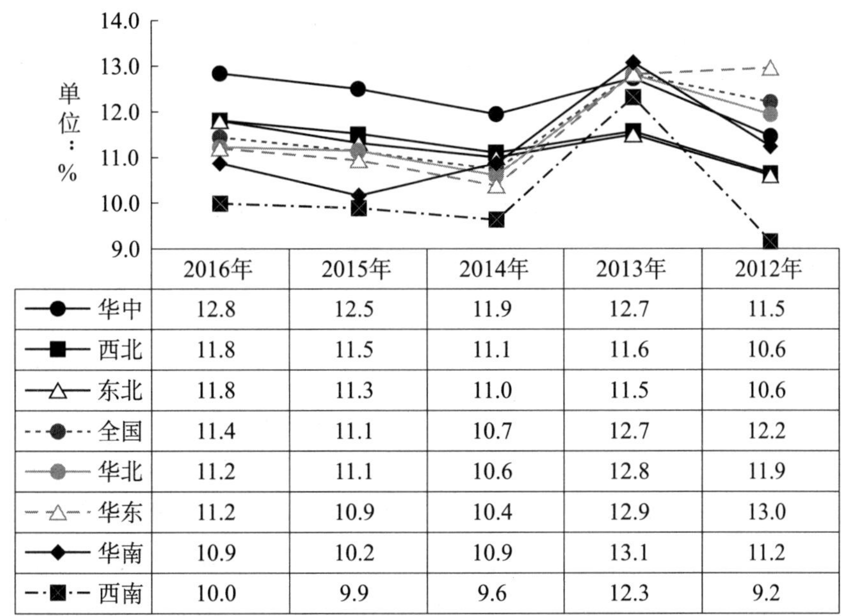

	2016年	2015年	2014年	2013年	2012年
华中	12.8	12.5	11.9	12.7	11.5
西北	11.8	11.5	11.1	11.6	10.6
东北	11.8	11.3	11.0	11.5	10.6
全国	11.4	11.1	10.7	12.7	12.2
华北	11.2	11.1	10.6	12.8	11.9
华东	11.2	10.9	10.4	12.9	13.0
华南	10.9	10.2	10.9	13.1	11.2
西南	10.0	9.9	9.6	12.3	9.2

图 5-3　各区域人均文教娱乐消费增长率

(四) 中国区域文化消费特征——以北京为例

根据课题组进行的 2016 年北京市居民生活时间分配调查数据显示，北京市居民 2016 年平均文化休闲消费支出为 16 898 元，五种文化休闲活动类型中，平均花费最多的项目是文化类旅游活动（以下简称旅游活动），达到 9 986 元，其次是文化类兴趣娱乐活动（以下简称兴趣娱乐活动）2 869 元，文化类学习研究活动（以下简称学习研究活动）1 469 元，文化类体育活动（以下简称体育活动）1 044 元，花费最少的活动是文化类公益活动（以下简称公益活动）276 元。

北京市居民 2016 年文化休闲消费支出描述见表 5-3。

表 5-3　北京市居民 2016 年文化休闲消费支出描述　　单位：元

项目	花费
体育活动	1 044
兴趣娱乐活动	2 869
学习研究活动	1 469
公益活动	276

续表

项目	花费
旅游活动	9 986
总平均花费	16 898

以下分别就体育活动、旅游活动、兴趣娱乐活动、学习研究活动、公益活动五种类型描述居民文化休闲消费支出特点。

1. 体育活动

（1）各项体育活动消费支出。

图 5－4 为各项体育活动的平均花费和参与率。从平均花费看，最多的项目是登山，达到 173 元；最低的则是排球，仅为 2 元。按照平均花费的高低，将这 18 项体育活动划分成四类。其中，平均花费在 0～20 元的体育活动包括排球、太极拳、轻体操、足球、网球、篮球；平均花费在 20～50 元的活动有滑冰、长跑、乒乓球、散步、保龄球；平均花费在 50～100 元的活动有跳舞、滑雪、健美体操；平均花费在 100 元以上的项目有钓鱼、羽毛球、游泳、登山。从参与率来看，参与率最高的项目是登山活动，达到 77％；参与率最低的项目为排球活动，仅为 1.3％。按照参与率高低同样将体育活动分成四类。其中，参与率在 5％以下的活动有排球、轻体操、网球、保龄球、太极拳、足球；参与率在 5％～10％的活动有健美体操、滑冰、滑雪；参与率在 10％～20％的活动有跳舞、钓鱼、篮球、乒乓球；参与率在 20％以上的活动有长跑、登山、游泳、羽毛球、散步。

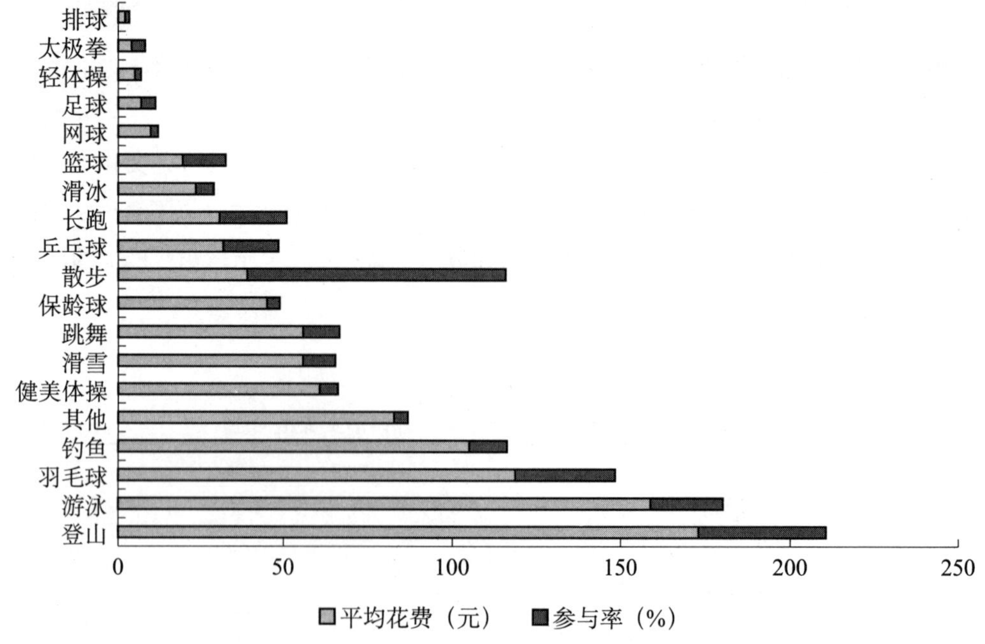

图 5－4　各项体育活动的平均花费和参与率

从以上划分可以看出，存在参与率与平均花费双低的活动，也有参与率和平均花费双高的活动，还有参与率低但平均花费高、参与率高但平均花费低的项目。绘制散点图，如图 5－5 所示，结合这两个指标，可将体育休闲活动划分成五个类型。

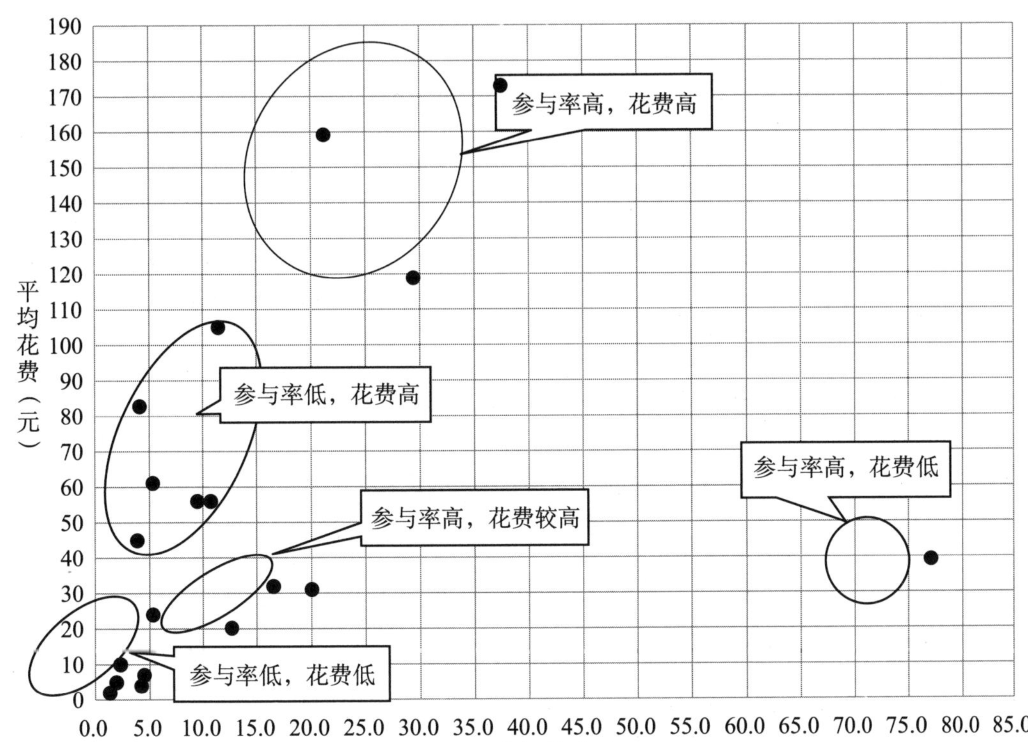

图 5－5　按平均花费和参与率划分的体育活动类型

第一，参与率低、花费低的“双低”体育活动。

如图 5－5 所示，集中在左下角的体育活动参与率均在 0～5%，且平均花费大多数集中于 10 元以下，属于参与率和平均花费双低的活动，这包括足球、网球、排球、轻体操、太极拳、滑冰。

第二，参与率较低、花费较高的体育活动。

该类型活动的参与率大多数处于 5%～10%且平均花费在 40 元以上，包括钓鱼、保龄球、健美体操、滑雪、跳舞活动。要进行类型活动需要一定的装备和场地设施。

第三，参与率较高、花费较高的体育活动。

该类型活动的参与率集中在 15%以上且平均花费在 30 元以上，包括篮球、乒乓球、长跑活动。

第四，参与率高、花费高的体育活动。

该类型活动的参与率在 30%以上且平均花费在 120 元以上，包括登山、羽毛球、游泳活动。该类活动受众广、参与频次高，因此平均花费水平也相对较高。

第五，参与率高、花费低的体育活动。

该类型体育活动只包括散步活动，该活动的参与率达到了77%，但平均花费仅为39元。

（2）不同群体体育消费支出特点。

男性体育消费水平显著高于女性，其中男性体育消费水平为1 237.4元，女性为849.5元。从体育项目偏好看，男性比女性更喜欢的项目有羽毛球、篮球、足球、网球，而女性比男性更喜欢的项目有健美操、跳舞、滑雪，男女都喜欢的项目则有乒乓球、排球、保龄球、游泳、滑冰、登山、长跑、轻体操。

表5-4为不同年龄群体体育消费支出情况。随着年龄的增长，体育消费同样呈现倒"V"字形分布。从19岁以下的441元体育消费逐渐提高到40～49岁的1 318元，然后开始下降直至60岁以上达到最小值427元。

表5-4 不同年龄群体体育消费支出情况

年龄	体育消费支出（元）
19岁以下	441
20～24岁	817
25～29岁	1 220
30～39岁	1 299
40～49岁	1 318
50～59岁	1 030
60岁以上	427

以下根据平均花费和参与率分析不同年龄群体体育消费特点，见图5-6至图5-12。

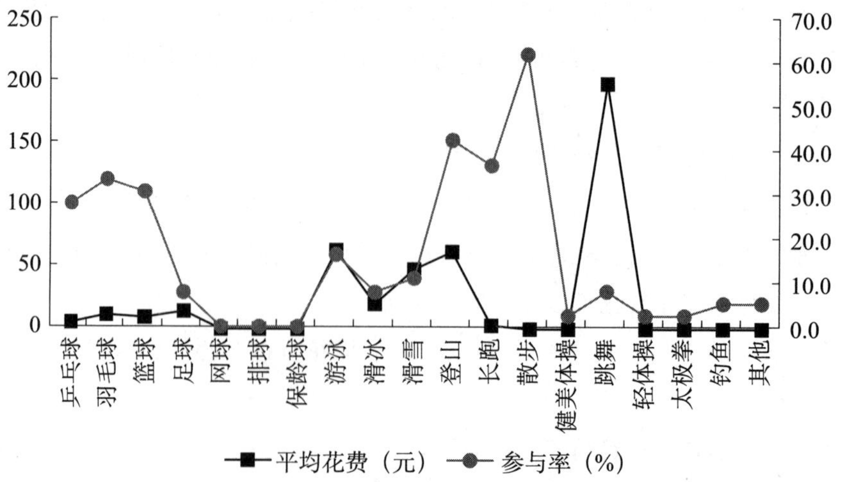

图5-6 19岁以下群体不同体育活动平均花费和参与率

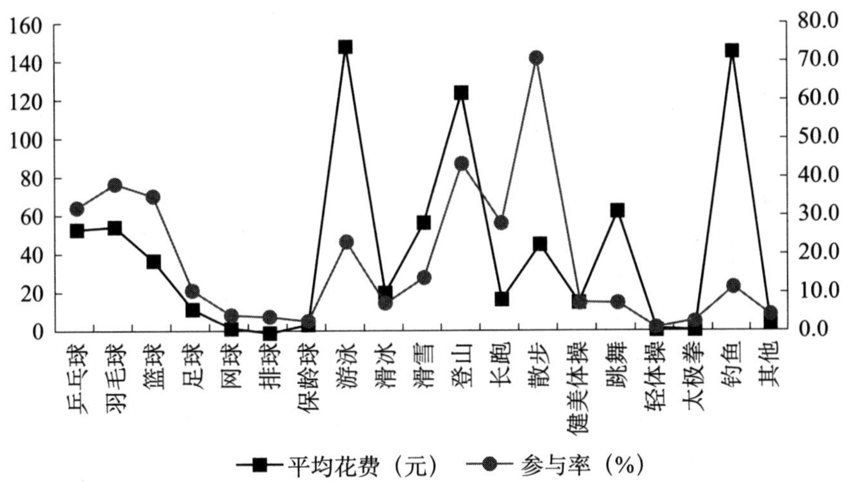

图 5－7　20～24 岁群体不同体育活动平均花费和参与率

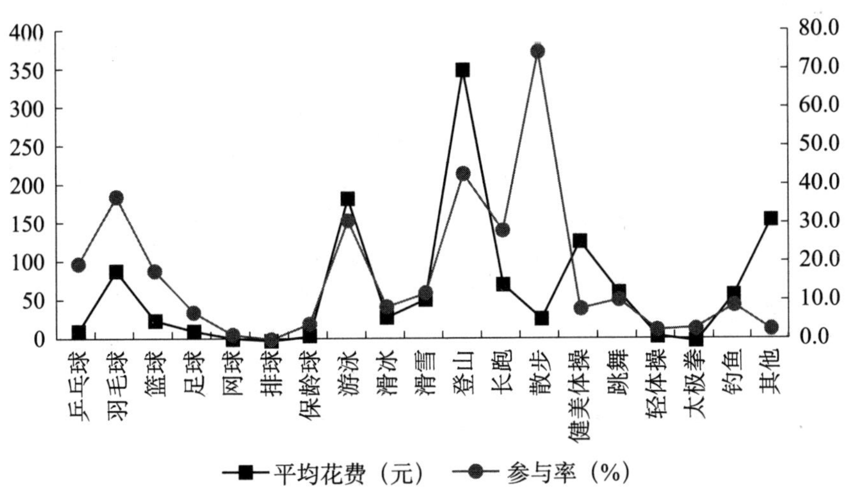

图 5－8　25～29 岁群体不同体育活动平均花费和参与率

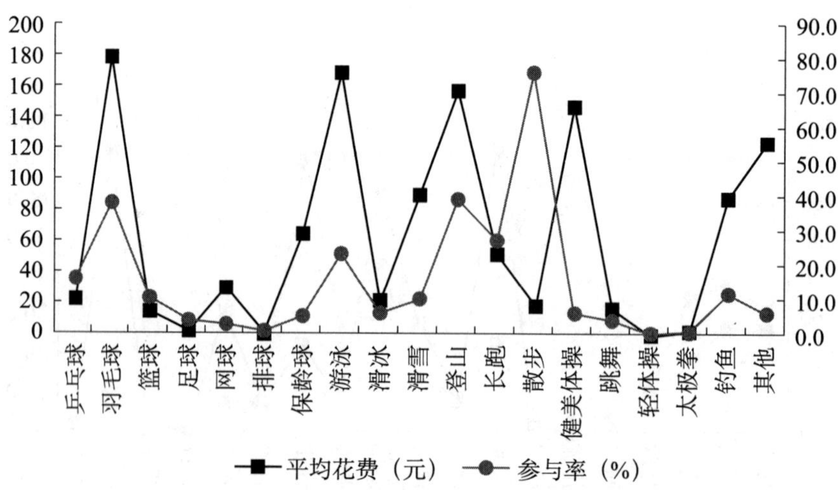

图 5-9　30～39 岁群体不同体育活动平均花费和参与率

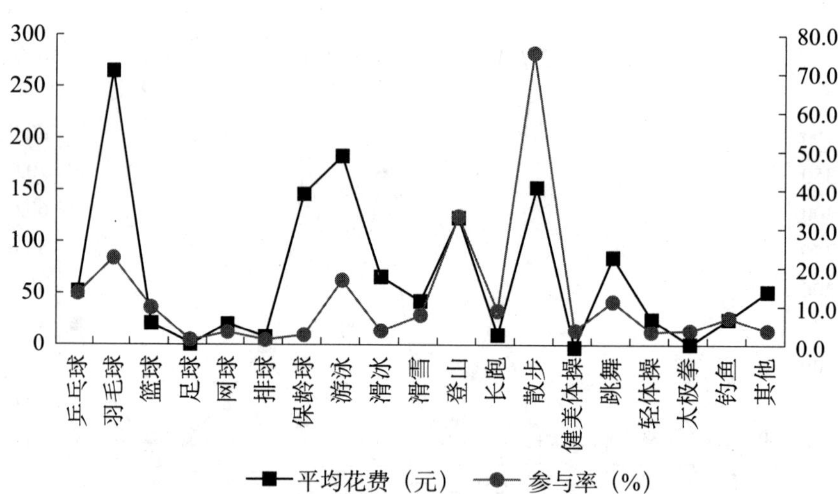

图 5-10　40～49 岁群体不同体育活动平均花费和参与率

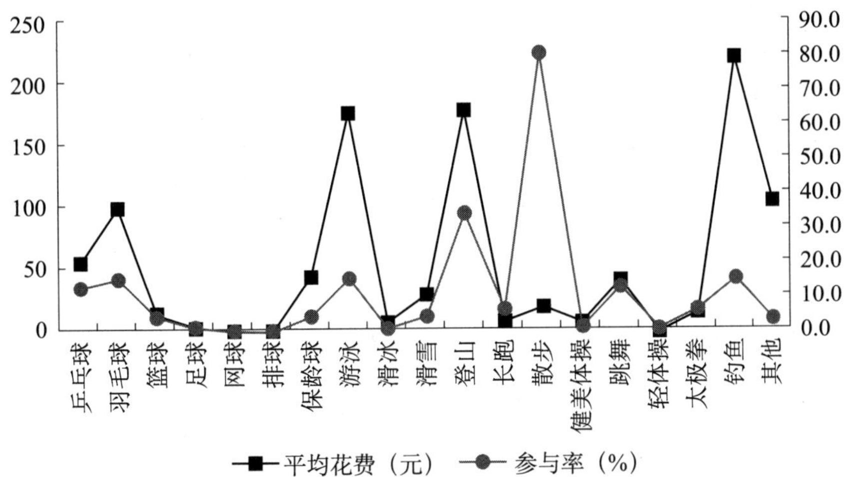

图 5-11　50～59 岁群体不同体育活动平均花费和参与率

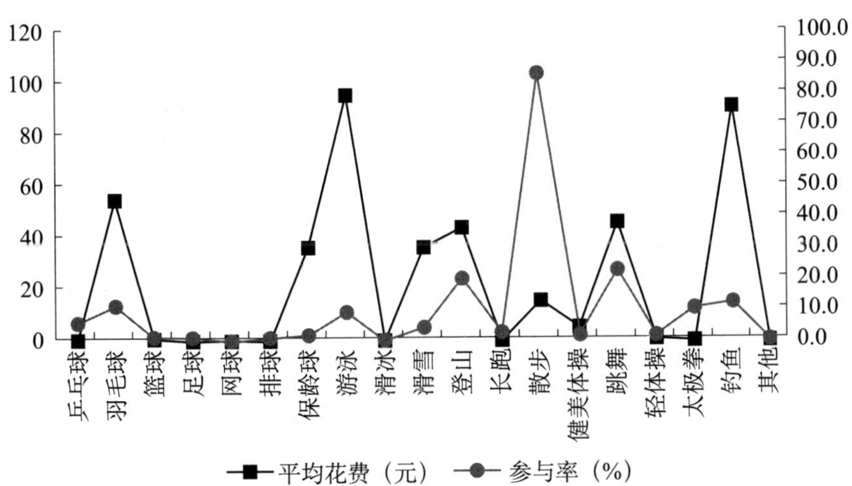

图 5-12　60 岁以上群体不同体育活动平均花费和参与率

19 岁以下群体偏好传统型体育活动，但体育消费支出较低。数据显示，与其他年龄段相比，19 岁以下群体在乒乓球、羽毛球、篮球、足球等传统体育项目上参与率最高。滑冰、滑雪、登山、长跑、轻体操也是该群体偏向参与的活动。但是从平均花费看，该群体在这些活动上进行的消费支出很低，均低于平均水平。

20～24 岁群体体育活动兴趣广泛，在传统体育项目上花费最多。该群体同样偏好传统型体育活动，在这些活动上都有较高的参与率。此外，该群体在滑冰、滑雪、登山、长跑、健美体操活动上有更高的参与率，可见该群体体育活动兴趣广泛。但是该群体更倾向在传统项目上多花钱。

25～29 岁群体更偏好新奇的体育活动。同 20～24 岁群体类似，该群体体育活动兴趣广泛，传统和新兴体育活动都不在话下。有所不同的是，该群体更乐于在新奇体育活动上进行花费，例如长跑、登山等活动。

30～39 岁群体偏好需要设施的体育活动。该年龄群体在乒乓球、羽毛球、网球、保龄球、游泳、滑冰、登山、长跑、健美体操活动上有较高参与率，但在体育消费支出上，该群体在需要场地设施的活动方面消费较高，例如网球、游泳、滑雪、健美体操。

40～49 岁群体各项活动参与率不高，但体育消费支出水平最高。与其他年龄层相比，该群体仅在轻体操活动上有最高参与率，但却在乒乓球、羽毛球、网球、排球、保龄球、游泳、滑冰、散步、跳舞、轻体操 10 项活动上的花费最高。

50 岁以上群体偏好散步、跳舞、太极拳、钓鱼活动，体育消费支出低。与其他年龄群体相比，50 岁以上群体仅在散步、跳舞、太极拳、钓鱼活动等简单式体育活动上有最高的参与率，且在各项体育活动的消费支出都最低。

2. *旅游活动*

2016 年北京市居民旅游活动参与率为 89%，超过了 2011 年的 84.7%。其中，有过市内游览经历的占 46.5%，有过与家庭成员一起的国内旅游、单位组织的国内旅游、和朋友一起的国内旅游、一个人的国内旅游、回过老家经历者分别为 42.9%、23.4%、32.8%、10.2%、50.2%。另外，有过国内业务出差、研修经历的人占 14.6%；有过国外观光旅游的人占 10.2%；有过国外业务出差、研修经历的人占 2.8%。除“当日返回的游玩”“单位组织的国内旅游”“国内业务出差、研修”三项外，其余各项的活动率均比 2011 年有所增加。

2011 年和 2016 年北京市居民旅游活动参与率比较见表 5－5。

表 5－5　2011 年和 2016 年北京市居民旅游活动参与率比较　　单位：%

年份	当日返回的游玩	家庭国内旅游	单位组织的国内旅游	和朋友一起的国内旅游	一个人的国内旅游	回老家	国内业务出差、研修等	国外观光旅游	国外业务出差、研修等
2011	58.0	32.4	27.7	29.9	5.5	43.0	16.8	5.3	2.7
2016	46.5	42.9	23.4	32.8	10.2	50.2	14.6	10.2	2.8

从旅游花费看，2016 年北京市居民人均旅游花费 9 768 元，与 2011 年相比增长了 34.0%，年平均增长率为 6.1%。花费构成中，一日游花费 910 元，国内游花费7 173 元，出境游花费 1 685 元。与 2011 年相比，国内游花费涨幅最大，达到 36.1%，年平均增长率为 6.2%。

从性别资料看，除了“国内业务出差、研修”与“国外业务出差、研修”项目，女性的旅游活动参与率均高于男性群体。特别是“当日返回的游玩”活动与“和朋友一起的国内旅游”参与率差异最大，女性比男性分别多出 12.6%、7.0%。与 2011 年相比，变化较大的为“和朋友一起的国内旅游”。2011 年，男性“和朋友一起的国内旅游”的活动参与率略高于女性，但都在 30%左右；而 2016 年则出现了相反的情形，女性“和朋友一起的旅游”的活动参与率则比男性高 7 个百分点。

2016 年北京市居民两性旅游活动参与率比较见表 5－6。

表 5－6　2016 年北京市居民两性旅游活动参与率比较　　单位：%

性别	当日返回的游玩	家庭国内旅游	单位组织的国内旅游	和朋友一起的国内旅游	一个人的国内旅游	回老家	国内业务出差、研修等	国外观光旅游	国外业务出差、研修等
女性	52.3	43.8	24.6	36.0	10.3	51.5	9.6	12.1	2.2
男性	39.7	41.8	21.9	29.0	10.2	48.8	20.4	8.1	3.4

“当日返回的游玩”活动，15～19 岁组最高，在过去的一年里参与过该项活动的人达 62.9%，接着随着年龄增加而减少，但是 60 岁以上者有过这种体验的人高于各年龄组的平均数达到 69%。同样，60 岁以上者家庭国内旅游、居委会等组织的旅游、国外观光旅游也分别高于各年龄组的平均数，达到 43.8%、11.5%、10.4%。

北京市居民分年龄组游览和旅游活动频率见表 5－7。

表 5－7　北京市居民分年龄组游览和旅游活动频率　　单位：%

年龄	当日返回的游玩	家庭国内旅游	居委会等组织的国内旅游	和朋友一起的国内旅游	国外观光旅游
19 岁以下	62.9	22.9	0.0	45.7	5.7
20～24 岁	57.6	31.2	3.2	51.2	11.2
25～29 岁	42.1	35.8	1.9	37.1	7.5
30～39 岁	44.5	50.5	0.0	33.0	9.3
40～49 岁	48.9	53.3	2.2	29.3	15.2
50～59 岁	41.8	48.9	4.3	24.1	11.3
60 岁以上	41.7	43.8	11.5	12.5	10.4

2016 年北京市居民年平均一日游次数为 2.3 次，其中 15.6%的受访者一日游次数超过 6 次。在一日游群体当中，女性占 60.6%；25～39 岁群体是一日游的主力，占到一日游人数的近 60%。2016 年，该群体一年用于一日游的花费为 1 956 元，人均每次花费 504 元，高于 2011 年人均花费 32 元。出游次数和人均花费的增多反映了居民出

游意愿的提高，这与北京市旅游公共服务建设日渐向好有关。十二五期间，北京市旅游产业发展引导资金重点支持全市标识标牌、旅游厕所、旅游步道、停车场等旅游公共服务设施配套项目 179 个，资助金额达 17.3 亿元。

2016 年北京市居民国内游出游率达到 84.5%，年平均国内游次数为 5 次，其中，家庭旅游次数为 1 次，和朋友出游次数 1 次，回家探亲 1 次，业务出差或研修 1 次。在出游群体当中，30～39 岁群体最多，达到 23.4%，这部分群体主要出行方式是家庭旅行；其次是 25～29 岁群体，占到 19.9%，该群体倾向与朋友一起旅行；50～59 岁群体也是出游的主力，占比达到 16.1%，家庭旅行和跟团游是该群体的主要出游方式。2016 年，国内游群体当中，一年用于国内旅游的花费为 8 529 元，是 2011 年的 1.6 倍，其中，人均每次家庭旅游花费 1 178 元，和朋友或独自一人出游花费 1 519 元，回家花费 1 752 元，业务出差、研修花费 851 元。北京市居民国内游消费的较快增长，一方面说明居民可支配收入的提高，另一方面也体现出在旅游目的地选择上距离因素的弱化。

在收入增长和旅游消费升级推动以及签证、航班等便利因素影响下，2016 年北京市居民出境游热度持续。调查显示 2016 年出境游比例为 11.8%，而 2011 年仅为 7.6%。在出境游群体中，年平均出境游次数为 2.2 次，由此推估北京出境游人数为 564.5 万人。出游群体中，62%是女性，28%是男性；女性是男性的 2 倍之多。虽然出境游人数仅占 11.8%，但是出境游消费占到旅游花费的 17.3%。在出境游群体中，一年用于出境游的花费为 16 700 元，其中平均每次用于观光旅游的费用为 11 417 元，用于业务出差、研修的费用为 11 029 元。70 后、80 后是北京市居民出境游的中坚力量，占比达到 62%。

3. 兴趣娱乐活动

2016 年有 84.8%的群体从事自己喜爱的兴趣娱乐活动，平均花费为 2 785 元。

从不同兴趣娱乐活动的参与率看，按照由高到低进行排序，依次是电影鉴赏（48.4%）、网上消费（32.7%）、作为兴趣的读书（29.3%）、电子游戏（27.3%）、烹饪（26.5%）、扑克（25.4%）、麻将（20.8%），其余活动的参与率均低于 10%。可见，参与率高的活动绝大部分是传统类娱乐消遣性活动，而参与率低的活动绝大部分是怡情养身、陶冶情操的活动。参与率高的活动平均花费水平并不一定最高。从平均花费看，花费最高的活动是做菜烹饪、网上消遣、演唱会、乐器演奏、音乐会、打麻将。

2016 年北京市居民各种兴趣娱乐活动平均花费和参与率如图 5－13 所示。

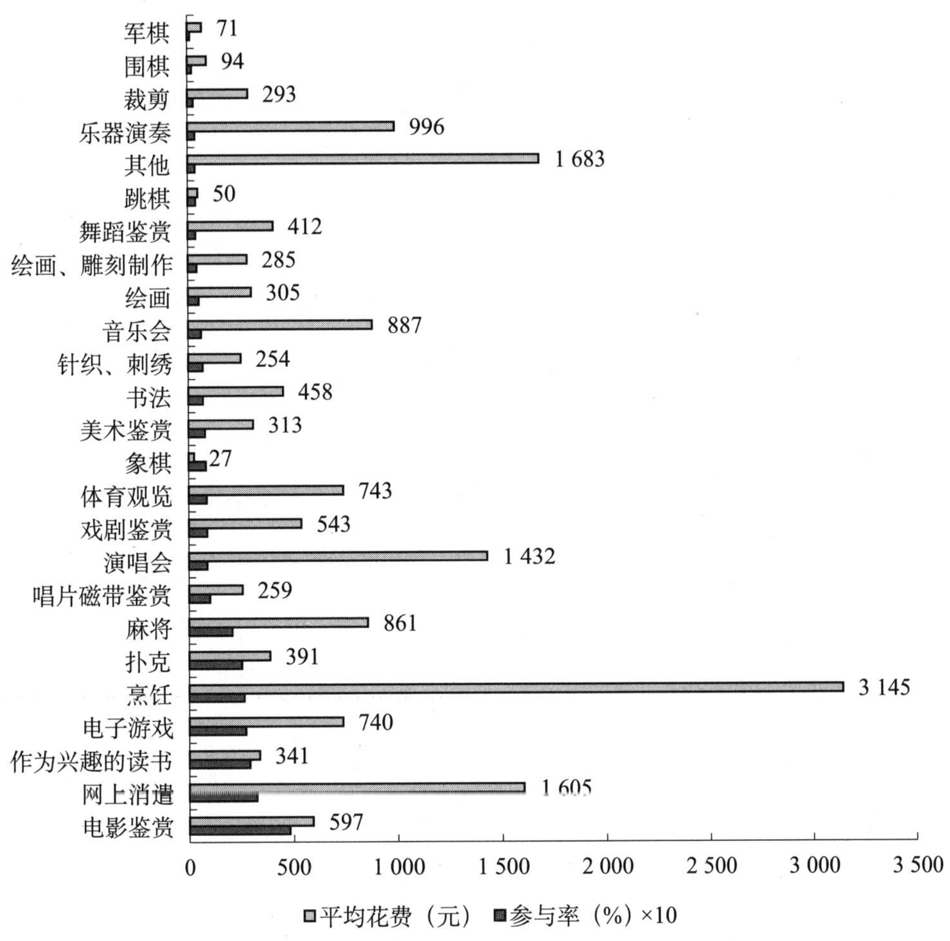

图 5-13　2016 年北京市居民各种兴趣娱乐活动平均花费和参与率

兴趣爱好男女有别。从各个项目的参与率和平均花费来看，不同性别群体的兴趣爱好差异显著。相对来说，女性比男性喜欢的项目有电影鉴赏、美术鉴赏、戏剧鉴赏、舞蹈鉴赏、音乐会、演唱会、唱片磁带鉴赏、乐器演奏、绘画、裁剪、刺绣、烹饪、作为兴趣的读书活动，相反，男性更偏好的项目有体育观览、书法、象棋、军棋、围棋、跳棋、麻将、扑克、电子游戏等。可以看出，女性比男性更喜欢文艺类项目，而男性比女性更喜欢体育类项目；女性比男性更喜欢形象思维的活动，男性比女性更喜欢逻辑思维的活动。

年轻人兴趣爱好广泛，中老年人喜欢消遣性娱乐活动。从兴趣娱乐活动的参与率看，中青年群体的参与率均超过 90%，比重最高的群体为 19 岁以下，为 91.4%；而中老年群体的参与率则在 80%以下，比重最低的群体为 60 岁以上，为 72.9%。从平均花费来看，同样是呈现倒“V”字形分布：19 岁以下群体平均花费 1 528 元，之后消费支出有所上升，至 40～49 岁群体的 3 763.6 元之后平均花费开始下降，减少至 60 岁以上群体的 2 402 元。从不同年龄偏好的活动看，年轻人兴趣爱好广泛，在各种娱乐活动上均有所涉猎；而中老年群体则偏好传统类型的消遣娱乐型项目，如象棋、围棋、跳棋、麻将、扑克、书法、观看戏剧等活动。

4. 学习研究活动

2016 年有 57.5%的群体参与学习研究活动，平均花费为 1 471 元。

从不同学习研究活动看，参与率最高的活动是用电视广播学习，但平均花费仅为 596.5 元；其次是在单位学习，参与率为 25.7%，同样其平均花费也较低，仅为 218.1 元；而参与率低的几项活动，如在俱乐部、职业训练学校、各种学校学习的平均花费都相当高，分别为 3 161.6 元、4 863.3 元、5 518.1 元。

2016 年北京市居民各种学习研究活动参与率与平均花费见表 5－8。

表 5－8　2016 年北京市居民各种学习研究活动参与率与平均花费

学习研究活动	参与率（%）	平均花费（元）
各种学校	7.5	5 518.1
职业训练学校	4.3	4 863.3
成人高等教育	10.0	3 193.6
用电视广播学习	32.8	596.5
在单位学习	25.7	218.1
在俱乐部学习	3.5	3 161.6
一个人	24.8	598.5
其他	1.4	1 258.3

从不同性别群体看，女性学习研究活动参与率高于男性，但平均消费支出低于男性。从参与率看，男性参与学习研究的比重为 56.4%，而女性则为 58.4%，高于男性群体。从各项活动看，女性在各种学校、成人高等教育、用电视广播学习、一个人学习的比重均超过男性。但是从学习活动的平均消费看，女性群体各项活动的消费均低于男性群体。

2016 年北京市居民不同性别群体学习研究活动参与率与平均花费见表 5－9。

表 5－9　2016 年北京市居民不同性别群体学习研究活动参与率与平均花费

学习研究活动	参与率（%）		平均消费（元）	
	男	女	男	女
各种学校	5.2	9.4	7 180.0	4 726.7
职业训练学校	4.7	4.0	6 438.9	3 287.8

续表

学习研究活动	参与率（%）		平均消费（元）	
	男	女	男	女
成人高等教育	6.8	12.8	3 836.5	2 900.4
用电视广播学习	31.3	34.0	609.2	586.4
在单位学习	28.5	23.3	269.7	163.9
在俱乐部学习	4.2	2.9	4 153.1	1 941.2
一个人	23.5	26.0	723.2	501.7
其他	1.8	1.1	2 014.3	200.0

从不同年龄群体看，中青年群体对学习研究活动的积极性最高。从参与率看，参与率最高的年龄层分别为 25～29 岁（76.1%）、20～24 岁（72.0%）、30～39 岁（69.2%）、19 岁以下（65.7%），可见 39 岁以下群体对学习研究活动的积极性较高；而 60 岁以上群体的参与率最低，仅为 17.7%。从平均花费看，同样排序在前四位的群体分别是 30～39 岁（2 348 元）、19 岁以下（2 110 元）、20～24 岁（1 897 元）、25～29 岁（1 624 元）；60 岁以上群体花费最低，仅为 174 元。

5. 公益活动

2016 年仅有 28.7%的群体参与公益活动，平均花费 276 元。

表 5－10 为 2016 年北京市居民各项公益活动参与率与平均花费。从参与率看，参与率最高的活动为对一般人的服务，比重达到 13.1%；其次是对老人、儿童、伤残人士的服务（9.8%）和对灾区等地人的服务（9.5%）；参与率最低的活动是对福利设施的人的服务，仅为 3.1%。从平均花费看，花费最高的项目是对灾区等地人的服务，达到 1211.6 元；其次是对老人、儿童、伤残人士的服务，达到 785.7 元；对福利设施的人的服务为 549.2 元；花费最少的则是对本地居民的服务，为 222 元。

表 5－10　2016 年北京市居民各项公益活动参与率与平均花费

公益活动	参与率（%）	平均花费（元）
对福利设施的人的服务	3.1	549.2
对灾区等地人的服务	7.6	1 211.6
对本地区居民的服务	9.5	222.0
对老人、儿童、伤残人士的服务	9.8	785.7
对一般人的服务	13.1	337.8
其他	2.0	708.8

表 5－11 为 2016 年北京市居民不同性别群体公益活动参与率与平均花费。从不同性别群体看，男性公益活动支出显著高于女性。男性公益活动平均参与率为 25.8%，

比女性低 5.2%。但是从支出来看，男性则显著高于女性，其中男性平均支出为 418.7 元，是女性支出的 3.1 倍。从各项公益活动看，男性除了对灾区等地人的服务略低于女性外，其他公益活动均高于女性。在平均花费上，男性在各项活动的支出均超过女性。

表 5-11　2016 年北京市居民不同性别群体公益活动参与率与平均花费

公益活动	参与率（%）		平均花费（元）	
	男	女	男	女
对本地区居民的服务	22.0	20.4	388.2	102.8
对福利设施的人的服务	8.7	5.8	813.8	284.6
对老人、儿童、伤残人士的服务	22.0	21.3	1 531.2	273.2
对灾区等地人的服务	14.0	18.7	2 408.5	613.1
对一般人的服务	29.3	28.9	704.5	89.5
其他	4.0	4.9	808.3	654.5

从不同年龄看，中年群体公益活动消费支出最多。40～59 岁群体用于公益活动的支出最多，其中 40～49 岁群体平均花费 1 026 元，50～59 岁群体平均花费 408 元。公益活动消费支出最少的群体是 19 岁以下群体，仅为 12 元。

三、中国区域文化消费水平影响因素分析

（一）文化消费水平影响因素变量

1. 居民收入水平

根据收入水平理论，收入是文化消费的物质基础，是影响文化消费的最重要因素（陈燕武、夏天；陆立新；刘洁、陈海波、肖明珍；王俊杰；李宝杨）。马斯洛需求层次理论认为针对不同层次的需求人们的消费方式会有很大的不同：精神需求是在满足物质需求的基础上产生的需求，是属于享受性需求和发展层次的需求；随着居民收入水平的提升，在满足衣、食、住、行等较低层次的基本生存需求之后，人们才会满足文化需求等较高层次精神文化的需求，文化产品（服务）的消费量也必然伴随着收入水平的提升而提升。本书使用居民人均可支配收入反映城镇居民的收入水平。

2. 政府投入水平

政府文化领域的投入水平代表了当地政府对于文化生产以及居民文化需求的重视

程度。政府的文化投入能够营造良好的文化消费环境，起到激励、扶持、引导、保障、整合文化消费的作用，从而促进居民文化消费水平的提升。公共文化产品消费也是文化消费的重要组成部分。政府可以通过加大投入完善公共文化服务体系提供更多的公共产品（服务），提升当地居民的文化消费水平。因此，政府在文化领域的投入能够进一步释放居民文化需求。本书采用人均政府文化娱乐财政拨款作为政府投入水平的衡量指标。

3. 城市化水平

城市是区域发展的中心，相对于农村来说城市具有更强的资源集聚和辐射带动能力。城市无论是文化产业发展的成熟程度还是文化事业发展的成熟程度都相对更强，城市化的推进促使文化资源集中，因此城市能够提供更加丰富的文化产品和较好的公共文化服务。同时城市化能够将一部分农村人口转变为城市人口，这种转变有利于文化消费习惯的形成、促进文化消费需求的进一步释放。本书采用城镇化率来衡量城市化水平。

4. 居民文化素质水平

文化消费不同于普通商品消费之处在于文化消费所提供的文化产品（服务）是为了满足人的精神需求，文化产品的价值通过满足消费者精神享受需要和发展层次需要来体现，因此受教育程度不同的消费者对于文化产品（服务）消费存在不同的消费观念。一般来说消费者的受教育程度越高其文化素质相对越高，文化素质较高的消费者追求个人素质全面发展的意识和欲望会更为强烈，对于文化产品（服务）的消费需求和消费意愿也就越高［Tally Katz Gerro（1999），Tak Wing Chan，Goldthorpe，John H.（2007），Arthur S. Alderson（2007）等］。文化需求是具有自我强化功能的引致性需求，也就是说，消费者受教育的程度越高过往的文化投入也就越高，建立起来的消费资本越多会促使消费者对于文化产品（服务）的需求越大。一些高雅的文化产品（服务）对于消费者文化素质水平有所要求，文化产品（服务）的消费能力需要有知识积累，因此消费者的文化素质以及鉴赏能力对于文化消费水平具有较大的影响。文化素质水平高消费者的消费领域也相对广泛并且对于新的文化消费热点接受能力更强。综上，居民文化素质水平的整体提高从理论上能够带动整体居民文化消费水平的提高。本书采用居民人均受教育年限这一指标来反映居民文化素质水平。

5. 社会老龄化水平

随着我国社会老龄化水平的提高，老龄人口作为一个特殊群体其文化消费问题日益受到关注。由于医疗技术进步、生育率增长缓慢以及我国“一胎政策”等多重原因，人口老龄化趋势会越来越明显。这一个特殊群体一般来说可支配收入较高、闲暇时间十分丰富，应当是文化消费的重要力量。但由于我国文化产品对于老龄人口没有专门细分，对于老龄人口的文化消费动力不足。因此，在我国，社会老龄化水平对于文化消费水平有正面影响作用同时也具有负面影响作用（吴崇宇、华斌、王裕雄，2015等）。本书采用老龄人口占总人口比重和抚养比来表示社会老龄化水平。

（二）基于面板分位回归的文化消费水平影响因素分析

分位回归与传统的最小二乘回归相比能够更加全面地分析不同水平下的因变量受到解释变量的不同影响。传统最小二乘回归只能够拟合一条被解释变量与解释变量曲线，分位回归能够根据研究者的设定不同对于不同水平下的解释变量和被解释变量拟合多条曲线。本章选取分位回归模型能够更加全面地刻画不同分位下文化消费水平受环境因素的影响程度，对于数据的利用更加充分。另外，分位回归模型受到异常值数据影响较小，因此从模型的稳定性来看，分位回归模型比传统回归模型更加具有稳定性。为了在模型中考虑个体之间的差异兼顾考虑时间因素，本书使用面板数据进行建模，更加充分地利用数据信息进行分析。

分位回归采用最小一乘法，基本表达式为：

$$Y_{it}(\tau j \mid x_{it}, \alpha_i) = X_{it}^T \beta(\tau_j) + \alpha_i$$

充分考虑到个体效应，引入惩罚项代替原始的高斯惩罚项，通过求解惩罚函数式来求出面板分位回归参数的估计值：

$$\min \sum_{k=1}^{q} \sum_{i=1}^{n} \sum_{j=1}^{t} w_k \rho(\tau_k) [Y_{it} - a_i - X_{it} \beta(\tau_k) + \lambda \sum_{i=1}^{n} \mid a_i \mid]$$

此处采用居民人均文教娱乐支出作为居民文化消费水平的衡量指标，文化消费水平影响因素分位回归基本表达式为：

$$\begin{aligned} CONSUME_{it} = \alpha_{it} + \beta_1 INCOME_{it} + \beta_2 CIR_{it} + \beta_3 AGDP_{it} + \beta_4 GOV_{it} \\ + \beta_5 EDU_{it} + \beta_6 DLD_{it} + \beta_7 FOS_{it} + \varepsilon_{it} \end{aligned}$$

其中 *INCOME* 表示居民人均可支配收入，*CIR* 表示城市化率，*AGDP* 表示人均 GDP，*GOV* 表示文化娱乐财政拨款，*EDU* 表示居民人均受教育年限，*OLD* 代表 60 岁以上老龄人口占总人口比重，*FOS* 表示人口抚养比。

基于面板分位回归计算的分析结果显示城镇居民人均可支配收入、城市化率、人均 GDP、文化娱乐财政拨款对于文化消费水平都具有正向的影响，在正向影响因素中对于文化消费支出水平影响最大的是城镇居民人均可支配收入。老龄人口占比和人口抚养比对于文化消费水平具有负向影响，说明人口老龄化加剧会降低文化消费水平。从一般面板回归的结果来看城镇居民人均可支配收入、城市化率、人均 GDP、文化娱乐财政拨款对于文化消费水平影响较大。面板分位回归的具体结果如下：在10%分位点处，也就是文化消费水平处于全国最低水平，在此分位点处城镇居民人均可支配收入、城市化率、人均GDP、文化娱乐财政拨款对于文化消费水平影响最大。当其他条件不发生改变时，城镇居民人均可支配收入每提高1%文化消费水平就提高0.648%，城市化率每提高1%文化消费水平就提高0.412%。在25%分位点处，对文化消费水平影响最大的因素是城镇居民人均可支配收入、城市化率、人均GDP、文化娱乐财政拨款和抚养比，其中城镇化率对于文化消费水平的影响相较于10%分位点的文化消费水平的影响要大，其他要素的影响力度基本持平。在50%分位点处，对文化消费水平影响最大的仍是城镇居民人均可支配收入、城市化率、人均GDP、文化娱乐财政拨款四个要素。在75%分位点处，四大影响因素仍发挥最重要的作用，城镇居民人均可支配收入对于文化消费水平的影响力度相较于中低文化消费水平分位点处更大，其他因素的影响力度相较于中低文化消费水平分位点处更小。在90%分位点处，城镇居民人均可支配收入、城市化率以及抚养比对于文化消费水平产生显著影响，数据结果显示抚养比增加1%文化消费水平会下降0.008%。

从影响因素作用的变动趋势来看，随着分位数的提高，居民人均可支配收入对于文化消费支出的影响程度先升后降，居民人均可支配收入的系数从10%分位点处的0.648上升到75%分位点处的0.867然后在90%分位点处下降，说明人均可支配收入对于我国较高文化消费水平（75%分位点）的居民的文化消费影响程度最大，而对于更低或更高分位点文化消费水平受到居民收入水平的影响程度下降。居民人均可支配收入对于文化消费的拉动作用先增加后减少，这意味着文化消费水平较低的居民的主要需求是较低层次的生存需求，收入对于文化消费的影响程度不高，与文化消费水平较高的需求层次不同，因此文化消费水平较高的居民当可支配收入增加时能够对于文化消费水平的促进有较大的影响，可以追求更高层次的文化消费；但是随着文化消费水平达到顶端位置，收入水平对于文化消费水平的拉动作用开始下降。随着文化消费分位点的提高，城市化率和政府文化支持水平对于文化消费水平的影响作用也呈现下降的趋势，这说明政府文化支持和城市的发展对于文化消费水平较低人群的影响作用更大，这也基本符合文化消费的现实。随着文化消费水平分位点的增加，居民受教育年限对于文化消费的影响程度也有所增加，但对于最高水平文化消费人群的影响程度同样呈现下降趋势。从回归系数的变动来看，对于最高文化消费水平的居民来说，受到人均可支配收入、人均GDP、城市化率、政府对于文化的财政拨款等因素的影响程度均有所下降；从理论上分析，对于这一部分人群影响其文化消费水平最为重要的因素是闲暇时间，但是由于数据的限制这一因素在本次研究中并没有被纳入影响因素中，对于文化消费水平影响因素分析的整体解释力有所下降。

文化消费水平影响因素分位回归结果见表 5 - 12。

表 5 - 12　文化消费水平影响因素分位回归结果

参数	普通面板	Q10	Q25	Q50	Q75	Q90
常数	—	−0.185*** (−2.582)	0.085 45 (1.074)	0.232 (1.445)	0.418*** (8.581)	0.039 (1.032)
INCOME	0.794*** (11.595)	0.648*** (8.594)	0.800*** (16.768)	0.838 15*** (16.273)	0.867*** (8.580 8)	0.083 (1.182)
CIR	0.385*** (5.653)	0.412*** (6.476)	0.133*** (5.249)	0.116*** (4.082)	0.267** (3.034)	0.071* (2.256)
AGOV	0.241** (2.898)	0.208** (2.503)	0.283*** (3.961)	0.128*** (3.553)	0.098 (0.835)	0.020 (0.718)
GOV	0.161*** (6.432)	0.243*** (4.673)	0.240*** (5.573)	0.143*** (6.683)	0.147 44** (3.048)	0.043 91 (1.916)
EDU	0.013 9 (0.292)	−0.016 (−0.110)	0.029 (0.131)	0.054 (0.313)	0.082 (1.203)	0.008 (1.284)
OLD	−0.036 7 (−1.516 1)	−0.039 (−0.026)	0.016 (0.075)	0.016 (0.150)	0.036 (0.890)	0.007 (0.487)
FOS	−0.052 (−1.286)	−0.085 (−1.354)	−0.050* (−2.242)	−0.019 31 (−0.999)	−0.076 (−0.398)	0.008 (−2.819)

注：*** 表示 $P<0.001$，** 表示 $P<0.01$，* 表示 $P<0.05$。

本章基于我国 31 个省市自治区 2008—2017 年的数据分析了我国区域文化消费水平现状以及我国区域文化消费水平的影响因素作用机制。在模型使用上本章采用面板分位回归，面板分位回归比普通面板回归能够更加充分利用数据信息。使用面板分位回归模型得到的计算结果如下：文化消费水平处于不同分位点处受影响因素的影响程度不同，即对于文化消费处于不同水平居民的文化消费受到各影响因素的影响程度不同。从整体来看，城镇居民人均可支配收入、城市化率、居民人均受教育年限对于文化消费水平都具有正向的影响。在正向影响因素中对于文化消费支出水平影响最大的是居民人均可支配收入和城市化水平，人均 GDP、人均文化娱乐财政拨款、居民人均受教育年限、60 岁以上老龄人口占总人口比重、人口抚养比这几个要素对于文化消费水平的影响呈现波动趋势。因此，整体而言居民的人均可支配收入和城市化水平是文化消费最为显著的推动因素。

第六章　中国区域文化力综合评价

在经济全球化的时代背景之下，文化全球化趋势日趋明显，国际间文化竞争日趋加剧。一方面，随着市场化发展文化的经济效应日益凸显，文化产业作为“21 世纪最后一块暴利蛋糕”成为世界各国竞争的焦点；另一方面，文化力的整体提升能够提高国家整体的吸引力、竞争力、影响力，因此世界各国对于文化发展的重视程度日益提高。党的十八大提出要扎实推进社会主义文化强国建设，提高国家文化实力和竞争力。但从我国的实际发展情况来看由于我国文化发展起步较晚，从全球视角来看我国文化整体实力和影响力不足。

文化力是促进经济、社会发展的重要力量，对文化力进行研究并进行系统评价具有重要现实意义。当前关于文化力的研究较少且主要以理论研究为主，本章将基于文化力现有研究基础构建文化力评价体系，从省域、城市两个视角评价我国文化力发展现状，挖掘各区域文化力发展优势和不足，为我国文化力的整体提升提供理论研究基础。

一、文化力文献综述

文化力的概念缘起于梁启超（1920）在《中国人对于世界文明之大责任》中的表述，在该书中梁启超先生提出文化力是国家综合国力的一部分。基于当时研究的时代背景，该书中的文化力指的是相对于西方文化中国传统文化在促进国家发展、民族团聚中所发挥的力量。“力”本身是一个物理学概念表示为物体对物体的作用，文化力是指人们在改造和征服自然中文化所发挥的力量，是通过发挥各种文化因素作用来推动经济社会发展中的内在力（高占祥，1997）。由于文化本身的概念具有模糊性和多义性，对于文化力的界定也就存在难度，对于文化力进行评价和研究更存在难度。当前我国学者对于文化综合力的评价研究主要集中在文化软实力和文化竞争力方面。赵彦云和余毅及马文涛（2006）、杨新洪（2008）、徐桂菊和王丽梅（2008）、赵秀玲和张保林（2008）、李凡和黄耀丽及叶敏思（2008）、谭志云（2009）、周国富和吴丹丹（2010）、罗能生和郭更臣及谢里（2010）、胡建（2011）、李卫强（2012）等学者从自身研究的角度对于文化软实力或文化竞争力进行了评价，认为文化软实力应当包含文化创新力、文化辐射力、文化传承力、文化保障力、文化凝聚力、文化吸引力、文化素质力、传统文化力等。文化软实力和文化竞争力都是文化力的组成部分，文化力是从广义的角度研究文化的作用力，文化软实力和文化竞争力都是仅仅研究文化作用力的某一方面。

二、文化力综合评价

由于文化力是一种多要素分力共同作用而形成的合力，单个指标无法全面地分析评估，需要通过建立科学的统计指标体系才能够系统、客观、全面地反映文化力的现状，对文化力进行合理的量化。因此本书基于理论研究层面文化力理论分析兼顾统计数据的可得性建立文化力评估统计指标体系，客观、有效地评价我国区域文化力水平。

（一）构建文化力评价指标体系

根据本书所界定的文化力内涵及理论分析，文化力构成的核心要素包括文化生产力、文化消费力、文化环境力，根据指标的可得性、可比性、代表性选取核量文化生产力、文化消费力、文化环境力的统计指标，构建文化力统计评价指标体系。

1. 文化生产力

文化生产力包括文化产业生产力和文化事业生产力。本书对文化产业生产力从文化产业从业人员数量、文化产业投资规模、文化企业规模、文化产业创新、文化产业收入水平五方面进行衡量，具体由文化及相关产业从业人员、分地区文化及相关产业固定资产投资额、文化及相关产业企业个数、国内文化及相关产业专利授权数、文化及相关产业营业收入等统计指标来体现。文化事业生产力从文化事业投入、文化事业从业人员数量、公共文化设施数量和公共文化产品（服务）提供数量四个方面去衡量，由文化事业费、文化事业实际完成基建投资、公共图书馆从业人员等统计指标衡量。

2. 文化消费力

文化消费与文化生产相对应，文化消费力包括私人文化产品（服务）消费力和公共文化产品（服务）消费力。私人文化产品（服务）消费力通过私人文化产品消费包括居民人均文化娱乐用品支出、居民人均文化娱乐服务支出、居民人均教育支出来衡量。公共文化产品（服务）消费力通过公共文化产品的消费程度和参与程度来体现，具体衡量指标为公共图书馆总流通人次、公共图书馆图书外借次数、群众参与文化机构组织文艺活动次数等。

3. 文化环境力

文化环境力包括经济社会环境影响力和文化资源环境影响力。其中对于经济社会环境影响力本书从城市化水平、经济发展水平、科技发展水平、居民文化素质水平四个角度进行衡量。城市化水平提升能够促进文化资源聚集、促进文化生产和文化消费效率的提高，在文化效率影响因素实证研究中城镇化水平对于文化产业效率的影响最大。本书采用城镇化率来体现城市化水平。经济发展水平反映经济环境的好坏，经济是文化发展的基本前提。本书选取人均政府财政收入和人均居民可支配收入作为衡量经济发展水平的指标。在均等化公共文化服务水平实证研究中，人均政府财政收入对于均等化公共文化服务水平影响最大；而在文化消费水平实证研究中，居民人均可支配收入对于文化消费水平的影响最大。

科技是文化发展的催化剂，科学技术创新不断优化文化产品的生产、传播方式，带来了文化内容的不断创新和传播手段的重大变革。科技发展水平采用高技术产业R&D项目数来衡量。居民文化素质水平对于文化产业发展和文化消费都有较大的影响，本书采用居民人均受教育年限衡量居民文化素质水平。文化资源力主要是用于衡量区域所具有的历史文化资源禀赋，本书采用国家级自然保护区、国家级重点风景名胜区、世界级自然文化遗产、国家级自然文化遗产的数量等统计指标进行衡量。

文化力评价指标体系（省域）见表6-1。

表6-1　文化力评价指标体系（省域）

文化生产力	文化产业生产力	文化及相关产业从业人员（万人）
		分地区文化及相关产业固定资产投资额（万元）
		国内文化及相关产业专利授权数
		文化及相关产业营业收入（亿元）
		文化及相关产业企业个数（万个）

续表

<table>
<tr><td rowspan="20">文化生产力</td><td rowspan="20">文化事业生产力</td><td>文化事业费（亿元）</td></tr>
<tr><td>文化事业实际完成基建投资（亿元）</td></tr>
<tr><td>公共图书馆（个）</td></tr>
<tr><td>文化馆（个）</td></tr>
<tr><td>文化站（个）</td></tr>
<tr><td>博物馆（个）</td></tr>
<tr><td>艺术表演团体（个）</td></tr>
<tr><td>艺术表演场馆（个）</td></tr>
<tr><td>公共图书馆从业人员（万人）</td></tr>
<tr><td>文化站从业人员（万人）</td></tr>
<tr><td>文化馆从业人员（万人）</td></tr>
<tr><td>博物馆从业人员（万人）</td></tr>
<tr><td>艺术表演团体从业人员数（万人）</td></tr>
<tr><td>艺术表演场馆从业人员数（万人）</td></tr>
<tr><td>文化机构主管部门个数（个）</td></tr>
<tr><td>文化机构主管部门从业人员（个）</td></tr>
<tr><td>有线广播电视传输干线网络总长（万公里）</td></tr>
<tr><td>有线广播电视用户数（万户）</td></tr>
<tr><td>公共广播节目套数（套）</td></tr>
<tr><td>公共电视台节目套数（套）</td></tr>
<tr><td rowspan="9">文化消费力</td><td rowspan="2">私人文化消费力</td><td>农村居民文教娱乐消费现金支出（元）</td></tr>
<tr><td>城镇居民文教娱乐消费现金支出（元）</td></tr>
<tr><td rowspan="7">公共文化消费力</td><td>公共图书馆总流通人次（万次）</td></tr>
<tr><td>公共图书馆图书外借次数（万册次）</td></tr>
<tr><td>群众参与文化机构组织文艺活动次数（万次）</td></tr>
<tr><td>群众参与文化机构举办训练班次（万次）</td></tr>
<tr><td>群众参与文化机构培训人次（万次）</td></tr>
<tr><td>艺术表演团体演出观众人次（万次）</td></tr>
<tr><td>艺术演出场馆观众人次（万次）</td></tr>
<tr><td rowspan="11">文化环境力</td><td rowspan="5">经济社会环境力</td><td>城市化率（%）</td></tr>
<tr><td>居民人均可支配收入（元）</td></tr>
<tr><td>人均政府财政收入（元）</td></tr>
<tr><td>高技术产业 R&D 项目（个）</td></tr>
<tr><td>居民人均受教育年限（年）</td></tr>
<tr><td rowspan="6">文化资源环境力</td><td>国家级自然保护区（个）</td></tr>
<tr><td>国家级重点风景名胜区（个）</td></tr>
<tr><td>世界级自然文化遗产（个）</td></tr>
<tr><td>国家级自然文化遗产（个）</td></tr>
<tr><td>全国重点文物保护单位（个）</td></tr>
<tr><td>国家级非物质文化遗产（个）</td></tr>
</table>

(二) 基于省域数据的文化力实证分析

基于所建的文化力评价指标体系，采用统计方法对指标进行合理赋权，进而对我国 31 个省文化整体实力及各分文化要素力进行评价，揭示我国各省文化力水平、优势以及短板。在本书中选择确定文化力统计评价指标体系各个指标权重的方法是熵权法。"熵"是对系统状态不确定性的一种度量，使用熵权法给指标赋权可以避免通过主观评价对统计评价指标体系各个指标进行赋权，评价结果更加具有客观性、科学性。熵权法在计算上可以通过 MATLAB 软件实现。

熵权法针对具体的问题操作步骤如下：

(1) 数据标准化。

正向指标标准化方法为：

$$Y_{ij} = x_{ij} - x_{\min(j)} / x_{\max(j)} - x_{\min(j)} \tag{6-1}$$

逆向指标标准化方法为：

$$Y_{ij} = x_{\max(j)} - x_{ij} / x_{\max(j)} - x_{\min(j)} \tag{6-2}$$

式中：$x_{\max(j)} = \max\{x_{ij}\}$，$x_{\min(j)} = \min\{x_{ij}\}$。

(2) 指标熵值计算。

$$\mathrm{e}_j = -K\sum_{i=1}^{m} P_{ij}\ln P_{ij}$$

$$\left(K = 1/\ln m, P_{ij} = Y_{ij} / \sum_{i=1}^{m} Y_{ij}, i = 1,2,\cdots,m; j = 1,2,\cdots,n\right) \tag{6-3}$$

(3) 指标权重计算。

$$W_j = \frac{1-\mathrm{e}_j}{\sum_{j=1}^{m}(1-\mathrm{e}_j)} (j = 1,2,\cdots,n) \tag{6-4}$$

其中，$W_j \in [0,1]$，且 $\sum_{j=1}^{n} W_j = 1$。

1. 基于省域数据的文化力实证分析

(1) 31 省文化力整体评价。

从表 6-2 中省域文化力得分可以看出，排在文化力综合得分的前五名分别为广东、江苏、浙江、北京、上海，广州、江苏和浙江同属于沿海经济发达省份，因此具有雄厚的经济实力和深厚的文化底蕴，而北京、上海是我国的直辖市，在我国城市中整体综合实力和竞争力也处于顶端的位置。从文化力分布的情况来看，文化力较强的省份集中在东部，文化力排名前 10 的省（市）其中有 7 个省（市）属于我国的东部地区（包括北京、天津、上海、江苏、浙江、山东、广东），有2个省属于我国的中部地区（包括河南、湖北），西部地区仅四川一省排名全国前10，东北部地区没有省份能够入围到我国文化力排名10强。因此我国文化力从省域角度来看差异十分明显，且具有地域特征呈现东强西弱、南强北弱的态势。

表6-2　31省（市）文化力比较分析

省份	文化力	文化力排名	文化生产力	文化生产力排名	文化环境力	文化环境力排名	文化消费力	文化消费力排名
广东	110.4	1	119.4	1	144.5	1	59.0	6
江苏	92.2	2	99.7	2	102.3	2	59.5	5
浙江	77.8	3	82.5	3	72.8	5	64.1	3
北京	76.2	4	78.4	4	80.9	4	68.6	1
上海	75.7	5	68.2	5	92.1	3	64.1	2
天津	75.0	6	62.2	7	29.0	12	16.6	24
山东	64.1	7	66.4	6	62.1	6	57.4	7
河南	53.9	8	48.5	8	27.4	14	60.3	4
四川	43.9	9	44.8	9	50.4	7	37.2	12
湖北	36.1	10	34.8	11	31.8	9	43.7	9
福建	35	11	35.8	10	30.8	10	34.7	13
河北	34.5	12	34.7	12	28.1	13	37.6	11
湖南	32.1	13	31.0	14	26.7	15	39.8	10
陕西	29.7	14	28.5	15	29.7	25	34.2	14
安徽	29.1	15	31.2	13	26.6	16	22.6	20
辽宁	27.7	16	26.7	16	24.8	18	32.9	15
山西	27.2	17	24.7	18	11.2	26	45.6	8
江西	24.3	18	25.2	17	20.2	19	23.6	19
广西	22.4	19	23.9	19	18.2	21	19.4	21
云南	22.0	20	21.0	21	15.5	23	29.3	16
黑龙江	21.0	21	21.5	20	26.1	17	15.5	26
吉林	19.5	22	15.5	26	45.8	8	18.5	22
内蒙古	18.5	23	16.6	23	18.7	20	24.8	18
重庆	18.1	24	18.3	22	16.3	22	18.1	23
新疆	16.8	25	15.7	25	8.5	28	25.6	17
甘肃	15.5	26	16.1	24	11.9	11	14.9	27
贵州	14.7	27	14.5	27	12.5	24	16.3	25
海南	7.0	28	6.2	28	10.5	27	7.3	28
宁夏	5.3	20	4.6	29	7.4	29	6.6	29

续表

省份	文化力	文化力排名	文化生产力	文化生产力排名	文化环境力	文化环境力排名	文化消费力	文化消费力排名
青海	4.5	30	3.9	31	5.0	31	6.0	30
西藏	4.4	31	4.2	30	5.1	30	4.3	31
平均	40.02	—	40.04	—	38.64	—	33.23	—

使用聚类分析法根据文化力得分可以将31个省（市）分成三类，从表6-3的计算结果可以看出文化力第一梯队（包括广东、江苏、浙江、北京、上海、天津、山东）的文化力聚类中心是第二梯队文化力聚类中心的两倍多，第二梯队文化力聚类中心是第三梯队文化力聚类中心的两倍多，不同梯队省（市）文化力差异巨大。

表6-3　中国31省（市）文化力等级评定

文化力所属梯队	省份	聚类中心
第一梯队	广东、江苏、浙江、北京、上海、天津、山东	81.63
第二梯队	河南、四川、湖北、福建、河北、湖南、陕西、安徽、辽宁、山西	34.92
第三梯队	江西、广西、云南、黑龙江、吉林、内蒙古、重庆、新疆、甘肃、贵州、海南、宁夏、青海、西藏	15.29

（2）核心要素相关性和关联性分析。

文化生产力、文化环境力、文化消费力是构成文化力的核心要素，文化生产与文化消费互相影响，文化环境同时作用于文化生产和文化消费。根据2017年31省（市）文化力数据对文化生产力、文化环境力、文化消费力之间的相关性进行分析，皮尔森相关系数（Pearson correlation coefficient）见表6-4。按照相关系数大于0.7存在较高的线性相关性的标准，可以看出文化生产力和文化环境力之间、文化生产力和文化消费力之间都是显著线性相关关系，而文化环境力和文化消费力之间是高度线性相关关系，说明这三个变量之间的线性相关性较强。

表6-4　文化生产力、文化环境力、文化消费力之间的相关性（基于省域文化力数据）

	文化生产力	文化环境力	文化消费力
文化生产力	1	0.93	0.82
文化环境力	0.93	1	0.76
文化消费力	0.82	0.76	1

同样基于2017年31省文化力数据对文化生产力、文化环境力、文化消费力进行关联性分析，可得三者之间的关联性见表6-5。可以看出，文化生产力与文化环境力同时低的概率为34%，文化生产力低时文化环境力也低的概率为92%；文化消费力中

下时文化环境力低的概率为 28%，文化消费力中下时文化环境力低的概率为 82%。说明文化生产力和文化消费力水平低会影响文化环境力水平低，即文化生产和文化消费的发展水平对于整个社会经济、社会环境也会产生影响。

表 6-5　文化生产力、文化环境力、文化消费力之间的关联性（基于省域文化力数据）

	support	confidence
文化生产力_低→文化环境力_低	0.34	0.92
文化消费力_中下→文化环境力_低	0.28	0.82

2. 文化生产力分要素水平的评价及比较分析

文化生产力是文化力的核心组成部分，包含文化产业生产力和文化事业生产力。表 6-6 是 31 省（市）文化生产力比较分析，从计算结果来看文化生产力与文化力的排名比较一致，说明文化生产力对于文化综合力有着重要的影响。我国文化生产力排名前十位的分别是广东、江苏、浙江、北京、上海、天津、山东、河南、四川、福建（见表 6-2）。从文化产业生产力来看，文化生产力最强的五个省同样是文化产业生产力最强的五个省（市）；但从文化事业生产力来看，文化生产力最强五省中江苏和浙江省文化事业生产力稍弱。

表 6-6　31 省（市）文化生产力比较分析

省（市）	文化产业生产力	文化事业生产力
广东	220.1	60.3
江苏	151.3	59.4
浙江	121.4	59.8
北京	117.5	64.4
上海	109.2	65.6
山东	72.0	63.1
福建	40.3	33.2
四川	28.0	54.6
河南	26.9	61.2
湖南	22.5	36
辽宁	21.4	29.9
湖北	21.4	42.7
河北	19.9	43.3
天津	17.1	59.3
江西	14.1	31.7
安徽	13.7	41.5

续表

省（市）	文化产业生产力	文化事业生产力
陕西	12.7	37.8
重庆	12.5	21.6
黑龙江	12.4	26.8
广西	12.1	30.8
山西	8.5	34.1
云南	8.5	28.4
吉林	6.9	20.6
内蒙古	5.8	22.9
贵州	5.4	19.9
新疆	5.1	21.9
甘肃	4.4	22.9
海南	2.7	8.2
宁夏	1.7	6.2
青海	1.3	5.5
西藏	0.8	6.3

3. 文化消费力分要素水平的评价及比较分析

文化消费力与文化生产力相对应分为私人文化产品消费力和公共文化产品消费力。私人文化产品消费力主要是反映公民从文化市场购买文化商品的能力，因此私人文化产品消费力是从文化消费货币支出的角度来衡量的；公共文化产品消费力主要衡量公众对于政府及相关文化事业单位提供的文化公共产品的消费使用情况。从整体文化消费力来看，北京、上海、浙江、河南、江苏位居我国文化消费水平前列，其中北京、上海、江苏、浙江的私人文化产品消费力同样位居全国前四名。河南省私人文化产品消费力位居第17，但是由于河南省公共文化产品消费力得分为96分是我国公共文化产品消费最强的省份，因此其整体文化产品消费力居于全国文化消费力第4名。

31省（市）文化消费力比较分析见表6－7。

表6－7　31省（市）文化消费力比较分析

省（市）	私人文化产品消费力	公共文化产品消费力
北京	77.2	62.5
上海	60.5	64.4
江苏	60.1	59.4

续表

省（市）	私人文化产品消费力	公共文化产品消费力
浙江	59.6	64.5
广东	44.1	60.3
天津	43.9	14.1
吉林	39.6	16.6
辽宁	38.1	32.5
福建	36.9	34.5
内蒙古	33.9	24.0
黑龙江	33.3	13.9
山西	31.3	46.9
陕西	30	34.5
湖南	27.8	40.9
宁夏	27.6	4.7
重庆	27.2	17.3
河南	26.3	96.0
湖北	26.3	45.2
四川	25.1	38.3
安徽	24.8	22.4
山东	24.6	60.3
河北	24.5	38.7
海南	23.8	5.9
江西	23.0	23.7
甘肃	23.0	14.2
贵州	21.5	15.9
广西	20.8	19.3
新疆	19.4	26.1
云南	19.0	30.3
青海	18.2	4.9
西藏	8.9	3.9

4. 文化环境力分要素水平的评价及比较分析

文化环境力主要衡量区域经济因素以及文化资源禀赋对于推动文化发展的能力。文化发展不是无水之源、无本之木，通过之前的研究我们可以看出：无论是文化产业发展还是文化事业发展以及文化消费水平都受到多种外部因素影响，因此文化环境力是文化力的重要组成部分。文化环境力分为经济社会环境力和文化资源环境力。从31个省（市）文化环境力计算结果来看，广东、江苏、上海、北京、浙江位列全国文化环境力前五名（见表6－2），从分布上来看这五个省（市）都属于我国东部地区，文化环境力与文化力表现一致，同样出现了东强西弱的态势。从经济社会环境力来看，排名较前的仍然是东部沿海地区经济大省；但是从文化资源环境力来看，四川、贵州、湖南、江西等西南省份位居前列。

31省（市）文化环境力比较分析见表6－8。

表6－8　31省（市）文化环境力比较分析

省份	经济社会环境力	文化资源环境力
广东	164.7	22.9
江苏	119.7	27.5
浙江	81.6	43.9
山东	70.4	35.1
北京	55.9	31.5
四川	46.5	90.6
吉林	45.7	21.7
上海	37.0	3.8
天津	32.9	6.4
湖北	30.8	23.6
福建	29.7	54.6
安徽	28.3	35.4
河南	27.4	39.6
河北	27.3	47.8
陕西	25.2	26.2
辽宁	22.6	34.2
湖南	21.3	63.1
江西	18	48.5
重庆	16.6	16.2
黑龙江	16.0	27.8
广西	12.1	12.9
贵州	11.2	61.2
山西	10.1	53.8
内蒙古	10.0	20.8
云南	9.3	40.7

续表

省份	经济社会环境力	文化资源环境力
海南	8.4	6.3
甘肃	5.6	19.7
新疆	5.6	23.3
宁夏	5.2	14.7
青海	2.7	13.7
西藏	2.0	32.4

（三）基于城市数据的文化力实证分析

区域可以根据研究的角度和方向制定标准，中国的地理版图可以按照省市划分也可以进一步细分按照地级市来进行划分。本章在上一小节基于 31 省（市）统计数据对我国文化力进行了整体评估，省（市）域数据的优点在于它能够全面、整体地对我国文化力的发展情况进行评估，但是对于省（市）区域内部的发展情况不能够进行合理的反映。本小节将省（市）域数据细分成更小的子区域，对于我国 236 个地级以上城市进行文化力的整体评价，对省域内的发展情况进行更为细致的评估。

1. 236 个地级城市文化力整体评价

由于数据可得性的问题，城市文化力评价指标体系的某些指标与省域文化力的评价指标略有不同。城市文化力评价指标体系具体详见表 6－9。城市文化力相关数据主要来源于《中国城市统计年鉴（2018）》《中国区域经济统计年鉴（2018）》《中国文化文物统计年鉴（2018）》以及 236 个城市的城市统计年鉴和公报等。我国地级以上城市文化力得分见表 6－10。从城市文化力计算结果来看，北京市是我国 236 个地级以上城市中文化力综合得分最高的城市，根据聚类分析是 236 个地级以上城市文化力水平唯一属于第一梯队的城市；属于文化力水平第二梯队的城市包括上海市、广州市、深圳市、苏州市、长沙市、武汉市、成都市、重庆市、杭州市、南京市、天津市、宁波市、郑州市、哈尔滨市、西安市、沈阳市、东莞市、无锡市、绍兴市、济南市，基本集中在我国的省会城市。中国地级以上城市文化力等级评定见表 6－11。从聚类结果来看，第一梯队只有北京一个城市且其聚类中心是第二梯队聚类中心的 3 倍多，第二梯队的聚类中心是第三梯队聚类中心的近 7 倍，说明不同梯队城市之间文化力差距巨大。

表 6-9　城市文化力评价指标体系

文化生产力	文化产业生产力	文化及相关产业从业人数（万人）
		文化及相关产业增加值（亿）
		专利授权数（件）
		国家级文化科技融合示范基地（个）
	文化事业生产力	公共图书馆（个）
		公共图书馆图书总藏量（千册件）
		群众艺术馆数（个）
		文化馆（个）
		艺术表演团体机构（个）
		普通高等学校（个）
		普通高等学校专任教师数（人）
		广播节目综合人口覆盖率（%）
		电视节目综合人口覆盖率（%）
文化环境力	经济社会环境力	人均 GDP（元）
		城市化水平（%）
		居民平均受教育年限（年）
	文化资源环境力	国家级自然保护区（个）
		国家级重点风景名胜区（个）
		世界级自然文化遗产（个）
		国家级自然文化遗产（个）
		全国重点文物保护单位（个）
		国家级非物质文化遗产（个）
文化消费力	私人文化产品消费力	居民人均文化娱乐用品支出（元）
		居民人均文化娱乐服务支出（元）
		居民人均教育支出（元）
	公共文化产品消费力	公共图书馆总流通人次
		公共图书馆图书外借次数（万册次）
		群众参与文化机构组织文艺活动次数
		群众参与文化机构举办训练班次
		群众参与文化机构培训人次
		艺术表演团体演出观众人次

表 6-10　我国地级以上城市文化力得分

文化力排名	城市	文化综合力	文化生产力	文化消费力	文化环境力
1	北京市	480.8	498.6	101.6	488.3
2	上海市	259.2	227.7	104.3	359.8
3	广州市	235.3	208.6	143.3	311.8
4	深圳市	215.5	207.6	62.5	255.3
5	苏州市	172.3	83.7	98.3	397.2

续表

文化力排名	城市	文化综合力	文化生产力	文化消费力	文化环境力
6	长沙市	166.5	174.2	47.5	163.2
7	武汉市	165.8	130.5	57.8	264.4
8	成都市	164.5	119.6	23.6	292.2
9	重庆市	162.4	136.5	40.1	242.7
10	杭州市	151.3	105.2	74.3	272.0
11	南京市	138.7	94.1	119.5	246.2
12	天津市	122.7	82.4	55.1	229.9
13	宁波市	115.6	50.5	77.5	278.7
14	郑州市	114.6	77.3	52.8	212.9
15	哈尔滨市	98.8	76.1	48.5	159.7
16	西安市	98.6	67.7	81.2	175.2
17	沈阳市	96.3	83.2	53.5	134.9
18	东莞市	95.9	81.1	112.5	125.8
19	无锡市	95.4	52.5	97.2	200.8
20	绍兴市	93.4	98.6	73.8	85.5
21	济南市	86.4	62.4	57.5	147.3
22	长春市	76.6	63.1	67.4	109.9
23	大连市	75.6	64.6	57.2	104.9
24	合肥市	68.8	52.7	62.1	109.3
25	贵阳市	67.8	63.6	76.8	77.6
26	温州市	67.6	45.8	73.2	121.3
27	石家庄市	64.8	45.1	34.4	113.7
28	昆明市	64.5	44.9	53.5	114.7
29	太原市	63.8	47.5	40.6	106
30	青岛市	61.3	57.8	53.9	74.7
31	福州市	61.7	47.7	21.3	101.9
32	南通市	61.4	39.8	83.4	113.7
33	南昌市	59.4	34.3	43.5	122.9
34	秦皇岛市	58.4	49.6	33.6	34.8
35	常州市	58.2	37.8	98.7	103.7
36	南宁市	55.7	47.4	45.0	78.9
37	克拉玛依市	53.3	66.3	54.9	19.7
38	厦门市	53.2	41.9	62.4	81.6
39	呼和浩特市	52.2	49.2	59.5	60.4
40	金华市	50.2	34.3	63.6	86.2

续表

文化力排名	城市	文化综合力	文化生产力	文化消费力	文化环境力
41	兰州市	44.8	29.9	36.4	81.9
42	乌鲁木齐市	41.4	35.9	45.7	56.9
43	台州市	41.1	30.9	86.6	63.0
44	湘潭市	40.5	42.5	46.3	35.7
45	镇江市	40.1	28.4	74.9	64.8
46	扬州市	39.7	24.2	85.5	69.6
47	银川市	37.6	38.5	53.6	31.7
48	烟台市	36.4	36.8	39.1	36.8
49	徐州市	36.3	20	48.5	73.5
50	泰州市	34.8	25.6	71.8	51.7
51	承德市	31.9	39.9	23.4	14
52	宜昌市	31.3	32.6	37.2	29.7
53	鄂尔多斯市	31.2	31.8	77.5	23.3
54	桂林市	31.1	30.1	44.6	30.0
55	衡阳市	30.8	29.4	41.5	30.6
56	潍坊市	30.2	28.5	31.9	34.7
57	包头市	29.6	31.9	64.6	20.0
58	漳州市	28.7	28.8	51.7	24.3
59	保定市	28.6	20.6	27.6	49.9
60	吉林市	28.4	19.6	51.2	49.3
61	淄博市	27.7	26.6	44.9	28.8
62	济宁市	26.8	26.8	41.1	22.9
63	洛阳市	26.4	22.7	10.9	39.6
64	盐城市	26.3	21.9	51.8	34.3
65	淮安市	26.1	19.6	77.4	35.2
66	延吉市	25.1	24.6	45.6	25.0
67	安庆市	24.7	28.9	42.0	12.9
68	鞍山市	24.5	24.6	42.9	21.7
69	西宁市	24.4	24.8	25.2	22.7
70	唐山市	24.2	19.6	35.5	35.6
71	鹤岗市	23.8	26.4	17.6	15.5
72	舟山市	23.5	22.6	66.5	19.3
73	株洲市	23.3	18.5	48.1	33.9
74	龙岩市	22.7	23.9	54.8	15.7
75	九江市	22.5	21.7	31.6	23.4

续表

文化力排名	城市	文化综合力	文化生产力	文化消费力	文化环境力
76	汕头市	22.3	16.6	40.5	33.8
77	绵阳市	22.2	14.9	49.8	37.9
78	临沂市	21.8	23.5	35.9	14.6
79	运城市	21.6	22.1	32.8	16.9
80	遵义市	21.4	22.8	26.6	19.8
81	十堰市	21.2	20.1	48.2	19.9
82	黄山市	20.6	24.9	43.6	6.6
83	襄阳市	20.5	19.4	34.5	23.3
84	新乡市	20.3	12.7	46.6	37.0
85	吉安市	19.9	23.5	31.1	7.0
86	拉萨市	19.7	23.9	19.5	12.6
87	衢州市	19.6	17.8	45.3	20.9
88	岳阳市	19.5	17.2	39.0	20.6
89	连云港市	19.4	15.0	4.7	29.9
90	锦州市	19.3	14.9	50.4	24.0
91	芜湖市	19.2	13.3	41	30
92	廊坊市	19.1	12.0	39.7	32.1
93	抚州市	18.9	20.3	37.7	11.7
94	三明市	18.8	19.9	45.8	12.0
95	萍乡市	18.6	18.0	62.2	10.9
96	邯郸市	18.5	17.7	30.0	20.8
97	长治市	18.4	17.4	48.4	16.0
98	开封市	18.3	16.9	45.0	19.5
99	肇庆市	18.3	16.5	46.4	18.1
100	海口市	18.2	15.0	32.5	23.0
101	南阳市	18.1	14.8	42.5	23.1
102	聊城市	17.7	19.2	43.3	11.5
102	临汾市	17.7	18.4	30.5	13
102	六安市	17.7	18.9	34.3	11.9
105	宜春市	17.6	18.2	32.0	10.6
105	郴州市	17.6	17.7	55.0	11.3
105	南平市	17.6	17.1	38.3	13.4
105	大理市	17.6	16.1	34.2	16
109	东营市	17.6	15.1	46.8	20.2
109	平顶山市	17.6	15.0	49.5	17

续表

文化力排名	城市	文化综合力	文化生产力	文化消费力	文化环境力
109	柳州市	17.6	14.5	39.5	23.7
112	马鞍山市	17.5	13.4	83.7	17.4
112	宿迁市	17.5	13.2	33.1	25
114	泰安市	17.4	12.8	42.8	23.9
115	惠州市	17.3	10.5	12.5	36
116	三亚市	17.2	10.9	47.5	31.4
117	广元市	16.9	20.8	14.0	6.9
118	白城市	16.8	18.0	27.3	8
119	呼伦贝尔市	16.7	18.6	33.1	10.4
120	榆林市	16.6	18.0	30.2	10.7
121	赤峰市	16.5	17.8	32.5	12.9
121	玉溪市	16.5	17.7	33.0	10.7
123	邢台市	16.4	16.6	23.9	14.8
123	本溪市	16.4	15	42.0	13.2
125	黄石市	16.3	15.2	45.1	16.0
125	沧州市	16.3	12.8	38.0	20.2
127	通辽市	16.2	12.8	102.3	12
127	焦作市	16.2	11.0	35.0	25.3
129	上饶市	15.7	16.2	29.8	9.0
130	邵阳市	15.6	16.5	26.0	11.0
131	德州市	15.5	15.7	40.8	13.1
132	嘉峪关市	15.4	15.6	41.8	11.0
133	孝感市	15.3	15.9	29.0	11.2
134	铜陵市	15.3	14.7	62.9	13.0
135	盘锦市	15.2	14.0	59.8	13.8
136	营口市	15.1	14.2	38.1	13.0
137	宝鸡市	15.1	13.5	52.5	14.6
137	滨州市	15.1	13.0	46.2	13.1
137	抚顺市	15.1	13.9	34.1	17.0
137	湛江市	15.1	13.3	39.0	17.9
137	安阳市	15.1	12.8	31.1	20.0
142	宣城市	14.9	17.6	21.5	6.4
142	宿州市	14.9	16.3	48.5	5.6
144	张家界市	14.7	16.5	32.3	5.0
145	菏泽市	14.6	15.4	31.8	10.6

续表

文化力排名	城市	文化综合力	文化生产力	文化消费力	文化环境力
145	松原市	14.6	15.2	38.7	7.9
145	辽阳市	14.6	14.1	36.3	10.6
145	茂名市	14.6	14.0	37.6	11.5
145	永州市	14.6	14.7	33.2	11.4
145	信阳市	14.6	13.2	18.0	16.2
151	宜宾市	14.4	13.4	37.1	11.3
152	乌海市	14.3	12.8	70.9	9.3
153	新余市	14.2	11.5	55.5	15.2
154	许昌市	14.1	10.5	42.0	19.0
155	遂宁市	13.7	15.0	38.5	7.4
156	宁德市	13.6	14.2	8.0	11.8
157	濮阳市	13.5	14.9	32.8	8.3
158	大同市	13.4	13.6	42.0	9.4
158	丹东市	13.4	13.8	32.8	10.0
158	梅州市	13.4	13.1	31.4	10.5
158	天水市	13.4	13.5	26.2	12.0
158	自贡市	13.4	13.0	35.5	11.7
163	景德镇市	13.3	12.6	42.0	12.3
163	蚌埠市	13.3	11.9	37.5	15.0
163	南充市	13.3	11.2	26.0	16.0
163	淮南市	13.3	10.9	48.0	14.3
167	德阳市	13.0	9.0	40.4	19.0
168	吕梁市	12.8	15.7	16.0	6.3
169	池州市	12.7	12.6	43.2	8.6
170	阳泉市	12.6	12.0	32.5	10.6
171	怀化市	12.4	12.5	28.0	10.0
172	三门峡市	12.3	11.0	61.1	8.6
173	四平市	12.2	11.8	31.5	12.2
174	枣庄市	12.1	11.5	42.7	10.0
175	中卫市	12.1	6.0	26.3	24
176	保山市	11.9	13.6	28.2	5.1
176	丽江市	11.9	13.3	23.0	6.2
178	伊春市	11.8	13.5	26.3	5.9
179	通化市	11.7	12.9	32.0	7.0
179	渭南市	11.7	12.5	32.3	8.9

续表

文化力排名	城市	文化综合力	文化生产力	文化消费力	文化环境力
181	百色市	11.6	11.5	31.5	9.3
181	达州市	11.6	11.9	23.2	8.9
181	辽源市	11.6	11.5	40.0	8.5
181	六盘水市	11.6	11.8	24.9	8.5
181	汕尾市	11.6	11.2	34.1	7.7
186	鹰潭市	11.5	11.6	58.8	6.7
186	玉林市	11.5	11.7	52.1	5.0
186	张家口市	11.5	11.5	23.0	10.4
186	驻马店市	11.5	11.8	43.5	8.7
186	阜新市	11.5	10.4	31.0	10.4
191	衡水市	11.4	10.5	29.5	9.0
191	佳木斯市	11.4	10.9	27.7	13.9
191	铁岭市	11.4	10.5	35.7	11.0
194	咸宁市	11.3	10.6	33.0	10.0
194	汉中市	11.3	9.5	29.1	13.0
194	金昌市	11.3	9.9	63.5	7.0
197	莆田市	11.2	9.7	37.0	14.5
197	商丘市	11.2	8.8	6.5	19.0
199	潮州市	11.1	7.4	35.0	17.6
200	黑河市	10.8	10.9	10.9	10.0
200	日照市	10.8	10.5	35.0	9.0
202	乌兰察布市	10.6	10.2	29.2	8.4
203	安康市	10.5	9.3	41.0	6.0
204	淮北市	10.4	8.9	43.5	10.9
205	周口市	10.3	8.3	24.0	10.0
205	揭阳市	10.3	6.6	41.9	15.6
207	河池市	9.8	10.0	26.1	5.9
208	巴彦淖尔市	9.7	9.5	32.0	7.8
209	葫芦岛市	9.6	9.7	29.4	6.0
210	来宾市	9.5	9.6	40.2	4.8
210	商洛市	9.5	9.6	39.3	6.0
210	石嘴山市	9.5	9.1	34.0	7.2
210	吴忠市	9.5	9.9	34.9	4.2
214	崇左市	9.4	8.5	24.9	10.0
214	曲靖市	9.4	8.8	33.0	8.6

续表

文化力排名	城市	文化综合力	文化生产力	文化消费力	文化环境力
214	梧州市	9.4	8.6	35.9	8.2
214	阜阳市	9.4	7.9	38.0	9.5
218	双鸭山市	9.3	7.3	44.5	7.7
219	武威市	9.2	7.8	42.0	7.0
220	漯河市	9.1	6.4	38.5	11.0
221	朝阳市	8.9	9.3	23.0	5.0
222	白银市	8.8	9.2	6.0	6.2
222	定西市	8.8	9.2	24.2	4.9
224	固原市	8.6	9.5	24.0	3.9
225	亳州市	8.5	8.9	30.0	5.6
225	七台河市	8.5	8.5	18.0	4.0
227	北海市	8.4	7.9	24.5	9.2
228	滁州市	8.3	6.6	13.7	11.8
228	鹤壁市	8.3	6.2	39.3	8.2
230	昭通市	7.8	8.2	15.9	4.3
231	贺州市	7.7	7.4	26.5	4.5
232	鸡西市	7.5	7.3	17.0	6.5
232	防城港市	7.5	6.5	20.5	6.4
234	钦州市	7.4	6.7	34.1	7.2
235	莱芜市	7.3	5.6	35.5	9.4
236	贵港市	6.8	5.1	29.0	4.2

表 6－11　中国地级以上城市文化力等级评定

文化力所属等级	城市	聚类中心
第一梯队	北京市	480.00
第二梯队	上海市、广州市、深圳市、苏州市、长沙市、武汉市、成都市、重庆市、杭州市、南京市、天津市、宁波市、郑州市、哈尔滨市、西安市、沈阳市、东莞市、无锡市、绍兴市、济南市	141.95
第三梯队	长春市、大连市、合肥市、贵阳市、温州市、石家庄市、昆明市、太原市、青岛市、福州市、南通市、南昌市、秦皇岛市、常州市、南宁市、克拉玛依市、厦门市、呼和浩特市、金华市、兰州市、乌鲁木齐市、台州市、湘潭市、镇江市、扬州市、银川市、烟台市、徐州市、泰州市、承德市、宜昌市、鄂尔多斯市、桂林市、衡阳市、潍坊市、包头市、漳州市、保定市、吉林市、淄博市、济宁市、洛阳市、盐城市、淮安市、延吉市、安庆市、鞍山市、西宁市、唐山市、鹤岗市、舟山市、株洲市、龙岩市、九江市、汕头市、绵阳市、临沂市、运城市、遵义市、十堰市、黄山市、襄阳市、新乡市、吉安市、拉萨市、衢州市、岳阳市、连云港市、锦州市、	20.40

续表

文化力所属等级	城市	聚类中心
第三梯队	芜湖市、廊坊市、抚州市、三明市、萍乡市、邯郸市、长治市、开封市、肇庆市、海口市、南阳市、聊城市、临汾市、六安市、宜春市、郴州市、南平市、大理市、东营市、平顶山市、柳州市、马鞍山市、宿迁市、泰安市、惠州市、三亚市、广元市、白城市、呼伦贝尔市、榆林市、赤峰市、玉溪市、邢台市、本溪市、黄石市、沧州市、通辽市、焦作市、上饶市、邵阳市、德州市、嘉峪关市、孝感市、铜陵市、盘锦市、营口市、宝鸡市、滨州市、抚顺市、湛江市、安阳市、宣城市、宿州市、张家界市、菏泽市、松原市、辽阳市、茂名市、永州市、信阳市、宜宾市、乌海市、新余市、许昌市、遂宁市、宁德市、濮阳市、大同市、丹东市、梅州市、天水市、自贡市、景德镇市、蚌埠市、南充市、淮南市、德阳市、吕梁市、池州市、阳泉市、怀化市、三门峡市、四平市、枣庄市、中卫市、保山市、丽江市、伊春市、通化市、渭南市、百色市、达州市、辽源市、六盘水市、汕尾市、鹰潭市、玉林市、张家口市、驻马店市、阜新市、衡水市、佳木斯市、铁岭市、咸宁市、汉中市、金昌市、莆田市、商丘市、潮州市、黑河市、日照市、乌兰察布市、安康市、淮北市、周口市、揭阳市、河池市、巴彦淖尔市、葫芦岛市、来宾市、商洛市、石嘴山市、吴忠市、崇左市、曲靖市、梧州市、阜阳市、双鸭山市、武威市、漯河市、朝阳市、白银市、定西市、固原市、亳州市、七台河市、北海市、滁州市、鹤壁市、昭通市、贺州市、鸡西市、防城港市、钦州市、莱芜市、贵港市	20.40

2. 核心要素相关性和关联性分析

基于236个地级以上城市文化力数据对我国地级以上城市文化生产力、文化消费力、文化环境力进行相关性分析，计算皮尔森相关系数（Pearson correlation coefficient）见表6-12。皮尔森相关系数计算结果显示，文化生产力和文化环境力之间是高度线性相关关系，文化生产力和文化消费力之间是低度线性相关关系，文化环境力和文化消费力之间是显著线性相关关系。

表6-12　文化生产力、文化环境力、文化消费力之间的相关性

	文化生产力	文化环境力	文化消费力
文化生产力	1	0.85	0.75
文化环境力	0.85	1	0.79
文化消费力	0.75	0.79	1

对城市文化生产力、文化环境力、文化消费力进行关联性分析，可得关联性表（见表6-13）。可以看出：文化生产力与文化环境力同时低的概率为87%；文化环境力低时，文化生产力也低的概率为100%。文化消费力中下时，文化环境力和文化生产力都低的概率为59%；文化消费力中下、文化环境力低时，文化生产力低的概率为

100%。文化消费力中下且文化生产力低的概率为63%；文化消费力中下时，文化生产力低的概率为98%。文化消费力中下、文化生产力低、文化环境力低同时发生的概率为59%；文化消费力中下且文化生产力低的时候，文化环境力低的概率为94%。文化消费力中下且文化环境力低的概率为59%；文化消费力中下时，文化环境力低的概率为93%。文化生产力低且文化环境力低的概率为86%；文化生产力低时，文化环境力也低的概率为90%。文化环境力低且文化消费力中下的概率为59%；文化环境力低时，文化消费力中下的概率为68%。文化环境力低、文化生产力低、文化消费力中下同时发生的概率为59%；文化环境力低、文化生产力低时，文化消费力中下的概率为68%。文化生产力低且文化消费力中下的概率为63%；文化生产力低时，文化消费力中下的概率为65%。

表6-13　文化生产力、文化环境力、文化消费力之间的关联性

	support	confidence
文化环境力_低→文化生产力_低	0.87	1
文化消费力_中下→文化环境力_低→文化生产力_低	0.59	1
文化消费力_中下→文化生产力_低	0.63	0.98
文化消费力_中下→文化生产力_低→文化环境力_低	0.59	0.94
文化消费力_中下→文化环境力_低	0.59	0.93
文化生产力_低→文化环境力_低	0.86	0.90
文化环境力_低→文化消费力_中下	0.59	0.68
文化环境力_低→文化生产力_低→文化消费力_中下	0.59	0.68
文化生产力_低→文化消费力_中下	0.63	0.65

本章对我国文化力进行了系统分析，基于经济学供需理论兼顾统计数据的可得性建立了以文化生产力、文化消费力、文化环境力为核心要素的文化力评价体系，基于2017年31省（市）、256个地级以上城市数据使用熵权法对我国区域文化力进行了统计。结果显示，我国文化力在省、市间差异巨大，第一梯队、第二梯队、第三梯队的省、市文化力相差数倍，我国文化力发展极不平衡。从地理分布来看，我国省、市文化力呈现东强西弱的格局，文化力较强的省（市）集中在东部或沿海发达省市，文化力较强的城市集中在直辖市和省会城市。从核心要素相关性和关联性分析来看，文化生产力、文化消费力、文化环境力之间的相关性非常强，文化生产力、文化消费力、文化环境力同时还存在较强的关联性，文化生产、文化消费可以反作用于文化环境从而促进社会经济环境发展。

第七章　中国区域文化发展战略研究

基于实证分析以及相关理论研究，本章从文化产业、文化事业、文化消费、文化环境四个角度分析我国区域文化发展存在的劣势与不足，通过挖掘文化发展存在的短板，为提升我国区域文化力做好理论研究铺垫。

一、中国区域文化发展存在的问题

（一）文化产业效率水平较低，国际影响力和竞争力不足

文化产业是以内容为核心的创意密集型产业，具有资源消耗低、环境污染少、促进就业能力强、附加值较高等特性。大力发展文化产业是发挥文化要素经济功能、促进我国经济稳定增长和结构优化的必然之举。从我国区域文化产业发展现实情况来看，我国区域文化产业发展还存在以下劣势与不足。

1. 文化企业竞争力不强

文化产业具有规模效应和规模报酬递增的特征，文化企业整体规模大、竞争力强，能够促进文化产业效率的提高。当前我国文化产业发展还处于起步阶段，文化企业整体存在“弱、小、散、乱”的问题，缺乏具有国际竞争力、影响力的文化领军企业，难以发挥文化产业规模效应。从亚太总裁协会 2012 年公布的国际文化产业企业排名数据上来看，全球文化产业领军企业排名前 30 强中，中国文化企业未能占据一席之地，相比之下，美国纽约有 15 家入榜，法国巴黎有 2 家入榜，英国伦敦有 2 家入榜，日本东京有 3 家入榜。中国文化企业总体规模与竞争实力与其他国家文化企业相比差距较大。尽管政府有关部门在着力推进文化企业兼并重组形成文化产业“航母”，但是现阶

段这种资源整合多是政府主导采取“拉郎配”的方式，整合企业缺乏明确的整合目标，整合后的文化企业多存在集约化程度较低、缺少化学反应、整合效率较低、企业经济效益不理想等一系列问题。我国仍然缺乏规模大、水平高、竞争力强的文化产业“航母”，文化产业“航母”的缺乏制约了我国文化产业规模化、集约化发展。

2. 文化产业链不完整

文化产业除了具有规模经济特征还具有范围经济特征。当文化产业链条不断延伸和拓展时能够通过分工的深入进一步提高文化产业生产率，通过对产品进行细分和深度开发延伸至其他领域可以增强文化产品的影响力和辐射力。从我国的实际情况来看，是我国文化产业尚未形成完整、顺畅、高效的产业链条，文化产业各环节之间存在断层、不成体系，文化企业之间缺乏协调合作未能发挥文化产业链的影响力、辐射力、带动力。以电影行业为例，根据好莱坞电影产业“火车头理论”，电影作为火车头可能不赚钱但可以通过产业链上的其他环节如广告、游戏、服装等借由电影的影响力获得盈利，我国电影业仍处于产业链条过短、处于虽有票房但无盈利的尴尬境地。国外很多文化航母型企业如时代华纳、索尼、迪斯尼等都是通过构建复合型产业链条提高文化产品的影响力、竞争力，提升文化企业的生产效率。以时代华纳公司为例，时代华纳公司实行全产业链发展，业务涵盖电视、电影、娱乐、广播、出版、音乐等六个主要行业，并且在每个行业中打造自身的文化品牌包括华纳兄弟、CNN、Netscape、HBO、时代杂志等。全产业链运营使得文化产品的经济价值能够得到深度开发，成功的电影作品可以制作成电视、小说、动漫、广告、娱乐节目等一系列文化衍生产品，能够提高文化产业生产效率和文化企业利润额。因此我国文化产业要进一步发展就必须进一步拓展前后端产业链，做到上游开发、中游拓展、下游延伸，大力发展衍生业、关联产业、辐射产业。

3. 文化资源利用不足

从本书的文化产业效率实证研究结果可以看出 2004 年、2008 年、2013 年我国大多数省份存在文化产业发展缺乏效率的情况，这从一个侧面说明我国文化产业资源存在利用不足的问题。首先，文化资源开发低端化、粗放化等问题严重。我国是四大文化发源地唯一延续至今的国家，文化资源丰富，文化积淀深厚；但我国文化产业对于我国的历史文化资源开发过于低端化、粗放化，导致文化资源利用不足。以动漫产业为例，“功夫”“熊猫”这些都是中国传统的文化资源元素，但这些资源在中国仅仅用于旅游开发，而美国好莱坞动漫团队充分利用这些文化元素打造了美国版的《功夫熊猫》系列动漫在全球获得了超过 40 亿元人民币的超高票房和良好的口碑。反观我国国产动漫产业仍处于模仿日本、美国等国动漫创意的阶段，自身动漫创意水平低，动漫作品对于本土文化挖掘不足，缺乏鲜明的民族特点。其次，文化资源与高新科技结合不足。处于数字化、信息化时代，文化发展必须加上科技这一新的动力引擎，通过利用最新的科技手段来开发文化资源。但由于我国文化产业长期处于世界文化产业链下游，应用科技手段开发文化资源的能力不强、经验不足，这导致文化资源的利用效率下降。美国国家历史较短，历史文化资源不多，但却是全球文化产业的霸主，享有全世界56%的广播收入和有线电视收入、85%的收费电视收入、55%的电影票房收入；而文化资源丰富的中国在全球的文化产业格局中处于低端位置，文化产业在国际的竞争力和影响力与美国、日本、韩国等发达国家相比差距巨大，归根结底是对于文化资源挖掘不深入、文化资源利用不充分所致。

4. 文化产业创新能力差

文化产业属于创新密集型产业，创意是文化产品基本经济价值的来源，创新是文化产业发展最为核心的要素和动力。当前文化产业发展存在创新动力不足的问题，具体表现在文化企业过分依赖已有开发成熟的文化产品而忽视文化内容创新，整体来看图书、动漫、游戏、影视等行业都存在创新不足、选题跟风、低水平重复开发等问题，文化产品形式单一、内容雷同、艺术抄袭、原创性不足等问题比较突出。文化创新能力不足导致文化产业整体“虚胖”，文化GDP泡沫严重。虽然文化产业规模持续增长，但产业核心发展动力和后劲不足，长此以往将严重制约文化产业的发展，是我国文化产业生产力提高的巨大障碍。

5. 文化人才积累不足

人才是文化产业重要的生产要素之一，是文化产业生存和发展的基础。当前文化人才积累不足体现在符合文化企业需求的创意型人才、管理型人才、国际型人才等严重不足，据统计我国文化产业增加值从2009年到2017年翻了近两番，但是文化人才增长不足30%，文化人才的增长速度远远低于文化产业的发展速度，造成文化人才的普遍短缺。文化人才的持续短缺必然会造成文化产业效率下降，加强文化人才队伍建设已成为文化产业发展的迫切需要。

（二）文化事业发展相对缓慢，区域发展差异明显

公益文化事业是以保障人民群众的基本文化权益为出发点，以构建公共文化服务体系为基本手段，以满足人民群众日益增长的精神文化需求为目标，为全社会提供非竞争性、非排他性的公共文化产品（服务）的活动。公益性的文化事业和经营性的文化产业共同发展，才能够促进我国整体文化生产力和文化力的增强，实现文化强国的

整体目标。从我国文化事业发展现实情况来看，我国文化事业发展还存在以下劣势与不足。

1. 文化事业发展不平衡

文化事业发展不平衡首先表现在地区之间发展不平衡，从31省（市）均等化公共文化服务水平测度的结果来看，民众所能够享受到的公共文化服务存在差距，省域之间公共文化服务水平的不平衡发展呈现逐年强化的趋势。文化事业发展不平衡其次表现在城乡之间文化事业发展不平衡。长期以来受城乡二元结构影响，乡村的文化事业发展总体落后于城市，乡村文化设施水平相对薄弱、公共文化产品（服务）相对短缺，很多农民无法享受基本的公共文化服务，农村文化事业与城市文化事业发展差距不断增大。文化事业发展不平衡还表现在不同受众群体之间能够获得的公共文化产品（服务）差距较大，例如农民工等大量外来人口以及妇女、未成年人、老年人、残疾人等特殊群体的基本文化需求没有得到满足。

2. 文化事业发展相对缓慢

随着我国经济社会的发展，人民群众的精神文化需求增长速度加快，而文化事业发展相对缓慢，文化事业发展速度不能满足人民日益增长的文化需求。以公共文化设施发展为例，北京市是我国公共文化服务水平最高的城市之一，但是国家统计局北京调查总队通过计算机辅助电话调查（CATI）方式开展的问卷调查结果显示六成以上被调查的北京居民认为居住区内的公共文化设施明显不足，这一结果表明公共文化服务体系建设与居民日益增长的文化需求还存在较大差距，公共文化产品（服务）与居民公共文化需求之间存在较大缺口。

3. 文化事业经费投入不足

文化事业生产不以营利为目的，文化事业生产的主要资金来源依靠政府财政支持，因此政府财政投入对公益性文化事业发展起到重要的支撑作用。尽管近年来政府对于文化事业的投入逐年加大，但是公共文化事业发展资金紧缺的情况仍时常存在，政府财政投入比例低、投资规模小以及公共文化财政投入缺乏刚性规定等问题已经成为制约我国公益文化事业发展的现实问题。以公共文化设施经费投入为例，部分地区由于文化事业经费投入不足致使公共文化设施的档次和水平较低，公共文化设施欠账较多；很多公共文化设施是一次性的投入，设施后期维护没有固定的经费来源，公共文化设施“重投轻管”的现象十分严重，大量公共文化设施由于没有后续固定的维护经费导致设施损坏无法开展正常的文化活动，公共文化设施的使用效率大打折扣。

（三）文化消费水平整体不高，消费潜能尚待挖掘

投资、出口、消费是推动文化生产力提升的“三驾马车”。从文化出口来看，当前西方文化产业在全球占据着绝对强势的地位，想短时期内促进文化出口迅速增加、缩小国际文化逆差难以实现；从文化投资来看，投资是当前文化发展主要的驱动力，但是仅仅依靠投资是无法保证我国文化产业健康发展、长期发展的；只有扩大文化消费才是进一步推动文化产业健康发展、持续发展的动力，文化消费不仅仅能够拉动文化生产，文化消费内容和载体的升级还可以带动文化产业发展升级。当前我国区域文化消费发展存在以下劣势和不足。

1. 整体文化消费水平较低

发达国家文化消费数据表明，当人均 GDP 达 5 000 美元以上时，居民文化消费水平会有大幅增长。但是从我国的实际情况来看，2018 年我国人均 GDP 超过 8 000 美元，我国居民文化消费没有呈现井喷式增长，居民文化消费水平仍然整体偏低，数据显示我国人均文化消费仅为发达国家的 30%左右，巨大的文化消费潜力有待挖掘。

2. 文化消费发展不平衡

我国文化消费发展不平衡表现在各省之间文化消费发展的不平衡和城乡之间文化消费发展的不平衡，地区差异、城乡差异比较明显。首先，由于经济发展水平、文化消费观念等不同，我国东部和西部文化消费差异十分明显，东部地区文化消费水平远高于西部地区文化消费水平，文化消费整体呈现东强西弱的态势。其次，城乡居民文化消费二元化特征明显，城乡居民文化消费差距持续扩大。农村居民文化消费依然集中在看电视和读书看报，文化消费范围与城镇居民相比仍有较大差距。从文化消费需求来看，超半数的农村居民对教育培训、观影、参观游览、欣赏演出等文化消费没有需求，农村文化消费还处于较低层次。

3. 文化产品供需存在结构性矛盾

我国文化消费市场存在文化产品供给结构性短缺和结构性过剩的问题。一方面，由于我国文化消费市场发展处于初期阶段，文化市场存在文化产品细分不足的问题，中低收入群体、老年人群体等群体的文化消费需求没有被深入挖掘，大量文化潜在需求没有得到满足同时也没有转变成为文化消费，针对特殊群体的文化产品供给结构性短缺；另一方面，文化消费产品同质化情况严重，部分文化产品存在供给结构性过剩的问题，文化产品不能够通过文化消费转变为经济价值，资源浪费的情况十分严重。

（四）文化市场尚未成熟，发展环境有待优化

文化环境力是文化力的重要组成部分，也是文化生产和文化消费良性发展的重要支撑。本小节结合我国区域文化发展实际分析我国区域文化环境还存在的劣势与不足。

1. 政府扶持力度不足

我国文化发展处于初级阶段，文化产业整体竞争力、影响力不强，受到西方文化产业冲击较大。文化产业具有前期资金投入大、投资风险高、投资周期长等特征，大量中小企业融资渠道有限，在贷款、担保等融资环节都存在极大的困难，中小文化企业生存难、发展难，极大地限制了我国文化产业的发展。文化产业的发展需要政府在税收、土地、信贷、投融资等方面加大扶持，而当前各地区在相关扶持政策和保障机制等方面仍存在欠缺，对于文化产业的引导力度不足。同时，我国的文化消费水平与同等发展水平国家相比较低，大量文化消费潜力没有被激发释放。政府在优化文化消费环境、建立文化企业与文化产品消费者的交流平台、培育引导居民文化消费上缺乏有效的政策措施，文化消费疲软极大地限制了文化力的提升。

2. 城市化水平不高

城市化通过将大量的人才、资金、文化等资源聚集，能够有利于文化产业的规模化生产和聚集化发展，降低运输、交易等费用，降低生产成本，提升文化产业的生产效率。城市化还将大量的农村人口转变为城市人口，一般来说城镇居民文化消费远远高于农村人口文化消费，因此城市化水平的提高会促进我国整体文化消费水平的提升。综上，城市化对于文化生产和文化消费都有着积极的促进作用，但我国城镇化率与发达国家相比还存在一定的差距，城市化率还有进一步上涨的空间。

3. 历史文化资源保护不足

历史文化资源是文化资源的重要组成部分，同时也是我国文化发展的重要优势。尽管我国历史文化资源保护工作取得了很大的进展，但不可否认的是由于城市化发展等多种因素，大量历史文化遗址在城市建设与改造中遭到破坏，大量的非物质文化遗产由于丧失了消费群体、自身传承后继无人等原因而逐渐消失，诸多历史文化资源遭到毁灭性的破坏。

4. 文化相关政策法规不健全

良好的法制环境对于文化发展至关重要，当前我国存在文化立法空白多、文化立法效力层级较低、文化市场执法不严、法制文化淡薄等诸多问题。文化立法空白主要

体现在我国公共文化服务、文化创意、历史文化名城保护、艺术品管理、专业艺术发展、对外文化交流、行为艺术等领域尚无相关法律、法规而处于无法可依的状态，一些文化新型业态如微信、微博、室外频道广告文化传播等也没有相关的法律、法规进行约束和规范。文化立法效力层级较低主要体现在大量文化管理活动依靠规章性文件来规范，法律效力层级较低。文化市场执法不严主要体现在文化执法多为突击战，侵权盗版、制假贩假屡见不鲜，文化执法未能日常化、规范化、长期化。法制文化淡薄体现在我国的法制文化尚未形成，人民群众遵法、信法、守法、用法、依法维权的观念仍还没有树立起来，部分人民群众法律意识比较淡薄，法律的权威性被严重忽视，法治文化建设仍任重而道远。

二、中国区域文化发展建议

基于前文对我国文化发展存在的劣势与不足的分析，本节有针对性地提出促进我国区域文化力提升的政策建议，以期为我国政府相关部门政策制定提供参考。

（一）加快文化供给侧改革，提升经营性文化产业效率

1. 培育文化“航母”集团，推动文化产业成为支柱型行业

重点培育一批具有竞争力和影响力的文化“航母”集团，鼓励文化企业跨行业、跨地域、跨所有制经营和重组，做大、做强、做优，走品牌化道路。提高文化企业规模化、集约化、专业化水平，改善文化企业“弱、小、散、乱”整体实力和竞争力不强的现状，使得各省的影视娱乐、新闻出版、演艺展览等产业都有支柱型的大集团，充分发挥文化“航母”集团示范、辐射作用。以培育文化企业“航母”为抓手，扩大区域文化产业规模，使其朝着市场化、集团化、国际化的方向发展，推动文化产业成为我国经济支柱型产业。

2. 打造“中国创新”文化品牌，实现文化产业升级换代

创新是文化产业发展的核心，是文化产业做大、做强的助推器。鼓励文化企业进行创新，使得文化产品生产由“中国制造”向“中国创造”转变，打造“中国研发”“中国创意”“中国创造”文化品牌。处于数字化、信息化时代，文化创新必须加上科技创新这一新的动力引擎，“文化＋科技”创新模式已成为文化产业发展的必然潮流。

提高文化产品的科技含量，充分发挥科技创新在文化产业发展中的引擎作用，加快形成科技创新与文化创新“双轮驱动”发展模式，加快科技创新成果转化，提高我国传媒、影视、网络、动漫等领域技术装备水平，增强文化企业自主创新能力。借助科技创新的力量积极发展以数字化生产、网络传播为主要特征的动漫、网游、手机音乐、手机报刊、手机阅读、手机娱乐、数字文化服务等新型文化产业，推动优秀文化内容与数字化等高新技术紧密结合，进一步提升文化产业发展层次，实现文化产业自身的升级换代。

3. 搭建文化要素服务平台，打造区域文化资源共享体系

探索建立包括公共政策发布、公共技术支撑、投融资服务、商业信息发布、资源共享、统计分析、知识产权、人才培训、展示交易、研发设计和国际交流等多种功能在内的文化产业公共综合服务平台。重点培育文化要素市场，发展文化要素服务平台，成立文化产权交易所、中国设计交易市场、中国艺术品交易中心等文化要素交易市场，打造区域文化信息资源共享体系。

4. 培育文化产业功能区，发挥文化产业规模聚集效应

统筹文化资源合理规划布局，鼓励社会资本和民间资本参与，着力培育不同特色的文化产业功能区，引导文化产业集群发展，发挥产业功能区的聚集效应、品牌效应和辐射效应。根据各个功能区的定位、特性和发展瓶颈，完善土地、金融、税收、人才等相关政策，进一步提升功能区集聚能力、增强带动作用，形成多元支撑、特色发展的格局。根据文化产业具有正向溢出效应的特性进一步推进中心辐射战略，以文化产业发展较发达的省市为中心与周边文化产业欠发达省市形成文化产业发展集群，推动文化产业发挥整体规模效应，聚集更多的人才、技术、资金等生产要素同时促进这些生产合理流动、合理配置，打造文化产业全产业链生态区，促进区域协同发展。

5. 完善拓展文化产业链，提高文化产业发展效率

文化企业要进一步加强文化产业链的构建和延伸，积极利用文化产业促进组织和中介机构、行业组织，借助其资源整合能力和平台搭建能力解决产业链缺失的问题，通过中介机构和行业组织找到合适的供应商和合作商。政府相关部门应做好服务工作，在不同的文化产业门类之间打造产业链，做好产业链空间布局规划，将产业环节合理布局到相应的区域内。

6. 加大政府扶持力度，破解中小企业资金困境

我国文化产业处于发展的初级阶段，需要政府加大扶持力度促进文化产业发展。首先，政府应增加对于文化产业的财政投入支持。我国文化企业大部分是中小企业，

这部分企业面临的最大难题之一就是资金问题。政府财政应当建立文化产业发展专项资金，采用贴息、补助、奖励、股权投资等方式支持中小企业发展，充分发挥财政资金引导、带动作用，引导各种社会资本进入文化产业。其次，政府应加强对于文化产业的政策支持力度。政府应当在投融资、信贷、税收、土地等方面给予扶持，建立文化产业扶持政策和保障机制，扶持文化产业成长。尤其在投融资方面，政府应支持文化企业通过资本市场发行股票、债券等金融产品进行融资，鼓励文化企业增加融资渠道，对于拟融资成功的企业可以享受“文化企业上市专项扶持资金”政策，为文化创意产业发展创造良好的融资环境保障；完善中小文化企业信用担保机制和企业融资机制，鼓励金融机构通过制度创新、产品创新、管理创新加大对中小文化企业的资金支持力度，为文化产业的蓬勃发展打下坚实的基础。

（二）推进公益性文化事业发展，保障人民群众共享文化发展成果

文化事业与文化产业是文化生产的两翼，是保障人民群众共享文化发展成果权利的重要支撑。促进文化繁荣发展应大力发展文化事业，完善公共文化服务体系建设，推动文化产业与文化事业两轮驱动、共同发展。本小结针对我国文化事业发展存在的问题，提出以下政策建议。

1. 发挥政府主导作用，完善文化事业财政投入机制

进一步发挥政府主导作用，将公共文化服务体系建设放在全局工作的重要位置，将公共文化服务体系建设纳入各级政府年度绩效考核指标。进一步完善文化事业财政投入机制和长效增长机制，将基本公共文化服务经费纳入政府年度预算，政府财政要优先保障具有社会性和公益性的文化事业发展。

2. 增加文化产品服务供给，进一步满足人民群众文化需求

与发达国家相比，我国在文化基础设施供给量、公共文化服务能力等方面都需要进一步加强。应进一步完善公共文化服务体系，建立覆盖城乡的文化服务节点和网络体系，增强文化基础设施的公益性、开放性、均等性、服务性、便利性，完善和拓展公共文化基础设施“免费开放”政策，规定文化基础设施的基本标准、资金筹措来源，提升公共文化服务整体水平。新建、改建一批公共图书馆、文化馆、公园、文化广场等，进一步满足人民群众日益增长的文化需求，让人民共享文化发展成果。

3. 搭建公共文化资源服务平台，促进公共文化资源共建共享

探索公共文化设施资源的共享机制，搭建公共文化资源服务平台，推进公共文化服务阵地的数字化建设，提高公共文化服务的数字化普及率，促进公共文化资源共建

共享。努力形成覆盖城乡的数字文化服务体系，建设覆盖城乡的数字图书馆、阅览室等，大力发展文化信息共享工程。提高公共文化服务的信息化、网络化水平，形成公共文化服务发展强省对其他省市的公共文化的引领作用和带动作用。

4. 关注特殊群体公共文化需求，推动公共文化服务社区化

增建面向妇女、未成年人、老年人、残疾人等特殊人群的公共文化设施，针对不同群体文化需求多元开发文化产品内容和服务模式；切实维护和保障外来人口的基本文化权益，逐步形成“政府主导、企业共建、社会参与”的外来人口文化工作机制，健全配套政策制度，推动外来人口文化工作的规范化、制度化、常态化，增强外来人口的归属感以及认同感。推动公共文化服务向社区延伸，在便民商业设施和重要交通节点配置公共文化设施，以减缓交通因素给市民带来的在文化参与上的障碍，注重与社区的有机结合，注重营造便利、亲和的文化生活氛围，推动社区文化发展，实现文化的社区化。

（三）改善文化供需结构性失衡，深度挖掘文化消费潜力

文化消费力是促进文化生产力的内生动力，是提升整体文化力的重要抓手。我国存在文化消费整体水平偏低、文化消费发展不平衡、文化供给与需求结构性失衡等问题。本小节针对这些问题，提出以下政策建议。

1. 增加文化消费供给，满足不同人群文化需求

鼓励文化企业打造符合当代文化消费者需求的原创文化精品，通过政府文化消费补贴、购买服务等途径，重点扶持一批能够提供综合性、个性化、多样化文化产品和服务的优质文化企业，引导和支持文化企业开拓文化消费市场，为消费者提供更多的文化消费选择。通过举办文化艺术节、音乐节、电影节、图书节、文化创意产业博览会等重大活动，打造具有中国特色、主题鲜明、人民认可的文化消费节日品牌，为群众文化消费提供更多更好的选择，满足居民不同层次、不同人群多样的文化需求。

2. 优化文化消费环境，培养居民文化消费习惯

文化消费受环境因素影响较大，文化消费环境优化能够为居民文化消费提供基础性保障。首先，优化文化消费环境要增加文化消费时间。通过强化带薪休假制度的管理和执行增加居民文化消费时间，保障居民有充足的时间进行文化消费。其次，优化文化消费环境要增加居民可支配收入。居民可支配收入是影响文化消费水平最为重要的环境因素，是文化消费的原动力之一。因此，文化消费环境的优化可以通过居民可支配收入“开源节流”双管齐下实现，一方面通过降税增收等政策建立良性的收入水

平增长机制，另一方面通过健全医疗、教育、住房、养老等社会保障机制，改变居民远期消费预期，改善居民消费结构，让居民有更多的收入进行文化消费，逐步形成文化消费习惯与文化消费理念。

3. 搭建文化企业与消费者交流平台，实现文化供给与需求无缝对接

搭建覆盖各个省域的文化消费信息资源共享服务平台，对文化消费群体进行分层，按不同地域、不同年龄、不同收入细分文化消费群体，按价格、类型、品质细分文化产品，将文化消费需求信息传递给文化企业，促进文化供需匹配，避免文化市场出现“结构性短缺”和“整体性过剩”等问题。加强文化消费市场引导、行业监测分析、综合信息服务、商户联合营销等多种功能建设，实现文化供给和需求的无缝对接，实现企业有效销售和消费者有效消费。

（四）优化文化发展环境，夯实文化发展基础

文化环境力是文化力中的基础力量，文化环境力的提升对于文化生产力和文化消费力的提升都具有重要的积极影响作用。本小节结合前文区域文化环境存在的劣势与不足，提出相关解决的政策建议。

1. 着力文化人才培养，打造高素质文化人才队伍

丰富的、高质量的人才资源是文化发展的根本，是文化建设中最具有活力和最有潜力的因素。提升我国区域文化力、增强文化人才资本积累需要从以下三点入手：首先要完善文化人才培养政策，依托高校平台培养文化人才。引导高校适应社会实际需要，优化更新高校培养方案，组织专家学者认真分析文化人才培养规律，探究文化人才的职业前景预期，制定高校文化人才培养专业方案，使得学生的知识结构和能力水平符合用人单位需要。充分发挥各区域资源优势，创新创意人才培养模式，形成多途径、多形式、立体化的人才培养机制，促进高校、科研机构、骨干文化企业之间合作，形成产、学、研联动的文化人才培养模式，鼓励文化人才在产、学、研多点执业，打造符合市场需求的高素质文化人才队伍。其次，通过优化人才发展环境，吸引文化人才聚集。积极探索文化人才认定与分级政策，为文化人才职称评定和户籍保障等提供全方位的配套服务，营造全社会尊重人才、尊重创新、尊重个性的环境。搭建文化人才培训服务平台，提供培训服务，使得文化人才能够更加符合文化产业更新换代的需要，增强文化人才与文化企业的匹配度。多策并举吸引文化人才聚集，形成一支以高层次人才为龙头，以经营管理人才、创意设计人才、理论研究人才、技术创新人才为主体，以公共管理和服务人才为基础的高素质人才队伍。再次，建立合理人才引进机

制，全球化配置文化人才。完善人才引进机制，搭建人才引进绿色通道，面向国际、国内两个市场，着力引进一批能够带动行业发展的文化产业领军人才；创新人才评价机制，加快建立起以能力和业绩为导向，由品质、知识、能力等核心要素构成的文化创意人才评价指标体系，建立完善、规范的人才评估制度和人才评价手段。大力开发应用符合市场经济规律的现代人才测评制度以及分配激励机制，努力提高人才评价的科学水平并依据文化资源配置市场化的原则优化人才激励机制，对促进文化产业发展有突出贡献的集体和个人进行表彰和激励，充分发挥经济和荣誉双重激励作用，激发文化人才创作热情与动力，使得人才能够引得进、留得住。

2. 建立健全文化法制体系，优化文化法制环境

良好的文化法制环境是文化发展的前提和基础，应针对当前制约我国文化发展和文化创新的关键问题、难点问题统筹立法资源，推进立法工作，建立健全文化法制体系，优化文化法制环境。第一，在立法内容上要制定文化产业、文化事业、文化消费等方面管理服务的相关法规政策，健全文化产业、文化事业、文化消费法律体系，将文化发展纳入法制轨道。完善文化知识产权保护体系，进一步增强对文化产品和品牌的保护，实行研究、创作、开发、生产全过程的知识产权保护。政府部门应当建立健全以知识产权保护为核心的文化市场法律法规，为文化产业化发展营造公正、公平、法制的经营环境。第二，在文化执法层面上要加强文化执法队伍建设和文化执法制度建设，促使文化执法工作制度化、常态化、长效化。第三，加强对社会公众文化法律普法教育，建立健全有利于全社会形成法治文化的长效制度。采用人民群众喜闻乐见、通俗易懂的形式在服务群众的过程中教育群众，提高全社会的文化法制水平。

3. 加强历史文化遗产保护，彰显文明古国文化魅力

历史文化遗产是一个地区文化资源禀赋的重要组成部分，我国丰富的历史文化遗产是我国文化走向国际的金名片，增强我国文化的国际影响力需要加强我国历史文化遗产保护，协调好文化资源保护与城市发展的关系。首先，要充分认识历史文化遗产的价值。随着我国现代化进程的加快，现代化建设正在以空前的规模和速度展开，历史文化遗产保护处于最紧迫和最关键的历史阶段。文化发展要认识到历史文化资源的重大价值，充分发挥文化资源禀赋的巨大优势，彰显文明古国文化魅力。加大投入用于维护世界级历史文化设施，扩大历史文化设施保护范围，将未列入文物保护名单的历史文化设施逐步纳入保护名单范围。其次，要建立历史文化遗产长效保护机制。历史文化遗产保护应建立起能长远、能保长效的相关制度。建立历史文化设施保护指标体系、监测评价体系，将各地区历史文化名城保护纳入政府工作考核评价体系，将历史文化名城保护情况作为区域内经济社会发展水平和领导干部任期考核重要内容。继

续加强历史文化遗产方面的法律法规建设，对文化遗产保护情况进行实时监管，实现历史文化遗产的长效管理机制，在做好前期保护工作的基础之上，根据区域特色重视后期的维护和开发利用，定期对后续的保护工作进行抽查和考核，进一步完善历史文化遗产的保护机制。再次，鼓励全民参与历史文化遗产保护。鼓励广大市民参与到历史文化遗产的保护中，发挥广大市民在历史文化遗产保护过程中的重要作用。充分调动市民保护历史文化遗产的积极性，引导市民自发参与到历史文化遗产的保护与传承中。发挥社会公众监督作用，建立覆盖面更为广泛的社会公众监督体系，尊重广大群众的参与权和监督权。

三、北京建设全国文化中心战略研究

文化是党中央推进国家治理体系和治理能力现代化的重要组成部分。2017 年 8 月，北京市委在推进全国文化中心建设领导小组第一次会议上着力强调文化建设是首都建设的重要内容，指出要通过改革文化发展方式保护历史文化，增强文化供给，推动文化产业与公共文化服务相结合，发挥北京文化创意产业在全国的引领作用。因此有必要以北京为例，探讨北京以建设全国文化中心为抓手繁荣文化发展过程中所存在的问题，并提出相应的建议。

（一）北京建设全国文化中心概述

北京作为我国的首都，加强全国文化中心建设，是落实首都城市战略定位、推动首都社会主义文化繁荣兴盛、支撑北京国际一流及和谐宜居之都建设的重大战略举措，具有重大的战略意义和必要性。

1. 提升北京城市竞争力和影响力

城市文化竞争力是城市竞争力的重要组成部分，并且能够直接影响城市竞争力。例如巴黎、纽约、伦敦、东京这些全球公认的世界文化中心城市，不仅在文化竞争力方面全球领先，城市的综合竞争力也位于世界前列。进一步来看，巴黎的“时尚文化”、伦敦的“创意文化”、纽约的“大众文化”、东京的“动漫文化”，这些城市正是通过特色文化增强城市影响力，进而在参与全球竞争中占据更有利的位置。因此，对于北京而言，建设全国文化中心城市可以通过提升城市文化竞争力增强其整体的国际竞争力和影响力。

2. 助推北京经济的发展与繁荣

强大的城市经济需要强大的城市文化作为支撑，城市文化强大更可有效地带动城市经济的发展。全国文化中心城市的特点主要体现在文化繁荣上，文化繁荣对经济的带动不仅在于高附加值的文化产业及创意产业对城市经济发展的直接促进作用，而且还在于其间接促进作用。文化竞争力是城市的文化资本，可以间接转化为城市经济资本的重要财富。比如文化竞争力强的城市会吸引资金、人才的聚集，进而促进城市经济的发展。

3. 有效提升居民生活质量

从世界文化中心城市的发展来看，这类城市的居民整体文化水平、道德素质较高，且具有较高的生活品质和较强的生活幸福感。北京建设全国文化中心城市将会进一步推动文化事业全面繁荣，文化产业健康发展，居民基本文化权益保障水平大幅度提高，社会文化生活丰富多彩，居民思想道德素质和科学文化素质全面提高。因此，北京建设全国文化中心城市将有效提升居民生活质量。

（二）北京建设全国文化中心存在的问题

然而，北京在建设全国文化中心过程中仍存在以下八个方面的问题。

1. 缺乏文化氛围

（1）缺乏百家争鸣的文化氛围。

在中国历史上，春秋战国是思想和文化最为辉煌灿烂、空前繁荣的时代，这一时期出现了诸子百家彼此诘难、相互争鸣的景象。诸子百家既相互独立又相互学习、相互摄取，而这些思想之所以能够交流和传播主要在于当时知识分子崇尚教育、学术言论自由民主、不分贵贱的文化氛围。世界文化中心城市应该是多元思想的聚集地，百家争鸣的文化氛围能够促进思想的交流传播。当前中国百花齐放、百家争鸣的氛围渐有式微之态，这种文化氛围的缺乏制约了人的创造力的有效发挥。

（2）缺乏包容失败的文化环境。

包容失败的文化环境对于文化创新和发展十分重要，因为创新无一不是经历无数次失败才最终获得成功的。没有失败的积淀就不可能创新，但是我们整个社会还未形成包容失败的文化氛围。由于创新就意味着要对传统进行突破、对惯例进行改变，要打破过去的条条框框，很多青年科技人员新颖的思想观点、标新立异的思维经常因遭到强大的传统势力或某些“权威”的否定而被扼杀。事实上，只有肯包容失败，才能够鼓励探索、激励成功，才会形成全社会的创新意识、创新精神，激发全社会的创造活力。

(3) 缺乏多元开放的文化意识。

从城市功能上来说，世界文化中心城市不是只属于一个国家、一个城市及当地居民的，而是属于全球和世界公民的。它应该能够承载来自世界各地的不同文化，能够呈现不同文化相互包容、相互促进的城市文化精神。城市多元开放能够增强城市文化的吸引力和文化再生能力，有利于吸引全世界的优秀人才。世界文化中心城市纽约就是一个典型的多元开放的城市，世界上几乎所有主要国家都有移民在纽约。20 世纪 80 年代，纽约市民使用的语言达 122 种，其外籍人口所占总人口比重达到了 28.4%；而北京直到第六次人口普查外籍人口所占总人口比重仅为 0.53%，从这一数据看北京的多元开放性明显不足。

2. 缺乏优秀传统文化的传承

党的十八大报告提出了“建设优秀传统文化传承体系，弘扬中华优秀传统文化”的重大任务。优秀传统文化凝聚着中华民族自强不息的精神追求和历久弥新的精神财富，是发展社会主义先进文化的深厚基础，是建设中华民族共有精神家园的重要支撑。中华民族博大精深的传统文化，既有关于天人合一、人与自然和谐相处的可持续发展之道，又有关于仁、义、礼、智、信的伦理规范作为社会活动的指南。然而当下优秀传统文化遭遇到传承困境，例如伦理文化中的仁、义、礼、智、信精神遭到了撼动，忠诚信仰、孝顺信仰、真诚信仰严重缺失，社会腐败现象严重；空巢老人无人照料；“陌生人社会”现象凸显。如果优秀传统文化不能深入人心并影响人的行为，不能成为人的精神追求、精神信仰，就无法传承下去。从历史来看，任何一个民族的延续发展，都是在既有优秀传统文化基础上进行的。文化不能传承，就会迷失发展方向、丧失根本，建设世界文化中心城市更是无从谈起。

3. 缺乏传统文化的现代表达

传统文化只有不断地超越和创新才能展现其价值和生命力。当前传统文化的表达方式还需创新。要促进传统文化的发展，传统文化必须是“活”的，要通过分析当代人的需求，利用新科技、新手段寻找合适的现代表达方式，进而提高传统文化传播力。如《云南映像》就是一个将文化与旅游、商业相融合，将传统文化进行现代化表达的典范。它将原生态原创乡土歌舞精髓和民族舞经典全新整合重构，展现了云南浓郁的民族传统文化，通过结合现代科技手段以及有效的营销、包装、推广使得云南传统文化从高原村寨走向世界，散发出新的魅力与活力。

4. 缺乏文化设施

北京现有公共文化设施水平还难以达到世界文化中心城市的标准，与纽约、伦敦、巴黎、东京等世界文化中心城市相比还存在较大的差距。以图书馆为例，《北京文化发展报告（2012—2013）》中的数据显示北京公共图书馆数量仅为25座，而巴黎的公共图书馆数量为880座，是北京的35.2倍；纽约、伦敦、东京的公共图书馆数量基本是北京公共图书馆数量的10倍以上。北京每10万人图书馆占有量为0.13座，纽约、伦敦、巴黎、东京每10万人图书馆占有量基本上是北京的30倍左右。图书馆作为重要的公共文化设施承担着传承人类文明、传播知识信息的使命，它是社会教育的学校、终身学习的场所。图书馆的缺乏，体现了当前北京的城市公共文化设施数量与城市居民日益增长的文化需求还存在差距，在城市公共文化设施上的投入已经跟不上城市发展的脚步了。这将会极大限制其城市文化的发展，使得北京在城市文化竞争力上落后于世界文化中心城市。历史文化设施的大量破坏是北京建设世界文化中心城市所需面对的另一问题。当前历史文化设施的保护大多依据文物保护单位的确立开展，而未列入文物保护名单的历史文化设施则缺乏相关保护。《2012世界城市文化报告》的数据显示，北京宗教建筑数量仅有114处，而日本东京宗教建筑数量是北京的近90倍，纽约、伦敦、巴黎等世界文化中心城市的宗教建筑数量基本是北京的10倍以上。据史料《乾隆京城全图》显示，清朝乾隆年间北京城仅寺院就有1 200余处，因此北京宗教建筑的缺乏与中国近些年对宗教建筑保护力度不足而导致大量宗教建筑被破坏有一定关系。现今随着北京城市现代化步伐加快，很多历史文化设施遭到破坏。千年古遗址在地产开发浪潮中惨遭损毁的现象比比皆是，北京天桥的剧场、老北京的茶馆、城墙根的胡同、老式的四合院等承载老北京文化的历史建筑也在现代化建设的过程中逐渐消失。而世界文化中心城市必须有城市自身文化特色和自己的文脉。在巴黎，90%以上的老区得到了保存，城市保护法律的诞生为完整保护城市历史文化设施原貌提供了法律依据，城市作为历史和文化载体的功能在巴黎得到了完美体现。因此，在历史文化设施保护上巴黎等城市为北京提供了值得学习、借鉴的经验。

5. 缺乏国际文化交流

北京建设世界文化中心城市应加强国际文化交流，广泛了解世界不同民族的文化，从中获得启发，为我所用。世界文化中心城市的发展历史表明，仅仅依靠本民族文化难以形成丰富多彩的文化，因此必须促进文化的国际化，使得本民族文化“走出去”，并将其他优秀文化“请进来”，才能为城市文化注入新的活力。在“走出去”方面，北京国际文化贸易长期处于逆差，国际文化影响力不强，还没有在国际上形成北京声音，文化产品和服务“走出去”任重而道远。在“请进来”方面，第六次人口普查数据显示北京外籍人口占总人口比重仅为0.53%，纽约、伦敦、巴黎、东京的外籍人口占其总人口比重为北京的6～60倍。同时北京国际总部数量仅为3家，伦敦、纽约、巴黎、东京等世界文化中心城市在这一指标上是北京的20～300倍。建设世界文化中心城市，需要通过向世界展示中华文化独特魅力，提高城市文化吸引力，同时广泛了解、学习世界其他民族文化，去其糟粕，取其精华，推动城市文化由一元化向多元化转型。

6. 缺乏创新

（1）缺乏制度创新。

自主创新是强国之道，而制度创新是自主创新的保证，是促进自主创新的重要动力，也是自主创新取得突破的关键所在。当前中国制度创新还不够，比如知识产权制度尚不完善，知识产权执法薄弱，这些问题使得国外的先进技术不愿转移到中国，国内企业创新积极性不高，企业对知识产权保护有效性的担心降低了创新成果的商业转化率。因此应加强制度创新，彻底改变不适合原始创新、重大创新的体制机制，构建有利于创新的生态环境，为提高自主创新能力提供体制机制保障。

（2）缺乏观念创新。

受传统文化的长期影响，在中国“效法祖先，不敢越雷池一步”已经固化为一种观念，而这种守旧观念对于观念创新是一个极大的障碍。“电子商务”“苹果”“Facebook”等成就的崛起离不开创新观念的肥沃土壤。中华民族要屹立于世界民族之林，就必须在观念上进行创新，形成强大的创造力。

（3）缺乏产品创新。

产品创新缺失突出表现为日益盛行的“山寨文化”。山寨手机、山寨电脑、山寨服装、山寨电影等山寨产品粉墨登场，恰恰凸显了我们产品创新能力的严重缺失。创新是人类物质和精神活动的最高追求与成果，是智慧与勇气的结晶。当今世界创新能力已经成为城市综合竞争力的决定性因素，创新文化的培育已是当务之急。

7. 缺乏文化企业航母

当前北京文化产业发展还处于起步阶段，文化企业整体规模不大、综合实力不强，缺乏具有国际影响力的文化领军企业。从亚太总裁协会2012年公布的国际文化产业企业排名数据来看，在全球文化产业领军企业排名前30强中北京未能占一席之位，而纽约则有15家文化企业位居前30强，巴黎有2家，伦敦有2家，东京有3家，可见北京文化企业实力与世界文化中心城市文化企业实力相比相差甚远。

8. 缺乏人才

丰富的、高质量人才资源是一个城市发展、进步的动力和源泉，是文化建设中最具有活力和最有潜力的因素。北京的人才水平与世界文化中心城市相比存在较大差距，存在高层次创新型人才匮乏、人才创新创业能力不强、人才结构和布局不尽合理等问题。中国城市文化发展缺乏创新与竞争力强的人才，其中一个重要原因就是在人力资本投资方面远远落后于世界其他城市。根据《世界银行发展报告》统计，教育支出占GDP比重的世界平均水平为5.5%，发达国家一般在6%以上；而北京2012年教育支出占GDP的比重仅为3.5%，远落后于世界平均水平。

（三）北京建设全国文化中心建议

1. 奋力攀登文学创作高峰提高文化软实力

抓住有利条件和时机，始终坚持以马克思主义文艺理论为指导，坚持以习近平新时代中国特色社会主义思想为指引，坚定不移地走中国特色社会主义文化发展道路，把社会主义核心价值体系作为文艺创作的基本价值取向，与中央对首都文化建设的要求对标对表、实现联动，将社会主义核心价值观融入文艺作品中，切实发挥文艺创作对培育和弘扬社会主义核心价值观的载体作用，深化核心价值体系影响力。

（1）传承创新优秀传统文化，强化社会文明新风尚。

第一，坚持文艺创作民族性。吸收先民智慧中的精髓并加以创造性转化，借鉴中华优秀传统文化中的思想基因与角色功能，立足社会发展趋势和现实状况，坚持方向性与开放性、传承性与创新性、系统性与层次性相统一。加大政策支持，有效构建中华优秀传统文化传承发展体系，大力传承和延续中华民族思想精髓、精神基因、文化血脉，更好地构筑中国精神、中国价值、中国力量。坚持“二为”方向，坚持“双百”方针，多创作新鲜活泼、老百姓喜闻乐见的作品，体现民族特点与民族风格。

第二，推进中华文艺全球化。不断赋予中华传统文化新的时代内涵和现代表达形式，使中华民族最基本的文化基因与当代文化和现代社会相适应、相协调。坚持交流互鉴、开放包容的眼光和胸怀，在处理优秀传统文化和外来文化关系的过程中坚持“以我为主、为我所用，取长补短、择善而从”的基本方针，有鉴别地吸收国外优秀文明成果，不断丰富和发展中华文化。

第三，构筑传统文化宣传阵地。积极发挥政府部门和民间组织的作用，在更广泛的范围内凝聚首都人民共同筑梦圆梦的力量与智慧。要用中华优秀传统文化滋养文艺创作，善于从中华文化资源宝库及北京民族文化资源中萃取精华、汲取能量。要用中华优秀传统文化丰富现代文化节庆活动的内涵，传播好中华优秀传统文化，讲好中国故事，阐释好中国声音，以中国传统文化力量推动人类命运共同体建设。切实构筑文化宣传阵地，传播好中华优秀传统文化，彰显社会主义核心价值观的内在魅力。

（2）荟聚文艺创作领军人才，打造文化思想策源地。

第一，打造文化思想策源地。培育一批具有内容原创能力的文化企业，积极弘扬和展示优秀中华文化，树立包容和谐的中华文化形象，开展重大文化活动，建设原创版权输出地和世界重要的文化评鉴中心。以人才为核心完善文化思想生产体制，制定中长期文学艺术人才发展规划，优化体制机制建设，出台相关政策，增强北京对全国及国际各类文化人才的吸引力。挖掘、培育和集聚一批文艺界高水平人才，建设全国密度最大、水平最高的文艺人才高地。

第二，培养文学艺术创作人才。培养一批具有原创能力的文艺创作人才，加大对文学、剧本、词曲、作品等原创性、基础性环节的扶持力度，注重富有个性化的创造，提高文艺原创能力和集成创新能力。鼓励多出精品，为时代画像、为时代立传、为时代明德。广泛深入开展文艺界“深入生活、扎根人民”主题实践活动，探索建立长效机制，动员文艺工作者积极参与文艺演出下基层、艺术实践采风、文化慰问活动。积极开展文艺作品研讨会，拓宽社会科学文学创作者的视野，使其打开创作思路，促进其更好地创作文艺作品。加强文艺队伍建设，造就一大批德艺双馨名家大师，培育一大批高水平创作人才。

第三，高位统筹文化团体建设。始终将文化团体建设作为促发展、保稳定的一项“民生工程”，坚持把文化团体建设与基层党建同谋划同部署同落实，着力构建北京市委统筹抓总、部门相互配合、街道社区兜底管理的文化团体党建工作体制。充分发挥中央、军队在京艺术院校院团、市属各艺术院校的理论研究和人才优势，推动文艺重点项目征集向艺术院校延伸，精选创作选题，纳入全市创作选题规划并给予积极扶持引导。全面落实京津冀三地文化领域协同发展战略框架协议，深化演艺领域合作，推动“京津冀精品剧目展演”，建设集创作、排练、演出于一体的演艺小镇等基地，培育富有京津冀区域文化特色的演艺品牌。

（3）创新文化产品生产机制，营造良好创作生态圈。

第一，创新文化产品生产机制，创新文化产品生产机制，提高文艺创作生产组织化程度，打通从创作前端到刊播推广终端的渠道，推动“两端”前后呼应、高效衔接，建立健全覆盖文学原创、出版发行、演出播映、宣传推介、奖励扶持全过程的组织管理体系。以重大题材、现当代题材为重点，组织开展文化精品工程重点项目评选，对纳入文化精品工程的项目给予重点扶持。推广节目选题库、专家委员会等方式，扶持优秀文化产品创作生产。建立健全反映文艺作品质量的综合评价体系，把社会效益和艺术水准细化为科学合理的评价指标，把票房收入、收视率、收听率、点击率、发行量等与专家评价和群众认可统一起来。

第二，推进文学作品创作。坚持以人民为中心的创作导向，在深入生活、扎根人民中进行无愧于时代的文艺创造，推出一批体现国家水准、首都气派的优秀作品。坚持思想精深、艺术精湛、制作精良相统一，加强现实题材创作，不断推出讴歌党、讴歌祖国、讴歌人民、讴歌英雄的精品力作。科学把握时代主题和创作导向，抓住重大题材和重要节点，做好文艺创作规划，形成全国文艺创作的晴雨表。重点支持文学、影视剧、戏剧、音乐、美术等创作，在文艺各领域推出一批优秀文化作品。

第三，营造良好文艺创作环境。发扬学术民主、艺术民主，提倡体裁、题材、形式、手段充分发展，推动观念、内容、风格、流派切磋互鉴，营造积极健康、宽松和谐的艺术创作氛围。积极利用党报党刊和都市报等宣传阵地，依托移动互联网等新兴媒介，引导创作、提高审美、引领风尚，为精品创作生产营造良好的环境。加强和改进文艺评论，始终把握正确评论导向，旗帜鲜明地表达党的文艺立场、文艺方针，开展严肃的文艺批评，讴歌真善美，贬斥假恶丑。加强文艺评论阵地建设，推动成立文艺评论家协会，重点办好一批文艺评论品牌。加强和改进文艺评奖管理，提高评奖公信力和影响力，树立文艺行业新风，抵制庸俗低俗媚俗，营造良好的文艺创作环境。

2. 建设供给丰富、便捷高效的公共文化服务体系

打造城市新型文化空间，把北京建设成为文化精品创作中心、文化创意培育中心、文化人才集聚中心、文化要素配置中心、文化信息传播中心和文化交流展示中心，着力塑造北京城市品质、提高市民文化素养，增强人民群众文化上的获得感和幸福感。深化改革创新，培育一批具有创新性、带动性、导向性、科学性的公共文化服务体系示范项目，向郊区、社区下沉，往场景端、数字端用力，建成均衡发展、供给丰富、服务高效、保障有力的现代公共文化服务体系，形成具有推广价值的典型经验，示范带动全国现代公共文化服务体系建设。

（1）加强高质量供给，增强人民群众获得感。

按照基本性、公益性、均等性和便利性的基本要求，坚持标准化、均等化、社会化和数字化的发展途径，调动政府、市场、社会等各方面力量参与公共文化产品创作生产和供给。充分发挥政府主体责任，采取购买服务、民办公助等举措，吸引社会力量广泛参与，形成全社会共同推进公共文化服务体系建设的良好局面。

第一，深化文化供给改革，推动文化服务下沉。以服务效能建设为主线，深入推进公共文化服务供给侧改革，开展丰富多彩的群众文化活动，推进公共文化服务进一步向基层延伸，向郊区、社区下沉，不断扩大覆盖面，有效解决“最后一公里”。坚持需求导向，增强服务意识，建立健全群众文化需求跟踪反馈机制，开展菜单式、订单式、点单式服务，提供更多为群众喜闻乐见、充满正能量的优秀文化产品和服务，努力实现公共文化服务“适销对路”。构建公共图书、文化培训、公益演出、公益电影、

主题展览等配送体系，积极发展“社区＋园区”融合式公共文化服务供给模式，建立“社工＋义工＋企业员工”工作机制，形成文化服务新模式。

第二，延展社会化路径，提质公共文化服务。鼓励引导社会力量参与公共文化服务投入和运营，以社会化路径解决公共文化服务“好不好”“精不精”的问题，推动文化事业的共建共享，提高文化发展潜质和核心竞争力。积极探索将财政投入以直接拨款为主转为购买服务、项目补贴、以奖代补、基金制等多种方式，形成竞争机制，使资源配置从文化系统“内循环”逐步转为面向市场和社会的“大循环”。培育和发展多元化的社会服务主体，充分发挥文化非营利组织、文化志愿者等在公共文化服务中的作用。建立健全公共文化事业中社会资本的合作机制，鼓励民营图书馆、博物馆、美术馆、实体书店、公共阅读空间、点播影院的建设，加大政策扶持力度。

第三，实施文化精品战略，打造品牌文化活动。加大精品原创剧目创作、宣传、推广力度。加强对公共文化产品创作生产的引导，实施文艺精品战略，建立优秀传统文化传承体系，切实提高公共文化产品质量。积极创新体制机制，转变服务模式，推动公共文化服务与教育、科技、旅游、非遗等融合发展，打造一大批特色鲜明的公共文化服务品牌，办好重大文化品牌活动。打造文化服务项目品牌，搭建“街角文艺”小舞台，构建文化艺术普及“家门口”“墙面艺术”等品牌，形成到街角、到庭院、到广场、到公园、到景区的全域、全末端、无盲点文化艺术普及格局。统筹全市文化资源，高水平办好首都市民系列文化活动，广泛开展首都公共文化服务示范区创建。推进科技与文化艺术的有机结合，创新科普舞台剧、科学表演秀等科普文化形式，提升群众实质获得。

(2) 加强基础设施建设，拓展公共文化空间。

第一，切实提高基层公共文化服务能力。深化公共文化设施四级网络体系，全面建设基层综合性文化中心，进一步完善覆盖城乡的基层公共文化设施网络。加快实施重点文化惠民工程，不断强化公益演出、公益讲座、公益展览、公益培训、公益电影五大公益项目的影响力。优化全市公共文化服务设施布局，推动博物馆、图书馆、实体书店、文化馆建设，进一步丰富基层文化资源；完善公共图书馆、文化馆、博物馆、美术馆免费开放机制，打造书香西城等各区域阅读服务。明确基层公共文化设施标准，重点推动基层公共文化设施资源整合、共建共享，统筹建设集宣传文化、党员教育、科学普及、普法教育、体育健身等多功能于一体的基层公共文化服务中心。把建设高素质基层文化人才队伍作为公共文化服务体系建设的关键环节，深入实施人才兴文战略，加强公共文化服务队伍教育培训，提高基层公共文化从业人员的职业道德、职业素养和专业技能，夯实公共文化服务体系建设的基础。

第二，利用工业遗存拓展公共空间。加快老旧工业厂房腾退转型，丰富城市公共文化服务生态体系。按照该保则保、以保定用、以用促保的原则，抓紧开展普查登记、评估认定、规划编制等工作，面向社会发布相关基础数据，引导企业快速对接资源。通过功能性流转、创意化改造，有效盘活老旧厂房资源，促进城市有机更新，建设新型城市文化空间。通过老旧厂房承载文化馆、图书馆、博物馆、美术馆、实体书店、艺术影院、非遗展示中心等公共文化功能，打造城市文化地标。

第三，促进文化与科技深度融合发展。深入实施文化科技创新工程，推动文化领域共性技术、文化产品生产服务技术、文化传播信息技术等实现重点突破，促进传统文化事业提质增效升级。把完善公共数字文化服务体系作为重点任务，加大云计算、大数据等现代科技在公共文化服务中的应用，发挥“互联网＋”的创新驱动作用，整合文化信息资源，建设统一服务平台，优化网络服务环境，提高公共文化的覆盖率和服务效能。建设北京市公共文化数字平台，推进文物数字资源库工程，推动公共图书馆、文化馆、博物馆、科技馆和美术馆数字化，提供一站式、集成式、多媒体覆盖的公共数字文化服务。

（3）积极推动机制创新，共建城市精神家园。

第一，创新公共文化服务管理机制。按照政事分开、政社分开的原则，推动政府职能转变，理顺政府、公益性文化事业单位和行业协会之间的关系，建立文化行政部门宏观管理和行业微观管理相结合的公共文化管理体制。建立健全公共文化服务体系建设协调机制，充分调动各部门的积极性，合理配置文化资源，实现优势互补。按照国家分类推进事业单位改革的要求，突出公益属性、强化服务功能、增强发展活力，推动公益性文化单位人事、收入分配和社会保障制度改革，建立事业单位法人治理结构，完善绩效考评机制，健全民意表达和监督机制，增强公益性文化事业单位的发展活力。制定考核标准，将公共文化服务体系建设纳入政府绩效考核内容。

第二，推进公共文化服务向村镇社区下沉。以区一级为中心，缩小地域单元，公共文化服务向社区下沉，坚持重心下移、资源下移、服务下移，充分考虑基层公共文化服务的半径和可获得性。打造街道文联体系，充分发挥其引领作用，搭建专业文化团体和普通居民之间的桥梁，增强社会化文化服务、在线文化服务，提升地区公共文化服务水平，打造街道主导方向、社区组织活动、群众广泛参与的文化新局面。以城乡同步为着力点，优化城乡公共文化设施空间布局，补足基层公共文化设施短板，推动设置跨行政区域的综合文化中心，将乡村文化发展纳入乡村振兴战略。加快实施重点文化惠民工程，开展“文化暖心工程”，向特殊群体发放“文化消费券”，促进公共文化服务“群体均等”。

第三，加强央地文化合作共建。加强北京与中央在京机构的联动，充分利用北京单位文化资源优势，加大跨区域合作力度，提升公共文化服务质量。充分释放中央、市、区三级文化资源效能，在全社会形成带动效应。着眼建设京津冀世界级城市群，充分考虑京津冀协同发展，拓展公共文化资源空间，加强京津冀公共文化共建共享。落实京津冀协同发展转移对接企业相关税收政策，以“产业对接、园区共建、平台合用、消费一体”为切入点，优化资源配置，促进要素自由有序流动。建设公共文化资源库，加强中央和地方资源的联动，创新京津冀三地公共文化资源整合利用方式，通过在津冀地区举办文化巡展等方式引导设施资源和服务功能向津冀地区发展。

第四，夯实基层文化人才基础。把建设高素质基层文化人才队伍作为公共文化服务体系建设的关键环节，深入实施人才兴文战略，加强公共文化服务队伍教育培训，提高基层公共文化从业人员的职业道德、职业素养和专业技能，夯实公共文化服务体系建设的基础。

3. 构建具有全球影响力的文化产业发展引领区

发挥全国文化中心的风向标和示范引领作用。文化产业创新发展正进入关键期，立足新时代，把握新特征，面对新要求，以文化产业发展引领区建设为重要抓手，健全现代文化产业体系。进一步坚定文化自信，增强文化自觉，坚持创新驱动，推动文化产业转型升级、提质增效，促进文化产业高质量发展，在改革创新、开放繁荣、市场活力、行业方向等方面引领全国。

（1）明确发展方向，激发创新动能。

第一，全面推动文化科技融合，打造数字创意主阵地。加快互动影视、超感影院等新型产品开发，加大情感感知、新型人机交互、全息成像、虚拟现实、文化资源数字化处理等技术创新力度；推进数字技术创新与文化产业有效衔接，支持发展高精尖文化装备，推动大数据、物联网、云计算、人工智能、超高清等先进技术在新闻出版、广播影视、广告会展、文化旅游等领域深度应用，提升影视后期制作、艺术展演展陈、文物和非物质文化遗产保护修复等方面的数字化、智能化、网络化水平；发展基于互联网的新型文化商业模式和产业业态，发挥新一代信息技术、数字技术对内容创作、产品研发、模式创新的支撑作用，提升文化创意领域“互联网＋”创新发展水平。依托智力集聚优势，建设中关村创意矩阵、两路高校群，建设文化产业创新试验区、文创产业集聚区。大力发展高端文化装备，打造文化产业领域的新一代信息技术装备发展高地。加快推进创新示范基地建设，构建文化科技融合承载体系，加快建设中关村国家级文化和科技融合示范基地，支持文化科技园与文化科技企业孵化器建设，实施一批文化科技融合重大项目，为全国文化产业创新发展探索路径、作出示范。

第二，率先布局内容版权转化，扩大文化创新。坚持内容为发展核心、版权为转化基础，把提升文化产品的内涵和质量作为基本着力点，加强知识产权保护和运用，扩大文化产品和服务的有效供给。加大对精品力作扶持力度，打造内容原创中心，实现从“高原”到“高峰”的跨越；通过市场化运作，汇聚国内外优质版权，打造版权交易资源集聚中心；先行先试推动内容版权化、版权产业化，培育完整的版权经济链条，推动版权保护和版权增值，打造全国领先的版权运营中心。

第三，融合创新文化多元业态。加强文化与旅游的理念融合、职能融合、产业融合、市场融合、服务融合、交流融合。促进业态和产品融合，实施“文化+”“旅游+”战略，推动文化、旅游及相关产业融合发展，不断培育新业态。搭建文旅融合平台载体，充分利用北京丰富的自然禀赋和人文优势，坚持政府主导、市场运作、企业参与，推出一批具有融合特色的活动载体。借鉴南方水城的先进经验，充分利用好萧太后河、凉水河和大运河现有古迹资源，恢复古代河道盛景，做到文化领航、科技辅能，打造水城共荣、古今交织的张家湾古镇，打造文化和旅游新窗口，突出水城共融、蓝绿交织、文化传承的城市特色，实现文化旅游融合发展。沉淀和思考文化旅游的教育属性，做好传统文化的现代表达、厚重文化的轻松表达、中国文化的国际表达，在延续传统优秀文化的基础上为优质旅游提供强大的内容支撑。

（2）构造多元业态，推动全面发展。

第一，激发传统行业活力。建设全国文艺演出中心，鼓励精品和原创作品制作，形成全国文艺创作的晴雨表，优化提升天坛-天桥核心演艺功能区、798时尚创意功能区等传统功能区的承载能力，积极培育打造台湖演艺小镇、环球影城主题公园等文化艺术新兴承载空间。建设世界影视之都，加快全球影视产业资源向北京集聚，推动北京主要影视企业实现全球业务布局，大力建设大型影视标杆性企业。建设全国新闻出版业发展高地，集聚国内外原创作品、数字出版、绿色印刷等相关资源，大力推动传统出版与信息技术的融合，全面推进北京市新闻出版事业产业繁荣发展，将北京建设成为具有中国特色和国际一流的“阅读之都”“版权之都”和全球出版中心。

第二，不断壮大优势行业。建设国际广告会展中心城市，结合首都新机场、京津冀协同发展、“一带一路”发展契机，鼓励和支持数字广告业态发展，规划建设与北京地位相符合的大型会展场馆设施，推进会展服务与国际标准接轨。提升中国艺术品交易中心地位，完善集艺术品评估、鉴定、拍卖、展示、保险等服务于一体的艺术品交易全产业链，支持艺术品数字化资源库和展示交易系统建设，大力发展艺术品电子商务，建成中国艺术品的国际定价中心，完成从区域市场向世界中心市场的迈进与转型。建设具有全球影响力的设计之都，大力发展产品设计、建筑与环境设计、视觉传达设计等行业，搭建设计产业公共服务平台和交易平台，支持创意设计类众创众包服务平台建设。建设全国动漫游戏研发中心，支持原创动漫平台建设，扶持优秀作品创作生产，加强移动终端动漫作品的开发推广，鼓励研发具有传统文化特色和自主知识产权的网络游戏，推进多语言翻译等技术应用，支持原创游戏产品出口，支持举办高品质、国际性的电子竞技大赛。

第三，打造“网红”文创产品。抓紧制定文化产业引领区规划及五年行动计划，推动文化与科技、旅游、金融等融合发展，以“现代消费＋传统文化”发展模式推出更多“网红”文创产品。加快国家文化消费试点城市建设，完善常态化文化消费促进机制，持续办好北京惠民文化消费季，提升品牌活动引领作用，挖掘文化消费潜力。通过与故宫、国家博物馆等品牌合作授权、数字化应用等手段，促进文博非遗资源与创意设计、旅游、影视等产业深度融合。通过视觉包装设计，结合故事提升感染力，打造 IP 唤醒消费欲望，创造体验价值领导的文创商品，让消费者产生认同感和品牌忠诚度，创造更大的文化影响力。

第四，发展夜间文化彰显城市气质。着力发展“时尚活力型、商旅文体融合发展型、便民服务型”夜间文化形态，打造具有全球知名度的“夜京城”文化品牌，在全市形成一批布局合理、管理规范、各具特色、功能完善的“夜京城”地标、商圈和生活圈，满足公众多样化文化需求。打造各具特色的夜间文化示范街区，组织开展深夜食堂美食节、灯光节、赛事活动、“秀北京”旅游演出等夜间主题活动。鼓励扶持影院、文化馆、体育场馆举办晚间演出、体育比赛等，丰富居民文体生活。打造夜间消费“文化 IP”，策划组织一批戏曲、相声、电影、歌剧、音乐、读书等主题鲜明的“夜京城”文化休闲活动。开发夜间旅游消费“打卡”地。

(3) 完善创新体系，促进产业升级。

第一，建立高效流通和监管体系。鼓励各类企业依法从事传播渠道建设，支持发展电子票务、演出院线等现代流通组织形式，建立互联互通、安全高效的文化产品流通体系。发挥各类信息网络设施和平台的文化传播作用，提升文化产品传播数字化、网络化水平。规范文化创意市场秩序，加强和改进上网服务企业、娱乐、演出、艺术品、网络文化等市场监管。严查文化市场禁止内容，规范文化市场秩序，净化文化市场环境，维护国家文化安全和意识形态安全。加强文化市场诚信建设，建立健全文化市场基础数据和信用信息库，为公众和政府提供征信服务。

第二，创建产业服务平台。出台一系列产业扶持政策，创建一批代表性公共技术平台，与中关村学院路高校群展开战略合作，共同推进产学研合作，引进培育一批自主创新的企业和人才。着力提升文化经济政策服务平台的服务水平，提供政策咨询、项目落地“一站式”服务，精准对接、及时反馈企业需求，鼓励平台引入加盟机制，在各区、有关部门以及文化产业功能区、文化产业园区、文创空间等设立分站或窗口，形成一个中心、多点布局、多线贯穿的服务格局。健全完善知识产权综合服务平台，依托北京文化产权交易中心、北京国家版权贸易基地等，打造集孵化、登记、维护、开发、交易、输出于一体的综合性知识产权服务平台，提高资源整合、价值转化能力。

第三，打造文创品牌体系。加快北京文化品牌构建与内涵塑造，打造以品牌园区、品牌企业、品牌商标、品牌活动等为内容的文创品牌体系。对社会效益和经济效益突出、获得国内外权威奖项的精品创作，给予支持奖励。继续办好中国设计红星奖评选、首都文化企业30强30佳及文创杰出人物推选、北京市文化创意创新创业大赛、北京文化消费品牌榜等活动，对评选出的知名品牌和入围企业给予一次性奖励，对杰出人物进行宣传推介。推动中国北京国际文化创意产业博览会、中国艺术品产业博览会等进行市场化改革，提升北京国际图书节、北京国际电影节、北京国际音乐节、北京国际设计周、中国戏曲文化周、北京国际文创产品交易会等品牌活动影响力。鼓励文创企业利用自主创新成果及时申请、注册相关权利。

第四，构建协同发展格局。以“一干多支、各区协同”统筹各区文化产业，建立新型合作关系，扬长避短合理分工，减少资源浪费，降低发展成本，实现地区企业或产业与区位条件的统一，通过产业集群发展或产业链集中布局，实现外部规模经济与集聚经济效应，形成最大合力推动北京全域文化产业高质量发展。通过创新制度、改革体制机制，为推动、实现区域协调发展提供制度保障。强化规划引领，统筹各区国民经济发展规划、城市总体规划、土地利用规划以及重大基础设施、社会事业发展等专项规划。同时，聚焦影响区域协调发展引领性重大项目、跨区域重大工程和开放式重大平台等，制订长短期攻坚行动计划，建立健全共建共享的利益分享机制和评价体系，充分激发各区积极性。建立统筹协调发展管理机制、合作共赢利益共享机制和多元主体协商对话机制，搭建高级决策咨询平台，为文化产业区域一体化（同城化）发展提供智力支撑。

4. 打造面向世界的文化交流互鉴首要窗口

今日之北京，不仅是当代中国的首要窗口，也是世界文明的东方乐土。坚持文化开放思路，对内服务全国，形成文化“进京城”效应，构建国内文化传播交流展示平台；对外展示中华，凸显自身文化的独特魅力，形成文化“走出去”效应。推动文化相互交流与创新，提升中华文化的软实力与国际影响力，不断弘扬优秀文化，展现大国文化魅力，增强文化自信，提升民族自豪感，为世界和平发展贡献地方智慧。

（1）服务全国，形成文化“进京城”效应。

第一，支持地方文化经典进京展演。充分利用北京文博会及相关专业性展会、交易会等平台，促进文化创意产品和服务交易，辐射带动全国文化产业发展。组织开展好北京国际音乐节、北京文博会、北京国际电影节、北京文化周、欢乐春节、魅力北京、中国戏曲文化周、京津冀戏曲院团新春演出季等重大文化交流品牌活动。积极拓展旅游的文化传播功能，打造精品线路，丰富旅游产品，拓展文化空间，推进文化三里屯等重点项目建设，为游客提供难忘的魅力文化之旅。对于地方戏剧、文化节、文化论坛等地方性文化活动而言，在北京举办系列活动有着检验活动质量、提升文化内涵和品质的重要意义，可以有力推动地方优秀艺术和优秀艺术团队的宣传、推广和创新。

第二，精心组织各类文化交流活动。依托北京市深厚的历史文化底蕴，按照“走出去”和“引进来”的文化开放思路，积极融入国家“一带一路”倡议，支持鼓励各文化单位、文化站自主开展形式多样的文化活动。推进市内各区之间以及北京市与其他地区的文化交流，搭建高端文化研究与交流平台，积极举办国家级、省级重大文化交流活动。依托各类文化展演赛事平台，推动地方巡回展演模式的深入发展，建立常态化、制度化的交流合作机制，助力传统文化、生态文化、红色文化等的推介与传播。充分利用政府和民间多种对外交流渠道和活动平台，以演艺、非物质文化遗产及文博考古为重点，选派文艺演出、展示展览、培训交流、学术研讨等团体“走出去”，通过文化交流带动文化企业“走出去”。

第三，建设地方文化展示空间。以“物化”的理念寻求地方文化的定位和特色，打造亮点；联合地方政府，吸纳地方资源，建设地方文化流动展厅，举办地方文化主体演出月，开展全国地方文化展演活动项目，体现首都的开放性与包容性，同时设置中小型学术报告厅，推动地方文化的研究、创新与普及。大力引进各地优秀文化项目，采取公益演出与高端商业演出相结合的方式建立长效合作机制，提升文化交流水平。建设集博览展示、文化演艺、创作研发、旅游体验、文化周边产品、文化节庆于一体的中国地方文化展示中心，力求建设成为全国文化中心的新名片、国际文化交流的新窗口。推动完成北京国际戏剧中心、北京剧目排练中心、北京歌舞剧院剧场、北方昆曲艺术中心等一批文化设施建设。

(2) 展示中华，形成文化“走出去”效应。

加强北京与世界的联动，用生动的文化实践体现价值追求、文化担当。以把北京建设成为彰显文化自信与多元包容魅力的世界文化名城、弘扬中华文明和引领时代潮流的世界文脉标志为目标，更加自觉地承担起为提升国家文化软实力服务的重任。

第一，加强国际交流合作。完善北京国际音乐节、北京国际电影节、北京国际图书节、中国北京国际文化创意产业博览会、北京国际图书博览会、北京国际设计周、北京国际音乐节、相约北京联欢活动、北京国际戏剧·舞蹈演出季、北京优秀影视剧海外展播季、北京国际书法双年展、北京国际青年戏剧节、世界魔术大会、北京电视节目交易会、“水立方杯”中文歌曲大赛等重大文化节事活动和专业交易平台的举办运营机制，不断扩大北京文化品牌活动的国际影响力。策划举办孔子国际论坛、人类命运共同体世界论坛等国际文化交流活动以及各种国际化节庆活动，认真组织参与北京文化周、魅力北京、北京之夜、欢乐春节等境外人文交流活动，让更多外国受众感受到北京文化、中华文化的独特魅力，助推中华优秀文化国际传播与交流。着力加强与联合国教科文组织等国际知名机构的联系对接，积极承办和参与国际知名文化节事活动及相关文化节会，促进国际间的文化交流交往与商业合作。

第二，推动建立对外文化贸易发展新模式。深入贯彻国务院《关于加快发展对外文化贸易的意见》和《关于北京市服务业扩大开放综合试点总体方案的批复》，制定落实市级层面加快发展对外文化贸易的实施意见，以政府为主导、企业为主体、市场化运营为主要方式，推动建立内容、渠道、平台、企业四位一体的对外文化贸易发展新模式。支持代表我国优秀文化、具有自主知识产权的版权产品进入国际市场，重点扶持具有中国特色的影视、出版、演艺、动漫、游戏等领域版权出口，加快培育一批外向型文化知名企业和产品品牌，支持企业积极申报国家文化出口重点企业和重点项目。充分发挥国家对外文化贸易基地产业集聚、政策集成的优势，积极争取设立国家文化艺术口岸，大力发展跨境文化电子商务，推动文化贸易公共服务平台建设。积极开展对外专项出版权试点，加快推进国家版权输出基地、中国影视译制基地建设。加强文化贸易渠道建设，鼓励重点文化企业拓展国际营销网络，支持具有较高成长性的文化企业在海外设立分支机构，推动组建文化产品和服务出口联盟，提升首都文化企业和品牌的国际影响力与市场占有率。积极推动京津冀通关一体化改革，促进三地文化贸易合作及文化生产要素跨区域自由流动，提升京津冀区域对外文化贸易整体协作能力和便利化水平。

第三，展现国门新形象。依托雁栖湖、金海湖等风景区打造一批重点文化交流集聚区，为文化交流活动、重要国事活动提供优质空间，提升国家对外形象。依托温榆河生态走廊，打造北京市规模最大、功能最完善的新国展中心。建设北京大兴国际机场，完善首都国际机场，引领世界机场建设、打造“文化机场”标杆。把南中轴建设成为生态轴、文化轴和发展轴，以北京规划展览馆、国家地质博物馆等一系列高品质博物馆计划落址南中轴为契机，将南中轴线建设成为特色鲜明的高水平博物馆群和文化群落，打造中华文化体验区和未来国家战略理念实践区。

（3）构建现代传播体系，夯实文化承载力。

第一，拓展传播渠道，形成立体传播。充分利用北京作为“中国网都”的信息技术优势，依托主流媒体，充分运用数字传媒、移动互联等科技手段，提高文化传播装备水平和科技含量，加大文化传播表现力和吸引力，增强文化传播的影响力和竞争力。推动党报党刊、通讯社、电台电视台和重要出版社等主流媒体数字化转型，以科技创新带动体制机制创新，加快媒体现代化进程。建立统一联动、安全可靠的国家应急广播体系，着力建立健全应急广播的信息采集播出、传输覆盖、接收等系统，使之在应对突发公共事件中发挥更大作用。支持重点主流媒体在海外设立分支机构，支持其到国外办厂办店办刊办社，构建符合市场运作规律、覆盖广泛的营销体系，做好在京境外媒体和外国主流媒体的采访服务，推动市属媒体与海外华文媒体紧密联系合作，构建立体、高效、覆盖面广、功能强大的国际传播网络。

第二，创新传播方式，塑造良好形象。巧用重大活动，以国际性事件和领导人外事活动为契机，塑造和平及和谐稳定的国际形象。借助西方媒体的优势地位开辟宣传北京的新窗口，传播中国声音，塑造城市文化形象，提升城市影响力和文化软实力。借助国际组织，发挥世界旅游城市联合会、国际二战博物馆协会等国际组织作用，积极参与非政府组织如世界奥林匹克协会、世界卫生组织等，持续扩大新闻开放，实施“走出去”战略，定期开展大型的国际文化交流活动，并通过互联网等传播方式调动公民参与的积极性，提升文化传播影响力。进一步扩大文化贸易，依托国际友好城市、驻外机构等资源，协助文化企业开拓海外市场，建立国际化的营销渠道，打造一批引领中国、影响世界的文化航母，带动文化企业“走出去”，引领中华文化走向世界。

第三，构建对外话语体系，讲好当代中国故事。加强国际传播能力建设，精心构建对外话语体系，讲好中国故事，传播好中国声音，增强对外话语的创造力、感召力、公信力，不断创新方式方法，主动发声。围绕“一带一路”国家战略策划重大外宣议题，把讲好中国故事作为对外宣传的基本方法，进一步传播好中华文化。开展经典剧目和优秀剧目境外巡演活动，引进国际著名剧团、经典剧目来京巡演交流，搭建国内外优秀艺术院团的高端交流平台，推动艺术精品“走出去”“请进来”。扩大国际文化体育交流，办好北京国际图书博览会等重大品牌活动。加大对内宣传与对外宣传统筹力度，形成北京声音的本土化表达，精准定位传播产品和传播对象，鼓励和支持表达方式的国际化发展。

附录 1

发挥世界级线性文化遗产独特价值，助推北京全国文化中心建设

王琪延

摘要：世界级线性文化遗产具有凝聚文化共识、连接跨地区协作和节点城市文化功能突出的独特价值和规律，世界级线性文化遗产的节点城市能在地区协作中获取最多的发展资源和机会。而北京市作为文化古都，天然具有大运河文化带、长城文化带和西山永定河文化带等世界级线性文化遗产。因此，北京最能借助核心节点城市的优势地位，成为世界级线性文化遗产联动保护大潮中的第一受益人。但是，就北京目前的文化遗产保护工作来看，其对自身所拥有的世界级线性文化遗产优势认知不足，规律运用也不到位，没有发挥出北京作为核心节点城市的优势。因此，北京市需要从提升世界级线性文化遗产沿线地区文化共识、推动多地区协同共护、突出北京节点地位三个方面开展行动，运用好世界级线性文化遗产保护利用的独特属性和内在规律，借核心节点城市地位，驱动北京全国文化中心建设。

关键词：世界级线性文化遗产；文化共识；物理勾连；核心节点城市；全国文化中心建设

世界级线性文化遗产是拥有特殊文化资源集合的线形或带状区域内的物质和非物质文化遗产族群。这种理念改变了长久以来世界遗产以“点”状方式展示人类文明的现状，通过重大的人类活动线路将一个个孤立的活动遗迹串联成一条条联通的脉络，实现文化遗产的“线”性区域展示，从而将本不相关的区域有机地关联了起来。世界级线性文化遗产理念诞生之初就在世界范围内引起关注，并被广泛应用和实践。教科文组织遗产中心在 2005 年版的《实施世界遗产公约操作指南》中将各类线性文化遗产以“遗产线路”的形式列为世界文化遗产的特殊形式。第 38 届世界遗产大会上，“大运河”和“丝绸之路”双双入选《世界遗产名录》。其中“丝绸之路”对于促进中亚地区交流与对话具有十分重要的意义，随后“一带一路”倡议提出，线性文化遗产保护在国内也掀起热潮。而北京市作为文化古都，天然具有大运河文化带、长城文化带和西山永定河文化带等世界级线性文化遗产。这为北京牵头全国世界级线性文化遗产保护，并以此为契机驱动全国文化中心建设提供了天然的优势。因此，北京应赶上线性文化遗产保护热潮，引领潮头，号召沿线省市协同共护世界级线性文化遗产，同时借潮头之势大力推进全国文化中心建设，力争达到事半功倍的效果。

一、世界级线性文化遗产保护传承利用的独特属性和规律

世界级线性文化遗产本身及其保护利用有各自内在的特殊规律，理解和把握这些规律是牵头跨地区线性文化遗产保护、促进全国文化中心建设的关键。跨地区协作和节点城市文化功能突出是世界级线性文化遗产保护的不变定律。线性文化遗产保护的节点城市能在协同保护中获取最多的发展资源和机会，对自身城市的文化发展具有十分重要的推动作用。

（一）文化共识加物理勾连，双向催化协作动力

历史文化共识和空间物理连接是世界级线性文化遗产的双重属性，两种属性相互催化，对促进地区间文化协作具有十分重要的作用。一方面，世界级线性文化遗产凝结了文化共识，奠定了文化协同联动基础。世界级线性文化遗产代表了早期人类的活动线路，代表了人们的迁徙和流动，代表了一定时间内国家、地区内部或国家、地区之间人们的交往，代表了多维度商品、思想、知识和价值的互惠和交流。在这一系列的过程中，沿线地区的文化在时间和空间上不断交流与相互滋养，从而凝结成了根深蒂固的文化共识。文化的共识长期以来又通过物质和非物质遗产不断得到体现和强化。例如，在千百年来的长城建造和长城文化传承过程中，长城沿线甚至全国范围内都形成了“不到长城非好汉”的强烈文化共识，为长城文化认同奠定了坚实的基础，为一致性的长城文化保护行动提供了可能。另一方面，世界级线性文化遗产天然具备物理连接特性，而物理连接又能够对文化共识起到重要的强化作用。世界级线性文化遗产所代表的早期文化交流活动，加强了沿线地区的交流和联系，并留下了有迹可循的物质或非物质文化遗产。而线状的遗产形态有形地将沿线地区从物理空间上连接在了一起，为沿线地区建立起更加强烈和直观的联系。例如，大运河沿岸的人们有着“共饮一江水，同乘一方舟”的物理联系。恰是这种直接的物理空间连接，更能产生情感共鸣，从而强化文化共识。反之，强烈的文化共识又能深化物理连接所带来的情感共鸣，二者相互催化、相辅相成。因此，物理连接是建立沿线城市之间联系的重要抓手。

（二）全线联动加节点突出，同构世界级线性遗产定律

在文化共识的基础上，跨地区协作和节点城市文化功能突出是世界级线性文化遗产保护的不变定律。世界级线性文化遗产保护的节点城市能在协同保护中获取最多的发展资源和机会，对自身城市的文化发展具有十分重要的推动作用。一方面，世界级线性文化遗产保护需要跨地区协作，进行全线域的统一保护。世界级线性文化遗产的形式和内容多样，其中河流峡谷、运河、军事工程以及铁路线等都是重要表现形式，

它们往往跨越地区甚至国家，是多地区共同缔造的成果。因此，在对其进行保护、开发和利用时也必须协同沿线多地区共同行动，单一城市对其辖区内世界级线性文化遗产段的保护和利用都不具有完成意义，其保护效果也微乎其微。另一方面，在世界级线性文化遗产的保护和利用过程中关键节点城市必定发挥重要的作用，承载引领功能。作为世界级线性文化遗产上的重要节点城市，承载了更多的历史活动和文化内涵，具有更大的文化价值，在世界级线性文化遗产的保护和利用过程中就要发挥更大的作用和承载更多的功能。例如西安作为“丝绸之路”的起点，成为世界人民向往的文化圣地，在“一带一路”大格局中扮演着重要的角色，是“一带一路”相关活动的重要承载城市。这也为西安的发展带来诸多新机遇，为西安国际文化影响力的提升搭建了重要平台，促进了西安与沿线地区的文化交流，也强化了其示范引领作用。

二、“世界级线性遗产对建设北京全国文化中心关键性作用”认知存在的问题和不足

就北京目前的文化遗产保护工作来看，其对自身所拥有的世界级线性文化遗产优势认知不足，规律运用也不到位，没有发挥出北京作为核心节点城市的优势。

（一）对“北京具有世界级线性文化遗产优势”认知不足

虽然北京明确了“一核一城三带两区”建设规划，但对城内文化遗产的线性特征和北京的节点优势认知存在不足。

首先，北京拥有丰富的世界级线性文化遗产资源。第一，北京有保存完好的长城资源。长城是世界十大文化遗产之一，是具有强大文化内核的世界级线性文化遗产。第二，北京拥有丰富的大运河资源。“大运河”在2014年被列入世界遗产名录，是承载丰富历史内涵的世界级线性文化遗产。北京段大运河由昌平至通州，汇集南新仓、什刹海等10多处宝贵文化遗产点。第三，北京南靠太行山。历经朝代变迁，北京积累了丰富的山脉文化遗产资源，是太行山文化的重要载体。

其次，北京最具有发挥世界级线性文化遗产价值的节点优势。第一，北京是长城世界级线性文化遗产的心脏城市。北京域内长城拥有“居庸关”等重要关口，且保护最为完好，可谓长城第一城。第二，北京是大运河世界级线性文化遗产的起点城市。其作为大运河重要的资源输送城市，也是运河的北起点，承载着丰富的历史文化意义。第三，北京是西山永定河世界级线性文化遗产的窗口城市。“西山”是京西南太行山余脉，即北京为太行山脉的北起点，具有独特的文化内涵。因此，北京最能借助核心节点城市的优势地位，成为世界级线性文化遗产联动保护大潮中的第一受益者，从而驱动全国文化中心建设。

（二）世界级线性文化遗产保护规律运用不到位

北京的三个文化带建设，在一定程度上疏通了北京的历史文脉，但对世界级线性文化遗产保护规律的运用不到位。一方面，缺乏世界级线性文化遗产保护的整体联动意识。规划只着眼于北京城内的历史文脉疏通保护，注重长城、大运河等文化遗产的内部开发和串联，没有联动沿线地区共同进行世界级线性文化遗产大保护，从而无法盘活北京的历史文化资源，发挥北京天然优势地位，收获大成效。另一方面，缺乏充分利用北京核心节点地位的意识。当前的规划只是就特定文化遗产说保护，没有将眼光放到整条世界级线性文化遗产上，更没有突出北京是整条世界级线性文化遗产上最关键的节点城市，从而发挥其所承载的巨大文化内涵。根据世界级线性文化遗产保护传承利用的独特属性和规律，线性遗产节点城市具有更大的发展机会。因此北京缺乏节点意识，就不能发挥节点功能，借世界级线性文化遗产事半功倍地提升示范引领地位。

（三）世界级线性文化遗产保护配套措施不齐

目前，北京已经开展了文物腾退、胡同肌理恢复、河道疏通等一系列文化遗产保护工作；但这些措施大多比较孤立，没有配套进行，因此无法发挥组合成效。首先，部分规划设计滞后于行动。虽然长城文化带、大运河文化带和西山永定河文化带都已经不同程度地开展了文化遗产保护，但是只有大运河文化带发展和保护规划、五年行动计划已编制完成，其他规划方案均未完成编制和审批程序。世界级线性文化遗产的保护行动多没有经过科学系统规划，整体性不强，难以形成行动合力。其次，只进行浅层保护，未配套深度文化内涵开发。盘点当前所有的文化遗产保护工作，几乎全部集中在对具体文物的腾退、修缮和治理上，没有注意挖掘文化的深刻内涵和文脉价值。即当前的三个文化带建设只停留在物质层面，注重疏通三个文化带的物质遗产资源，忽略了对世界级线性文化遗产深层次文化内涵的挖掘和利用，没有通过文化共识将世界级线性文化遗产真正地串联起来。

三、对策建议

北京市要用好世界级线性文化遗产保护利用的独特属性和内在规律，为全国文化中心建设提供动力，就要从提升沿线地区文化共识、推动多地区协同共护、突出北京节点地位三个方面开展行动。

（一）提升共识，宣传三大世界级线性文化遗产保护

首先，普及世界级线性文化遗产知识，培养世界级线性文化遗产意识（北京市委宣传部牵头）。世界级线性文化遗产意识是建立文化共识的基础，只有世界级线性文化遗产沿线相关地区具备了世界级线性文化遗产意识，理解了世界级线性文化遗产的重要意义，才能通过一系列措施建立文化共识，从而共同实行世界级线性文化遗产保护。因此，需要相关部门整合资源，创编三大世界级线性文化遗产的专题宣传片，并通过各大媒体播放宣传。同时，组织专家研究和编撰世界级线性文化遗产保护利用的相关书籍和刊物，广泛印发宣传，培育人们的世界级线性文化遗产意识。其次，开展大型世界级线性文化遗产沿线城市的交流活动，疏通历史文脉，强化物理连接认知（北京市委宣传部牵头）。物理连接是世界级线性文化遗产的自有属性，而物理连接的直观性和关联性是建立文化共识的最有力抓手。然而受到历史发展的影响，一些物理连接已经模糊不清。因此，要发挥首都的资源优势，牵头开展世界级线性文化遗产沿线城市文化交流活动。例如，挖掘运河精神，创编体现运河精神的大型舞台剧，并联合大运河沿线城市，顺大运河在其沿岸城市开展巡回演出。在活动中不断明确沿线城市固有的物理连接，通过物理连接强化世界级线性文化遗产的文化共识。

（二）推动协同，建立多地区共护的利益联结

一方面，发挥北京的文化辐射和带动作用（北京市发改委牵头）。以世界级线性文化遗产保护为契机，发挥北京的资源输出功能。首先输出人才技术资源，派出世界级线性文化遗产保护专家，对其他地区的世界级线性文化遗产保护开发利用进行理论和技术支持。必要时进行物质资源输出，利用北京丰富的资金和商品资源，为沿线城市提供物质支持，帮助其对地区内的世界级线性文化遗产段进行保护开发和利用。另一方面，牵头开展区域文化合作（北京市委宣传部牵头）。例如牵头长城沿线各地区将东起山海关、西至嘉峪关的长城历史英雄和当代英雄，如赵武灵王、卫青与霍去病、蒙恬、习仲勋等，进行全方位立体展示，配合声光电、AR、VR等现代技术手段，创编国内首部长城英雄大型史诗《长城英雄传》。通过此类合作创编等活动加强北京和长城沿线地区之间的文化联系。由此，通过辐射带动和协同合作，建立牢固文化联结和利益联结，推动各地区协同合作。

（三）突出节点，发挥北京的历史和首都优势

首先，整合智库资源，大力挖掘世界级线性文化遗产北京段的文化内涵（北京市发改委牵头）。充分利用北京丰富的高校和智库资源，开展“长城”世界级线性文化遗产、“大运河”世界级线性文化遗产和“西山永定河”世界级线性文化遗产在北京段核心文化内涵挖掘工作。在研究中应着力挖掘和开发北京段文化遗产的代表性和独特性，为在全线域世界级线性文化遗产协同保护中突出北京关键地位和作用提供理论依据。其次，牵头开发世界级线性文化遗产的文化符号，突出北京节点优势地位（北京市委宣传部牵头）。借鉴杭州开发钱塘江“潮”文化经典案例，开发并确立以北京为突出象征的线性文化符号。杭州市确定“潮”为钱塘江文化的关键词，成为整个城市的价值取向和风格定位，并推出一首《潮头颂》、一篇《钱潮颂》、一部《时代潮》纪录片等一系列钱塘江文化符号，疏通了钱塘江历史文脉，构建了杭州文化生态格局，并借此成功引进冲浪运动中国国家队训练基地，为城市文化发展提供动力。最后，在京开展世界级线性文化遗产保护交流活动，提高北京文化影响力（北京市文物局牵头）。在三大世界级线性文化遗产沿线地区协同开展文化遗产保护的过程中，发挥北京的关键节点优势和首都城市优势，牵头在京开展大型世界级线性文化遗产联合保护活动，如会议、文化宣传展会等。

（本文收录在 2019 年学术论坛“北京建设全国文化中心建设的新使命与新思路”论文集中）

附录 2

从“三个文化带”建设看北京建设全国文化中心

韦佳佳

摘要：《北京城市总体规划（2016—2035）》提出建设全国文化中心是北京城市战略定位之一，“三个文化带”也首次被纳入北京城市总体规划。从“三个文化带”建设看北京建设全国文化中心，首先从三个角度分析了“三个文化带”在北京建设全国文化中心的地位和作用，“三个文化带”不仅与北京历史文化有着千丝万缕的关系，同时从线性文化遗产角度看属于重要节点城市，并在北京建设世界文化中心问题上有所借力；其次分析了目前“三个文化带”建设存在的问题；最后提出了推动北京“三个文化带”建设的对策建议。

关键词：长城文化带；西山永定河文化带；大运河文化带；全国文化中心

《北京城市总体规划（2016—2035）》（以下简称《总规》）指出，“北京城市战略定位是全国政治中心、文化中心、国际交往中心、科技创新中心”。北京是历史名城，文化底蕴深厚、文化资源丰富，具备打造文化中心的条件，但不会自动生成文化中心。“中心”的内涵是动态的引领，不仅要加强北京作为一个城市的文化建设发展，更要发挥首都全国文化中心的表率引领作用、辐射带动作用、提升驱动作用、桥梁纽带作用和荟萃聚集作用，还要在国际城市体系中具有重大影响力和竞争力。[1]《中共北京市委关于发挥文化中心作用加快建设中国特色社会主义先进文化之都的意见》提出，要加快建设中国特色社会主义先进文化之都，到2020年把北京建设成为“具有世界影响力的文化中心城市”，这是北京今后一个时期重要而紧迫的任务和战略目标。[2]

《总规》中还提出要构建“四个层次、两大重点区域、三条文化带、九个方面”的历史文化名城保护体系，这是“三个文化带”首次进入北京城市总体规划。其中，三个文化带指长城文化带、大运河文化带、西山永定河文化带。长城文化带横跨门头沟、昌平、延庆、怀柔、密云、平谷等区县；大运河文化带途经昌平、海淀、西城、东城、朝阳、通州等区县；西山永定河文化带涉及大兴、房山、石景山、丰台、门头沟、海淀、昌平等区县。[3]“三个文化带”不仅与北京历史文化有着千丝万缕的关系，同时从线性文化遗产角度属于重要节点城市，并在北京建设世界文化中心问题上有所借力。因此，从建设“三个文化带”看北京建设全国文化中心具有重要的现实意义。

一、建设“三个文化带”与北京全国文化中心建设的关系

（一）从北京看北京，“三个文化带”疏通了北京的历史文脉

长城文化带主要指明代长城文化遗存。明长城从东部平谷进入北京，经密云区、怀柔区、昌平区、延庆区，然后进入门头沟山区。依山就势的明长城不仅建筑工艺高超，城墙、敌楼建筑雄伟坚固，而且与山川河流、古村古堡形成了具有震撼力的线性文化遗产。这种遗产还包括长城精神、丰富的抗战红色文化等。[3]

大运河文化带主要指元代以后开凿的中国大运河北京段。它有两个特点：一是流经北京老城，与北京作为国家都城建设紧密关联；二是大运河文化带是活态的文化遗产，一些河道虽经改道，还在流动和使用。因此，大运河文化带蕴含着运河的文物特性、运河治理所反映的制度文化以及运河流经区域所形成的曲艺文化、饮食文化、信仰文化以及民俗风情。[3]

西山文化带蕴含着十分丰富的文化遗存。三山五园重点地区，是传统历史文化与新兴文化交融的复合型地区，拥有以颐和园为代表的古典皇家园林群，是中华优秀传统建筑和园林文化集大成之地；沿永定河形成的山水人和生态脉及沿西山山麓形成的家国情怀文化脉，记载着从旧石器时代到新中国成立以来的文化与生态形成演化的历史脉络，是中华优秀传统文化创造性转化和创新性发展的基础和经络，体现了人与自然、人与人和谐共生的中国智慧，以及西山永定河文化带“山水人和、家国情怀”的文化精神。由古街古镇、传统村落、寺庙群及其承载的民风民俗等多元文化为主体，经由古道、绿道、步道相连通，形成历史文化与生态文化和谐共融的特色组团，连线成片整体保护发展，成为北京老城保护的重要支撑。

“三个文化带”疏通了北京的历史文脉。长城防御直接关系北京城市安全；大运河文化带横穿北京老城，形成水穿京城的城市景观；西山是北京城诞生和成长的摇篮，永定河是北京的母亲河。“三个文化带”处在环绕北京老城的地理位置上，又有依山连水的特点，不仅文化遗产呈现线性，而且文化脉络贯通古今。

（二）从全国看北京，“三个文化带”是全国世界级线性文化遗产的重要节点城市

世界级线性文化遗产是拥有特殊文化资源集合的线形或带状区域内的物质和非物质文化遗产族群。这种理念改变了长久以来世界遗产以“点”状方式展示人类文明的现状，通过重大的人类活动线路将一个个孤立的活动遗迹串联成一条条联通的脉络，实现文化遗产的“线”性区域展示，从而将本不相关的区域有机地关联了起来。[4][5]

“三个文化带”拥有丰富的世界级线性文化遗产资源。第一，北京有保存完好的长城资源。长城是世界十大文化遗产之一，是具有强大文化内核的世界级线性文化遗产。

第二，北京拥有丰富的大运河资源。“大运河”在2014年被列入世界遗产名录，是承载丰富历史内涵的世界级线性文化遗产。北京段大运河由昌平至通州，汇集南新仓、什刹海等10多处宝贵文化遗产点。第三，北京南靠太行山。历经朝代变迁，北京积累了丰富的山脉文化遗产资源，是太行山文化的重要载体。

“三个文化带”最具有发挥世界级线性文化遗产价值的节点优势。第一，北京是长城世界级线性文化遗产的心脏城市。北京域内长城拥有“居庸关”等重要关口，且保护最为完好，可谓长城第一城。第二，北京是大运河世界级线性文化遗产的起点城市。其作为大运河重要的资源输送城市，也是运河的北起点，承载着丰富的历史文化意义。第三，北京是西山永定河世界级线性文化遗产的窗口城市。“西山”是京西南太行山余脉，即北京为太行山脉的北起点，具有独特的文化内涵。因此，北京“三个文化带”建设能借助核心节点城市的优势地位，成为世界级线性文化遗产联动保护大潮中的第一受益者，从而驱动全国文化中心建设。

但是，目前北京“三个文化带”的建设在世界级线性文化遗产保护规律方面运用不到位。一方面，缺乏世界级线性文化遗产保护的整体联动意识。规划只着眼于北京城内的历史文脉疏通保护，注重长城、大运河等文化遗产的内部开发和串联，没有联动沿线地区共同进行世界级线性文化遗产大保护，从而无法盘活北京的历史文化资源，发挥北京天然优势地位，收获大成效。另一方面，缺乏充分利用北京核心节点地位的意识。当前的规划只是就特定文化遗产说保护，没有将眼光放到整条世界级线性文化遗产上，更没有突出北京是整条世界级线性文化遗产上最关键的节点城市，从而发挥其所承载的巨大文化内涵。根据世界级线性文化遗产保护传承利用的独特属性和规律，线性遗产节点城市具有更大的发展机会。因此北京缺乏节点意识，就不能发挥节点功能，借世界级线性文化遗产事半功倍地提升示范引领地位。

（三）从国际看北京，“三个文化带”建设借力北京成为世界文化中心城市

2018年《GN全球城市竞争力评价指标体系》报告显示，城市竞争力得分排名前10的城市分别是纽约、东京、伦敦、巴黎、洛杉矶、新加坡、香港、芝加哥、旧金山、深圳；北京排在第22位，与世界著名城市相比仍然有很大差距。

从文化设施看，伦敦的公共图书馆数量最多，为383座，远超第二名的东京（226个）和第三名的纽约（224个）；而北京的公共图书馆最少，仅有24座，数量不及伦敦图书馆数量的7%。在每10万人平均公共图书馆数量指标中，北京仅有0.1个；伦敦以4.7个位居首位，是北京的47倍；其他城市如巴黎有3.5个、纽约2.6个、东京2.5个，均比北京多5倍以上。无论是公共图书馆的数量还是每10万人平均公共图书馆的数量，北京均垫底。

从文化影响力看，目前北京的外籍人口占总人口比重仅为0.6%，纽约、伦敦、巴黎、东京的外籍人口占其总人口比重为北京的6～60倍。[6] ICCA数据显示，2017年全球国际会议举办数量城市排名中，巴塞罗那位居第一，为195场；巴黎、伦敦紧随其后，分别为190场、177场；东京排名第18，为101场；北京则排名第21，举办81场。

从文化产业航母企业数量看，2013年《国际文化产业发展报告》数据显示，纽约所拥有的文化产业领军企业数目最多，达到15个；其次是东京有3家、巴黎和伦敦各2家；而北京没有进入前30名的企业，仅有2家企业跻身前50名。

综上，北京与四大城市相比，总体上偏弱。北京公共文化设施、公共文化活动和公共文化参与度都有待进一步加强；国家文化融合和认同度偏低；缺乏有较大竞争力的文化领军企业。[7]因此，如何以“三个文化带”建设为契机借力北京建设世界文化中心城市具有重要现实意义。第一，通过“三个文化带”建设，加强北京历史文化名城保护，彰显城市文化特色以凸显北京城市的世界魅力。例如，历史上张家湾是繁华的古镇，是大运河上重要的水陆交通枢纽和物流集散中心，有“大运河第一码头”之称。通过对张家湾漕运古镇进行整体规划，结合国家特色小镇建设，开发运河主体文化的体验情景设计，布局古代住宅建筑群、运河餐饮一条街、运河商业一条街，以此吸引人流和消费，同时也彰显“运河文化”。第二，通过“三个文化带”建设，增强首都公共文化服务建设。例如，建设永定河博物馆，通过建设大型综合博物馆，填补大兴区空白，同时也增强北京公共文化建设，集收藏保管、科学研究、社会教育、文化休闲等功能为一体，打造永定河文化集中展示空间；以南北向的永定河生态步道建设为主轴，加强旅游基础设施建设，打造永定河文化生态旅游轴等。第三，通过“三个文化带”建设加快北京文化创意产业的提升发展，助力北京打造“文化企业航母”。例如，2015年通州文创企业数量为12 525家，2016年为17 677家，2017年为19 024家，截至2018年10月份为20 036家，年均增长速度达到二十三个百分点之上。特别是通州作为北京城市副中心且位于大运河文化带的重要节点，文创企业数量增速迅猛。在这些文创企业中，开心麻花、盛唐时代发展较为迅猛，但也滋养了一些低效能的企业。因此在加强规模化、专业化和集约化发展的同时，也要改变粗放型、数量型的文化创意产业。

二、“三个文化带”建设存在的问题

以上从三个角度讨论了“三个文化带”在北京建设全国文化中心中的价值与作用，有必要梳理目前“三个文化带”建设所存在的问题。

第一，文化价值尚未充分展示。对于“三个文化带”的建设，一方面急于对单个文保单位进行抢修，对其修复后的用途与管理缺少全盘考虑和规划；另一方面是对文物文化内涵和价值的挖掘不够。[8]例如，长城的文化内涵没有得到很好的挖掘，旅游者的观光活动主要是爬长城和观光，对长城的文化内涵没有深刻体验。[9]大运河也尚未成为展示中华文明载体和彰显文化自信的地标工程，运河文化景观也没有成为北京市的标志性符号之一，在宣传力度和公众认知度等方面都与运河本身的重要文化地位不相匹配。[10]永定河品牌仅限于文字上、口头上，没有形成实际的载体，永定河文化品牌效应和经济价值挖掘力度不够，对周边、沿线影响带动作用发挥不足。

第二，生态价值尚未充分体现。例如，运河水系水质状况不佳，北京运河主河道和通惠河水质均为劣五类水平，部分河段绿化景观和环境有待提升，生态和景观价值发挥不足，沿岸滨水空间公共服务设施不足，服务城市品质和市民生活的社会价值发挥不足。[11]永定河大兴段目前并未蓄水贯通，水体很少，目前主要分布着生态景观造林、沙雕、小沙丘、经济作物等，其生态功能比较脆弱，旅游承载力非常有限，生态和景观价值发挥不足。[12]

第三，发展优势尚未充分发挥。运河文物遗存利用尚不充分，依托运河的文化创意、旅游休闲等产业发展不足，运河的文化品牌效应和经济价值仍有待挖掘，对周边区域发展的带动作用发挥不足。[11][13]各长城景区缺乏专业的长城研究人员，对长城的保护研究缺乏深度，加之由于经济利益归属的不同，各长城景区在经营和保护之间更侧重经营而轻视保护，使得长城发展优势未能充分释放。[9][14]

第四，整体上的资源统筹度还不够。就“三个文化带”的建设现状来看，明显存在周边环境的整治没有跟上文物本体的修复、整体上资源统筹度还不够的问题。西山文化带是“三个文化带”中文化资源最为丰富、文化类型最为多样的，凭借其文化优势，西山文化带可以被打造成为一个具备文化、经济、政治、生态、社会、旅游等多功能的集聚区。但目前对于这种多功能文化空间的价值定位、文化遗产保护体系、资源统筹规划认识还不是十分充足，“西山文化带”的开发与利用呈点状发展，因缺少一种将单个文保单位与本地文化、经济、生态相结合的联动机制，而无法将文物转化为直接带动区域发展的鲜活资源。[8]

三、“三个文化带”建设对策建议

（一）讲好长城故事，传承精神图腾

第一，保护长城文化遗产，展示大都历史风采。加强长城本体的修缮，有计划地推进重点长城段落维护修缮，加强未开放长城的管理。把加强遗产保护放在首位。坚持保护为主、抢救第一，严格落实《长城保护条例》，建立系统规范的长城记录档案，

积极采用新技术应对自然和人为因素影响。进一步摸清底数，开展分层分类保护，贯彻最小干预原则，优先抢险加固有坍塌风险的地段。还要重视专家队伍的建设。切实构建一支历史、地理、民族、宗教、文化、风俗、建筑、军事等多方面专家组成的专家团队，充分研究论证，提出长城文化带保护利用建设开发的规划。

第二，充分发挥各区推进长城文化建设的积极作用。鼓励各区对辖区长城保护负主体责任，加强规划实施监督和沟通协调，建立公平的利益分配机制，注意协调各区在保护利用、开发建设中存在的不平衡问题，发挥区县的主体作用和积极性。加强评估红石门、密云古北口、怀柔箭扣、昌平南口等处长城的修缮与利用，加快推进北京段长城文物保护规划的编制工作，统筹八达岭、居庸关、慕田峪等沿线历史文化资源，推动长城区域联合保护，多区域共同打造长城主题生态廊道。

第三，综合研究长城文化内涵。总体考察长城在南北经济、文化和民族格局这个整体之中的地位与作用，从推进民族融合、民族统一的维度进行宣传和传播长城文化，增加长城文化的历史厚度，注入新的活力。整理出版长城历史故事，启动长城故事编写，完成长城历史故事的专著出版和长城历史故事纪录片的发行。开展相关文化资源整合利用研究，为后续文化旅游线路打造和旅游产品的开发提供理论支撑。

第四，提升文化活化载体，弘扬多元活力精神。注重维护好沿线村落利益，探索与长城文化融合发展模式，改善沿线村庄生产生活条件，不断增强村民获得感。重点建设沿北京长城的629千米的城乡社区，发掘、振兴和提升沿长城的所有村庄，使其成为长城文化的代言人和活载体。确定整体精神，实践“创新协作绿色开放共享”的原则和思想，以自然村庄为主要载体，用沿线居民活态的生活打造文化创意带、遗产研究带、越野体育带、生态保护带、地质文化带，多角度弘扬长城文化。

（二）通航千年运河，复兴流动文化

第一，系统保护遗址遗迹。将与大运河相关文物保护和生态环境区域纳入北京国土空间主体功能区定位，明确其文物保护和生态维护的功能要求，严格控制开发建设强度；划定运河遗产本体保护、建设控制、生态维护三重既有区别又相互联系的功能区域，明确保护范围、职责、标准和目标。系统梳理大运河沿线历史文化遗址遗迹，积极创造条件恢复重要点段历史风貌，有效保护大运河的历史真实性与完整性，统筹保护白浮泉、高梁桥、古河道等沿线水利工程遗产，紫竹院、积水潭等古典园林，以及通州三教庙、燃灯佛舍利塔等古建筑，精心打造大运河文化带建设的新亮点、新样板、新标杆。以加快北京城市副中心建设为契机，突出水城共融、蓝绿交织、文化传承的城市特色，加强通州北运河历史景观的恢复，力争通州区部分运河段通航，焕发“千里运河通惠始”的历史光彩，将大运河文化元素融入城市副中心建设。赋予当地社区和居民一定的文物保护和生态维护的责任，国家给予适当补贴和补偿。

第二，加强运河文化的科学研究。建立运河遗产数据化管理平台，强化遗产监控能力。在大数据背景下，通过技术创新与科技革命对数据进行分析与处理，对遗产进行全方位监控和保护。通过建立全国性及地方性的运河遗产数据化管理平台，收集、整理日常相关数据，及时发现其中问题，并及时有效解决。强化遗产的数字化监控，组建预警系统，培养专业人才，完善配套设施，建立应急处理机制。加强对运河文化的基础性研究，创建“运河学”学科，对运河河道与河政、漕运制度与管理、漕运文化与社会、运河区域社会经济、运河遗产保护与开发、运河文化与艺术等方面进行重点研究。

第三，完善运河沿线文化载体。重点在城市副中心推进博物馆、剧院、图书馆等重大公共文化设施建设，建造优秀传统文化与现代科技相结合的文化地标，优化全市重大公共文化设施布局。支持在沿线博物馆等重大公共文化设施中辟出部分区域或部分时段用于大运河文化带相关内容的集中展陈和非物质文化遗产展览展示中心。立足市民公共文化需求，整合各类文化设施，在大运河沿线建设一批综合性文化服务中心、城市阅读空间等基层公共文化设施。统一运河文化遗产标识，做好系统管理和整体宣传。

第四，研究历史文化精髓，讲好运河千年故事。充分发挥相关协会、研究会、专家学者作用，系统开展大运河史志、历史文献等古籍资料的内容收集、故事整理、文化挖掘等工作，搭建大运河文化数据平台，梳理大运河文化带文脉，提炼阐释大运河文化。出台《北京市非物质文化遗产保护条例》及配套政策，完善大运河文化带非遗目录，培育非物质文化遗产生产性保护示范基地，支持传承人及项目保护单位在秉持传统的基础上不断发展创新，促进非遗活态传承。深入挖掘大运河历史文化内涵，将大运河主题创作列入艺术创作生产的重点内容，形成一批有社会传播力的文化产品，开展一批有影响力的文化活动，构建具有世界影响力的大运河文化品牌。依托大运河文化内涵，构建遗产廊道、生态廊道，丰富旅游内容，提升服务品质，构建文旅休闲精品，打造“千年运河”品牌。积极开展大运河主题的群众性文化活动，增强大运河文化的社会认同，提高大运河文化影响力。创建通州大运河国家5A级景区，推进沿线特色小镇，构建文化经济走廊，建设美丽乡村。

（三）灵动西山永定河文化，守护北京“源”文化

第一，着手西山永定河沿线保护。依托三山五园地区、八大处地区、永定河沿岸、大房山地区等历史文化资源密集地区，加强琉璃河等大遗址保护，修复永定河生态功能，恢复重要文化景观，整理商道、香道、铁路等历史古道，形成文化线路。复兴周口店龙骨山猿人遗址，保护遗址完整性和真实性，延缓其衰退过程，全面保护遗址周边环境的自然和文化资源，创新遗址展示方式，提升具有洞见性的阐释。重点保护西周燕都古城，深度挖掘燕都历史文化内涵，守护北京的“城之源”。加强南海子地区重要文物的保护和修缮，打造南国门中轴文化新地标。保护昆明湖-长河水系，推进八大处-模式口组团建设，挖掘西山永定河文化背后的多元文化内涵。系统整合西部古商道历史文化资源，开展沿线环境整治与资源利用试点工作。

第二，加强传统文化展示。加强对传统村落等重要节点的整体保护，进一步发掘文化价值，构建文化脉络，开展遗产整体保护与展示利用试点工作。积极传承地区优秀传统文化、民俗文化，建立古幡会博物馆等特色博物馆群，加大东胡林人遗址研究展示力度；数字化改造提升永定河文化博物馆，开辟传播永定河文化的先进阵地。挖掘近现代北京城市发展脉络，最大限度保留各时期具有代表性的发展印记。建立评定优秀近现代建筑、历史建筑和工业遗产的长效机制，定期公布名录；划定和标识保护范围，制定相关管理办法。在保护的基础上，创新利用方法与手段。以冬奥会为契机，建设首钢工业遗址公园，展示其发展历史和价值，使之成为城市复兴新坐标。

第三，提升永定河当代文化影响力。践行“一脉多支点”顶层设计，即以永定河、京西古道为脉，以潭戒两寺、妙峰山、灵山、黄草梁等八大旅游景区组团为支撑，为推进全国文化中心建设奠定规划设计基础。逐步形成以继续办好永定河文化节为牵引的“$1+x$”系列文化艺术的挖掘创作思路，着力讲好永定河门头沟的故事，面向全国推广“永定河文化”品牌。建立琉璃文化博物馆、古道博物馆、香会博物馆、煤业文化陈列馆等特色文化展览展示场所，充分展示本区人文历史内涵和文化元素。开发大西山区域、永定河流域“小火车旅游”线路和慢城建设的可行性，探索在火车站点周边创建文创特色小镇，探索名镇名村、传统村落保护利用新途径、新机制、新模式。

第四，建设西部山水文化廊。以首都公共文化服务示范区创建为统领，全面提升地区公共文化服务水平。以八大文化功能区的建设为特色，实现对区域内各类文化资源的有效统筹、对各类人群文化需求的有效供给和对地区特色公共文化服务品牌长效化建设的有效推动。建设主题文化阵地功能区，发挥区文化馆、镇街文化中心、村居文化室三级公共文化阵地作用，打造一批优秀文化阵地；打造图书馆阅读功能区、博物馆功能区、公园、文化广场功能区、旅游文化功能区、镇街特色文化功能区、数字文化功能区、“非遗”文化传承八大功能区建设，并以特色文化功能区的建设与永定河沿岸文化休闲公共空间的建设有机融合，建设西部山水文化廊。

参考文献：

［1］邢久强．市委宣传部负责人就《中共北京市委关于发挥文化中心作用加快建设中国特色社会主义先进文化之都的意见》答本刊记者问［J］．前线，2012（1）．

［2］李建盛．新中国成立后北京城市性质定位对全国文化中心建设的影响［J］．

北京联合大学学报（人文社会科学版），2015（3）.

［3］李建平．“三个文化带”与北京文化中心建设的思考［J］．北京联合大学学报（人文社会科学版），2017（4）.

［4］宋梦珂，包亚芳．论线性文化遗产的保护与发展——以丝绸之路为例［J］．建筑与文化，2017（11）.

［5］孙华．论线性遗产的不同类型［J］．遗产与保护研究，2016（1）.

［6］王琪延，王博．将北京建设成为世界文化中心城市的建议［J］．北京社会科学，2015（4）.

［7］李建盛．北京：国际国内比较视野中的世界文化中心城市建设［J］．北京联合大学学报（人文社会科学版），2013，（3）.

［8］王淑娇．北京“三个文化带”建设与利用［J］．城乡建设，2018（19）.

［9］安金明．北京段长城保护与旅游发展模式研究［A］．中国长城博物馆暨中国长城学会优秀文集［C］．中国长城学会，2005：5.

［10］吴欣．大运河文化的内涵与价值［N］．光明日报，2018-02-05.

［11］杨家毅．浅析大运河（北京段）文化带的内涵［J］．北京联合大学学报（人文社会科学版），2017，15（4）.

［12］纪万成．北京旅游发展报告（2018）城市副中心背景下通州运河文化旅游开发对策［M］．北京：社会科学文献出版社，2018：121-133.

［13］颜淑敏，凌生金．北京旅游发展报告（2018）永定河大兴段文化生态旅游发展的思考［M］．北京：社会科学文献出版社，2018：134-145.

［14］安金明．北京旅游发展报告（2018）北京段长城保护与利用研究［M］．北京：社会科学文献出版社，2018：99-108.

（本文收录在2019年学术论坛“北京建设全国文化中心建设的新使命与新思路”论文集中）

参考文献

［1］白志刚．北京文化“走出去”国际比较研究［M］．北京：知识产权出版社，2013．

［2］鲍玉珩，洪俊浩．美国文化产业的现状与发展［J］．电影评介，2007（16）：4－5．

［3］鲍宗豪．国际大都市文化战略规划论［J］．世界城市理论前沿，2008（9）．

［4］北京文化论坛文集编委会．打造先进文化之都，培育创新文化［M］．北京：首都师范大学出版社，2012．

［5］陈剑锋．长三角地区城市文化竞争力浅探［J］．上海城市管理职业技术学院学报，2008（2）：114－121．

［6］陈明三．福建省城市文化竞争力评价与分析［J］．重庆科技学院学报，2013（3）：143－144．

［7］陈乃举．提升老工业基地的文化竞争力［J］．求是，2003（24）：58．

［8］陈如，李慧芬，董淑芬．试谈文化力［J］．群众，2003（6）：52－53．

［9］陈铁宝．解读北京文化创意产业的朝阳路径——访中国传媒大学文化发展研究院院长范周［N］．中国经济时报，2012－04－06．

［10］陈文力，陶秀璈．中国文化对外传播战略研究［M］．北京：九州出版社，2012．

［11］陈运庆．浅议用文化力打造城市核心竞争力［J］．江西科技师范学院学报，2004（6）．

［12］程锦，陆林，朱付彪．旅游产业融合研究进展及启示［J］．旅游学刊，2011，26（4）：13－19．

［13］程晓丽，祝亚雯．安徽省旅游产业与文化产业融合发展研究［J］．经济地理，2012，32（9）：161－165．

［14］道格拉斯·C．诺思．经济史上的结构和变革（中译本）［M］．北京：商务印书馆，1999．

[15] 邓靖．美国文化产业发展的特点及其启示［J］．创新，2012（3）．

[16] 段霞．世界城市：规律、趋势与战略选择［M］．北京：中国经济出版社，2014．

[17] 范玉刚．试析文化产业对提升我国文化竞争力的意义［J］．学习与实践，2006（11）：144－151．

[18] 樊浩．论文化力［J］．社会科学战线，1995（2）：29－36．

[19] 弗雷德曼．资本主义与自由［M］．北京：商务印书馆，1986．

[20] 高占祥．文化力［M］．北京：北京大学出版社，2007．

[21] 郭蕾．文化因素对区域经济发展的影响——以岭南文化对广东省经济发展的影响为例［J］．郑州航空工业管理学院学报，2007，25（5）：36－39．

[22] 郭佳．文化、城市文化与城市主题文化辨析［J］．城市发展研究，2008（S1）：159－160．

[23] 郭晓君，吴亚芳．提升我国城市文化竞争力的路径选择［J］．管理世界，2006（11）：156－157．

[24] 郭云．多维视野下的国外文化软实力研究［J］．学术论坛，2010（12）：207－211．

[25] 韩恒．试论影响经济发展的软因素［J］．经济与社会发展，2008，6（5）：14－16．

[26] 韩庆华，卢希悦，王传荣．论文化与经济的相互融合——把握文化经济发展的历史新机遇［J］．山东大学学报，2010（1）：1－11．

[27] 贺麟．哲学与哲学史论文集［M］．北京：商务印书馆，1990．

[28] 何晓群．多元统计分析［M］．北京：中国人民大学出版社，2004．

[29] 何频．论文化力与区域经济发展［J］．社会科学研究，2005（6）：54－56．

[30] 何频．现代区域经济发展中的文化生产力［M］．成都：西南财经大学出版社，2008．

[31] 侯杰泰，温忠麟，成子娟．结构方程模型及其应用［M］．北京：教育科学出版社，2004．

[32] 侯宗华．文化生产力：社会经济发展的深层驱动力［J］．探索，2006（1）：126－129．

[33] 胡鞍钢，门洪华．解读美国大战略［M］．杭州：浙江人民出版社，2003．

[34] 胡惠林．文化产业发展与国家文化安全——全球化背景下中国文化产业发展问题思考［J］．上海社会科学院学术季刊，2000（2）：114－122．

[35] 胡键．文化软实力研究：中国的视角［J］．社会科学，2011（5）：4－13．

[36] 胡熠．欧美国家文化管理的经验与借鉴 [J]. 行政论坛，2002 (1)：79－81.

[37] 花建，等．文化产业竞争力 [M]. 广州：广东人民出版社，2005.

[38] 霍克海默，阿多诺．启蒙辩证法 [M]. 洪佩郁，等译．重庆：重庆出版社，1990.

[39] 黄活虎．我国区域文化竞争力概念研究综述 [J]. 华东经济管理，2009，23 (11)：145－148.

[40] 贾春峰．市场经济与"文化力"研究 [J]. 学习与探索，1994 (3)：70－73.

[41] 贾春峰．文化力观 [M]. 北京：群众出版社，1997.

[42] 贾春峰．贾春峰说"文化力" [M]. 北京：中国经济出版社，2007.

[43] 蒋萍，王勇．全口径中国文化产业投入产出效率研究——基于三阶段 DEA 模型和超效率 DEA 模型的分析 [J]. 数量经济技术经济研究，2011 (12)：69－81.

[44] 姜广东，孙亚峰．现代西方经济学原理 [M]. 大连：东北财经大学出版社，1998.

[45] 杰姆逊．后现代主义与文化理论 [M]. 北京：北京大学出版社，2005.

[46] 堺屋太一．知识价值革命 [M]. 北京：三联书店，1987.

[47] 金元浦．文化生产力与文化产业 [J]. 求是，2002 (2)：38－40.

[48] 雷鸣，吴斯维，王晓．城市文化竞争力测评体系及其应用研究 [J]. 华南理工大学学报，2009，11 (6)：19－27.

[49] 李春华．"文化生产力"初探——文化生产力研究之一 [J]. 生产力研究，2005 (3)：85－86.

[50] 李春华．"文化力"：缩小地区差距的深层动力 [J]. 学术交流，2000 (9)：143－145.

[51] 李东红，杨利美．文化资源的价值评估、成本核算与经济补偿 [J]. 思想战线，2004 (3)：97－101.

[52] 李凡，黄耀丽，叶敏思．城市文化竞争力的定量评价方法及实证研究——以珠江三角洲城市群为例 [J]. 佛山科学技术学院学报（自然科学版），2008，26 (2)：57－61.

[53] 李华敏，王花毅．我国文化产业的关联性研究 [J]. 西部商学评论，2010 (1)：128－141.

[54] 李怀亮．当代国际文化贸易与文化竞争 [M]. 广州：广东人民出版社，2005.

[55] 李建盛，等．北京文化发展报告（2012—2013）[C]. 北京：社会科学文献出版社，2013.

[56] 李江帆．文化力、文化生产力与精神生产力［J］．中国经济问题，2007（5）：3-10.

[57] 李美云．国外产业融合研究新进展［J］．外国经济与管理，2005，27（12）：12-27.

[58] 李青岭．文化生产力与文化产业［J］．生产力研究，2007（6）：50-52.

[59] 李卫强．北京市文化产业竞争力的实证研究［J］．国际贸易问题，2012（3）：90-96.

[60] 厉无畏．产业发展的趋势研判与理性思考［J］．中国工业经济，2002（4）.

[61] 李镇西．中国文化金融导论［M］．北京：中国书店出版社，2013.

[62] 廖泉文．人力资源考评系统［M］．济南：山东人民出版社，2000.

[63] 梁君，黄慧芳．中国省级区域文化产业竞争力分析［J］．统计与决策，2012（11）：91-93.

[64] 林拓．世界文化产业与城市竞争力［J］．马克思主义与现实，2004（2）：21-31.

[65] 刘玉平，王晓鹏．文化产业文献导读［M］．福州：福建人民出版社，2013.

[66] 刘国强．世界有关国家文化产业发展策略［J］．中国党政干部论坛，2010（1）：19-20.

[67] 刘梦瑾．企业文化力理论文献综述［J］．东方企业文化，2012（11）：50.

[68] 刘晓欣，胡晓，周弘．中国旅游产业关联度测算及宏观经济效应分析——基于2002年与2007年投入产出表视角［J］．旅游学刊，2011，26（3）：31-37.

[69] 刘玉玲，张润清．产业融合视角下的河北省文化产业灰色关联度分析［J］．统计与管理，2014（8）：54-58.

[70] 刘志勇．我国区域文化竞争力研究［D］．北京：中国人民大学统计学院，2013.

[71] 陆岷峰，张惠．文化产业大发展的金融支持系统研究［J］．江西财经大学学报，2012（2）.

[72] 罗伯特·保罗·欧文斯，等．世界城市文化报告2012［M］．黄昌勇，等译．上海：同济大学出版社，2013.

[73] 罗能生，郭更臣，谢里．我国区域文化软实力评价研究［J］．经济地理，2010，30（9）：1502-1506.

[74] 吕拉昌，黄茹．世界大都市的文化与发展［M］．广州：华南理工大学出版社，2013.

[75] 马健．产业融合理论研究述评［J］．经济学动态，2002（5）：78-81.

［76］马健．产业融合论［M］．南京：南京大学出版社，2006．

［77］迈克尔·波特．国家竞争优势（中译本）［M］．北京：华夏出版社，2002．

［78］毛蕴诗，梁永宽．以产业融合为动力，促进文化产业发展［J］．经济与管理研究，2006（7）：9－13．

［79］牟岱．解读文化力及其创新途径［J］．文化学刊，2007（4）：18－24．

［80］牟光义．文化力是构成生产力的重要要素［J］．重庆社会科学，1994（2）：74－94．

［81］倪鹏飞．中国：城市竞争力与文化观念［N］．开放导报，2002（9）：13－17．

［82］宁越敏，唐礼智．城市竞争力的概念和指标体系［J］．现代城市研究，2001（3）：19－22．

［83］牛继舜．世界城市文化力量［M］．北京：经济日报出版社，2012．

［84］潘嘉玮．加入世界贸易组织后中国文化产业政策与立法研究［M］．北京：人民出版社，2006．

［85］祁述裕．中国文化产业国际竞争力报告［M］．北京：社会科学文献出版社，2004．

［86］邱皓政．结构方程模型的原理与应用［M］．北京：中国轻工业出版社，2009．

［87］人民日报．六问中国文化产业——专访文化部副部长欧阳坚［EN/OL］．中国政府网，2009－10－28．http：//www.gov.cn/jrzg/2009-10/28/content_1450497.htm．

［88］塞缪尔·亨廷顿，劳伦斯·哈里森．文化的重要作用——价值观如何影响人类进步（中译本）［M］．北京：新华出版社，2002．

［89］上海高校都市文化 E－研究院．2011 年全国 31 个省市自治区公共文化服务指数蓝皮书［M］．北京：商务印书馆，2012．

［90］沈千帆．弘扬传统文化与建设首善之区［M］．北京：北京大学出版社，2011．

［91］申建军，李丽娜．21 世纪首都文化发展研究［M］．北京：社会科学文献出版社，2006．

［92］施永红．产业融合理论视角下长三角文化产业发展研究［D］．上海：上海师范大学，2010．

［93］宋子千．旅游业应增强产业融合的主动性［J］．旅游学刊，2011，26（4）：7－8．

［94］谭志云．城市文化软实力的理论构架及其战略选择——以南京为例［J］．学海，2009（2）：175－180．

［95］谭志云．西部地区文化竞争力比较研究——基于因子分析与聚类分析法［J］．青海社会科学，2009（2）：44－47.

［96］田丰．论文化生产力［J］．广东社会科学，2006（5）：5－14.

［97］田丰．文化竞争力［M］．北京：中国社会科学出版社，2007.

［98］万君宝．西方文化竞争力研究的五种视角［J］．上海交通大学学报（哲学社会科学版），2007（6），57－64.

［99］王恒峰．文化生产力的崛起［M］．北京：人民出版社，1998.

［100］王济川，郭志刚．Logistic 回归模型——方法与应用［M］．北京：高等教育出版社，2001.

［101］王琪延，罗栋．中国城市旅游竞争力评价体系构建及应用研究——基于我国 293 个地级以上城市的调查资料［J］．统计研究，2009，26（7）：49－54.

［102］王琪延，罗栋．中国城市旅游经济影响因素结构研究——基于 291 个地级以上城市的统计调查资料［J］．统计信息论坛，2010（1）：97－102.

［103］王琪延，徐玲．基于产业关联视角的北京旅游业与农业融合研究［J］．旅游学刊，2013，28（8）：102－110.

［104］王琪延，徐玲．基于产业关联视角的北京旅游业与会展业融合研究［J］．现代管理科学，2014（12）：9－11.

［105］王琪延，徐玲．基于产业关联视角的北京市旅游业与文化产业融合［J］．经济与管理研究，2014（11）：80－86.

［106］文飞红，朱昭霖．文化产业发展进程中的政府责任［J］．求索，2008（4）：57－59.

［107］温源．文化“出海”：如何顺应国际消费潮流［N］．光明日报，2013－06－20（16）.

［108］温源．激活文化消费，北京应带什么头？［N］．光明日报，2013－09－17（16）.

［109］温忠麟，侯杰泰，马什赫伯特．结构方程模型检验：拟合指数与卡方准则［J］．心理学报，2004，36（2）：186－194.

［110］吴明隆．结构方程模型：AMOS 的操作与应用［M］．重庆：重庆大学出版社，2010.

［111］项光勤．文化竞争力的内涵及其在城市竞争力中地位和作用［C］．云南：文化现代化的战略思考——第七期中国现代化研究论坛论文集，2009.

［112］奚洁人，等．世界城市精神文化论［M］．上海：学林出版社，2010.

［113］向前．文化竞争力研究的理论视角及其展望［J］．理论界，2011（1）：177－

178.

［114］肖华锋，邓晓伟．从“文化帝国主义”看美国的文化扩张［J］．江西师范大学学报，2006，39（1）：107－114.

［115］熊正贤，何小松，陈立佳，等．文化经济研究的国外进展评述［J］．重庆文理学院学报，2014（1）：95－100.

［116］徐淳厚．关于文化消费的几个问题［J］．北京商学院学报，1997（4）：45－48.

［117］徐丹丹，等．北京文化创意产业发展的金融支持研究［M］．北京：经济科学出版社，2011.

［118］徐桂菊，王丽梅．城市文化竞争力评价体系的构建［J］．山东经济，2008（5）：101－107.

［119］徐婕萍．旅游产业与文化产业融合发展机制研究［D］．上海，华东师范大学，2013.

［120］徐翔，李建盛．北京推进全国文化中心建设的战略审视［J］．城市文化，2011（10）.

［121］薛求知，黄佩燕，鲁值，等．行为经济学［M］．上海：复旦大学出版社，2003.

［122］杨荔斌．论中国文化竞争力理论研究视角的选择［J］．学术论坛，2013（5）.

［123］杨新洪．关于文化软实力量化指标评价问题研究［J］．统计研究，2008，25（9）：44－48.

［124］姚庆武．政府在发展文化产业中的角色定位［J］．理论观察，2009（4）：47－48.

［125］阳文锐．北京城市生态环境保护与建设评估［J］．北京规划建设，2011（6）：3－8.

［126］杨颖．产业融合：旅游业发展趋势的新视角［J］．旅游科学，2008，22（4）：6－10.

［127］叶皓．关于提升南京文化竞争力的思考［J］．南京社会科学，2008（3）：121－128.

［128］叶皓．经济搭台、文化唱戏［J］．南京社会科学，2010（9）：1－5.

［129］叶朗，等．中国文化产业发展报告（2012）［M］．北京：北京大学出版社，2013.

［130］易丹辉．结构方程模型方法与应用［M］．北京：中国人民大学出版社，2008.

［131］郁明华，陈抗．国外产业融合理论研究的新进展［J］．现代管理科学，2006（2）：36－38.

［132］于群，李国新．中国公共文化服务发展报告（2012）［C］．北京：社会科学文献出版社，2012.

［133］袁俊，张萌．深圳市旅游业与文化产业互动发展的模式构造［J］．深圳大学学报，2011，28（2）：17－21.

［134］约瑟夫·奈．软力量：世界政坛成功之道［M］．吴晓辉，钱程，译．北京：东方出版社，2005.

［135］张海燕，王忠云．旅游产业与文化产业融合发展研究［J］．资源开发与市场，2010，26（4）：322－326.

［136］张航．PM2.5 年终大考：超标近两倍［N］．北京日报，2014－01－02.

［137］张洛锋，张仁开．城市核心竞争力的文化视角［J］．北方经贸，2005（10）：107－108.

［138］张京成．北京文化创意产业发展报告（2012）［M］．北京：社会科学出版社，2012.

［139］张世杰．文化、文化国力与企业文化力的开发［J］．河南师范大学学报，2001，28（3）：37－40.

［140］张维迎，柯荣住．信任及其解释：来自中国的跨省调查分析［J］．经济研究，2002（10）：59－70.

［141］张佑林，王成菊．鲁浙文化差异对区域经济发展影响之比较研究［J］．山东经济，2010（4）：130－140.

［142］张志新．关于城市竞争力及提升中国城市竞争力的思考［J］．城市经济，2007（1）：52－56.

［143］赵德兴，陈友华，李惠芬，等．城市文化竞争力指标体系研究［J］．南京社会科学，2006（6）：20－25.

［144］赵冬菊．国内外文化创意产业发展现状及趋向［J］．企业文明，2011（11）：10－13.

［145］赵建国．中国文化产业国际竞争战略［M］．北京：清华大学出版社，2013.

［146］赵秀玲，张保林．文化核心竞争力及其评价指标体系构建思路［J］．南都学坛，2008（2）：114－121.

［147］赵彦云，余毅，马文涛．中国文化产业竞争力评价和分析［J］．中国人民大学学报，2006（4）：72－82.

［148］中共中央马克思恩格斯列宁斯大林著作编译局．马克思恩格斯全集［M］．北京：人民出版社，2008.

[149] 周保利．美国高等教育经费来源的特点及其借鉴 [J]. 河北大学学报（哲学社会科学版），2000，25（4）：134-138.

[150] 周国富，吴丹丹．各省区文化软实力的比较研究 [J]. 统计研究，2010，27（2）：7-14.

[151] 周锦．产业融合视角下文化产业与制造业的融合发展 [J]. 现代经济探讨，2014（11）：35-48.

[152] 周群艳．区域竞争力的形成机理与测评研究 [D]. 上海：上海交通大学，2006.

[153] 周晔．国际大都市发展的新趋势 [J]. 城市问题，2011（3）.

[154] 周勇．面向产业融合的企业创新投资决策研究 [D]. 上海：复旦大学，2012.

[155] 周玉波．文化力略论 [J]. 湖南师范大学社会科学学报，2003（9）：101-104.

[156] 周振华．崛起中的全球城市——理论框架与中国模式研究 [M]. 上海：上海人民出版社，2008.

[157] 植草益．产业组织论 [M]. 北京：中国人民大学出版社，1988.

[158] 朱桃杏，陆林．近 10 年文化旅游研究进展——《Tourism Management》、《Annals of Tourism Research》和《旅游学刊》研究评述 [J]. 旅游学刊，2005，20（6）：82-88.

[159] 左鹏．中国城市居民文化产品消费行为研究 [M]. 上海：上海财经大学出版社，2010.

图书在版编目（CIP）数据

中国区域文化力发展指数.2020/王琪延，韦佳佳著.--北京：中国人民大学出版社，2020.12
（中国人民大学研究报告系列）
ISBN 978-7-300-28824-6

Ⅰ.①中… Ⅱ.①王… ②韦… Ⅲ.①区域文化－文化产业－产业发展－指数－研究报告－中国－2020 Ⅳ.①G124

中国版本图书馆CIP数据核字（2020）第245636号

中国人民大学研究报告系列
中国区域文化力发展指数（2020）
王琪延　韦佳佳　著
Zhongguo Quyu Wenhuali Fazhan Zhishu（2020）

出版发行	中国人民大学出版社		
社　　址	北京中关村大街31号	**邮政编码**	100080
电　　话	010－62511242（总编室）		010－62511770（质管部）
	010－82501766（邮购部）		010－62514148（门市部）
	010－62515195（发行公司）		010－62515275（盗版举报）
网　　址	http://www.crup.com.cn		
经　　销	新华书店		
印　　刷	北京玺诚印务有限公司		
规　　格	185 mm×260 mm　16开本	**版　　次**	2020年12月第1版
印　　张	11.5插页1	**印　　次**	2020年12月第1次印刷
字　　数	223 000	**定　　价**	45.00元
